파이썬 + 최신 AI 인공지능 구현 + 자율주행 기술

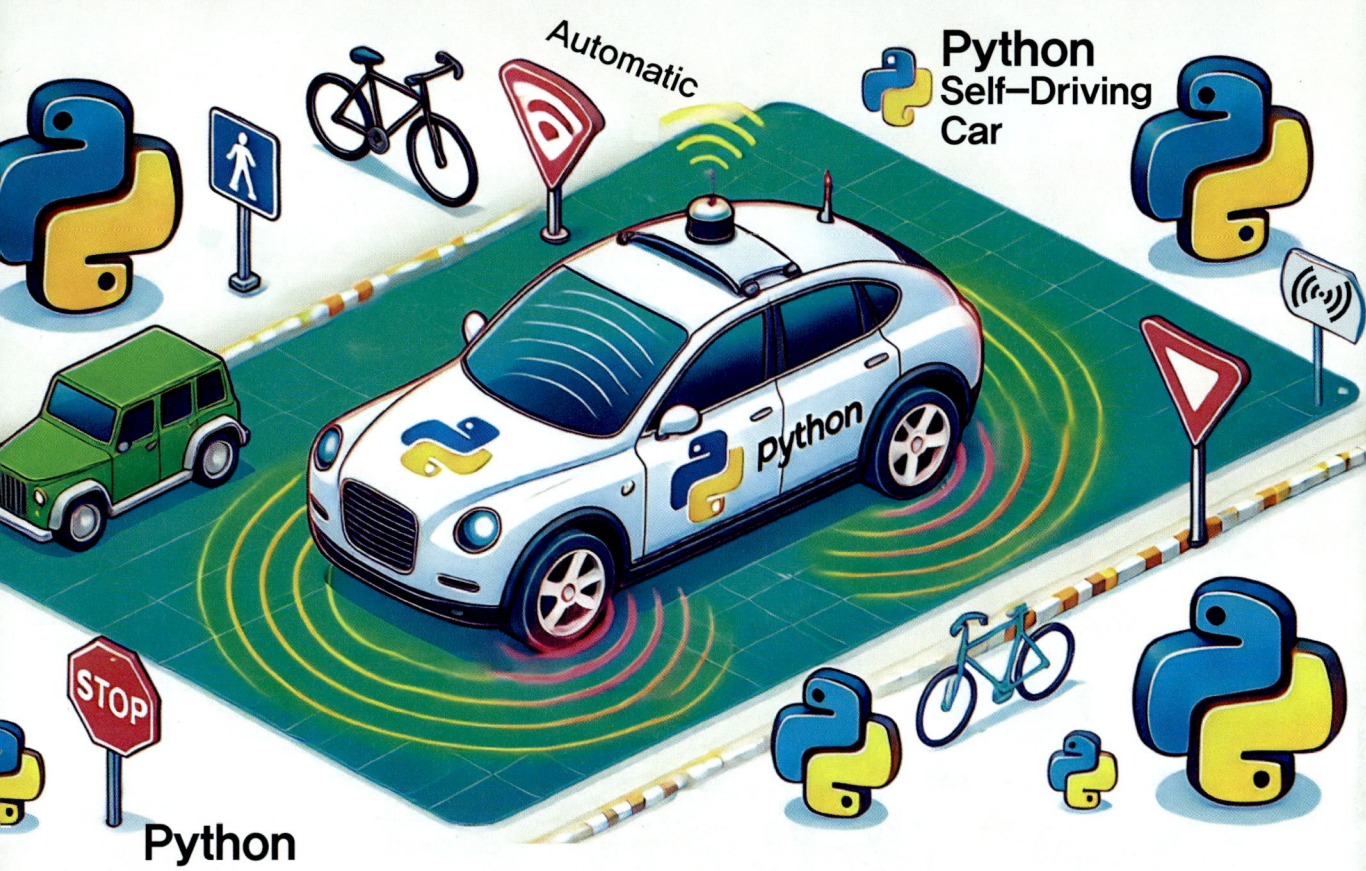

파이썬과 AI 인공지능 카메라를 활용한
# 자율주행 자동차

**파이썬**과 **AI 인공지능 카메라**를 활용한
# 자율주행 자동차

**초판 1쇄 발행** | 2024년 08월 20일

**지은이** | 장문철 저
**펴낸이** | 김병성
**펴낸곳** | 앤써북

**출판사 등록번호** | 제 382-2012-0007 호
**주소** | 파주시 탄현면 방촌로 548
**전화** | 070-8877-4177
**FAX** | 031-942-9852
**도서문의** | 앤써북 http://answerbook.co.kr
**ISBN** | 979-11-93059-35-7 13000

- 이 책의 일부 혹은 전체 내용을 무단 복사, 복제, 전재하는 것은 저작권법에 저촉됩니다.
- 본문 중에서 일부 인용한 모든 프로그램은 각 개발사(개발자)와 공급사에 의해 그 권리를 보호합니다.
- 앤써북은 독자 여러분의 의견에 항상 귀기울이고 있습니다.

[안내]
- 이 책의 내용을 기반으로 실습 및 운용 결과에 대해 저자, 소프트웨어 개발자 및 제공자, 앤써북 출판사, 서비스 제공자는 일체의 책임지지 않음을 안내드립니다.
- 이 책에 소개된 회사명, 제품명은 각 회사의 등록 상표 또는 상표이며 본문 중 TM, ⓒ, ® 마크 등을 생략하였습니다.
- 이 책은 소프트웨어, 플랫폼, 서비스 등은 집필 당시 신 버전으로 설명하였습니다. 단, 독자의 학습 시점에 따라 책의 내용과 일부 다를 수 있습니다.

# 머리말

'파이썬 AI 인공지능 카메라를 활용한 자율주행 자동차'는 최신 인공지능과 자율주행 기술을 배우고자 하는 분들을 위한 안내서입니다. 이 책은 파이썬 언어를 통해 인공지능과 자율주행 자동차를 구현하는 방법을 설명하며, 다양한 예제 코드와 함께 독자들이 혁신적인 기술을 직접 체험하고 이해할 수 있도록 구성되었습니다. 특히, 컴퓨터나 라즈베리파이와 같은 고성능 칩이 없는 임베디드 환경에서도 인공지능을 구현할 수 있는 방법을 다룹니다.

1. **시작하기**: 기본 개념을 이해하고, 필요한 하드웨어와 소프트웨어를 준비합니다. 자동차를 조립하고, 개발 환경을 설정하며, 파이썬 언어를 배웁니다.
2. **기본기능 다루기**: LED 제어, 모터 제어 등 기초적인 전자기기 제어 기술을 익힙니다. 블루투스 통신을 활용한 조종 자동차도 만들어봅니다.
3. **추가기능 다루기**: 파일 입출력, LCD 출력 등 추가 기능을 다룹니다. 카메라를 통해 영상을 받는 방법도 배웁니다.
4. **영상처리**: 색상 검출, 바코드 및 QR 코드 검출, 라인 트레이서 자동차 제작 등 다양한 영상 처리 기술을 실습합니다.
5. **이미지처리**: 이미지 필터 사용, 카메라 설정 및 이미지 검출 등의 기술을 익힙니다.
6. **인공지능**: 숫자 및 객체 검출, 고양이나 손을 따라가는 자동차 제작 등 인공지능을 활용한 다양한 프로젝트를 수행합니다.
7. **나만의 인공지능 모델 만들기**: 인공지능 분류 모델과 객체 인식 모델을 만들고 이를 장치에 적용해 봅니다.
8. **자율주행 자동차 만들기**: 차선을 따라 이동하고, 인공지능 객체 인식 기능을 추가한 자율주행 자동차를 제작합니다.
9. **인공지능 카메라만 사용하기**: 버튼 입력, LED 제어 등 AI 카메라만을 사용하여 다양한 기능을 구현합니다.
10. **아두이노와 연결하여 사용하기**: QR 코드 및 객체 검출을 통해 아두이노와 통신하는 방법을 배웁니다.

이 책은 단계별 프로젝트를 통해 자율주행 자동차를 만들어가는 실습 위주의 학습을 제공합니다. 각 장마다 제공되는 다양한 예제 코드를 통해 독자들은 인공지능과 자율주행 기술에 대한 깊은 이해와 자신감을 얻게 될 것입니다. 특히, 아두이노처럼 코드를 업로드하여 바로 인공지능 및 영상 처리 등 고성능 처리가 필요한 부분을 적용할 수 있는 방법을 중점적으로 다룹니다. 이 책을 통해 독자들은 파이썬을 활용하여 실제 동작하는 자율주행 자동차를 임베디드 환경에서도 손쉽게 구현할 수 있는 능력을 갖추게 될 것입니다.

장문철

# 독자지원센터

### [책 소스 자료 및 정오표]

이 책을 보는데 필요한 소스 파일과 보충 자료 및 정오표는 앤써북 공식 네이버 카페를 통해 다운로드 받을 수 있습니다.

앤써북 공식 카페 좌측 [카페 가입하기] 버튼(❶)을 눌러 가입합니다. 좌측 [도서별 독자 지원 센터]–[파이썬 AI 인공지능 카메라를 활용한 자율주행 자동차 만들기] 게시판(❷)을 누른 후 "〈파이썬 AI 인공지능 카메라를 활용한 자율주행 자동차 만들기〉 책 소스 및 실습 오류 Q&A 방법" 공지 게시글(6497번 게시글(❸))을 클릭한 후 안내에 따라 필요한 자료나 정오표를 다운로드 받거나 변경 내용이 있을 경우 안내 받을 수 있습니다.

▶ 책 전용게시판 바로가기 https://cafe.naver.com/answerbook/6497

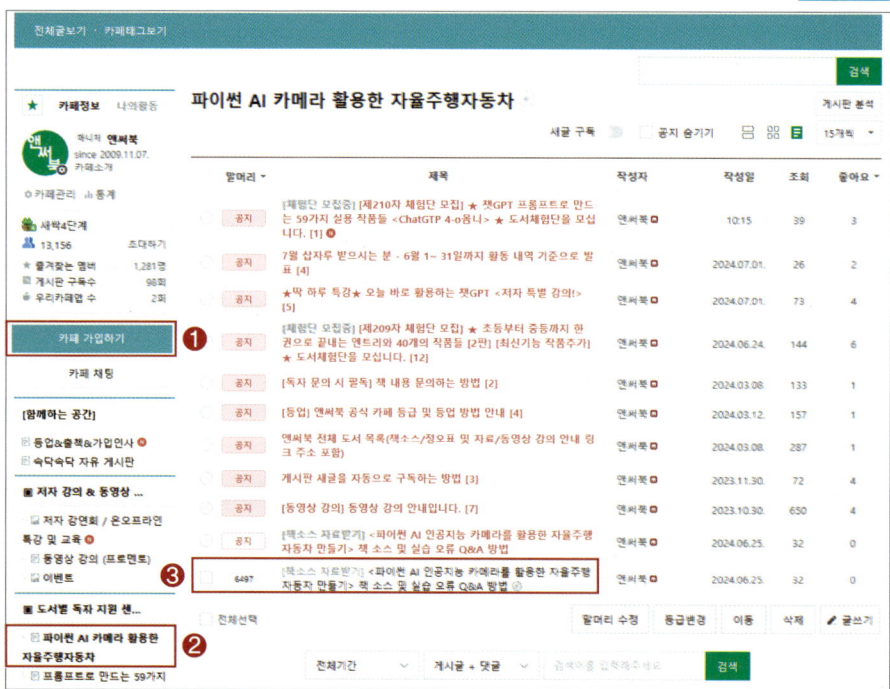

또는 좌측 [종합 자료실] 게시판의 "종합 자료실(도서별 전용 게시판 링크)" 게시글을 클릭한 후 208번 주소 링크를 클릭 후 다운로드 받습니다.

# 독자지원센터

[책 내용 문의하기]

이 책의 실습을 진행하면서 발생하는 오류는 저자가 운영하는 다두이노 사이트의 문의게시판을 이용하면 보다 더 정확한 답변 받으실 수 있습니다.

▶ Q&A 다두이노 문의게시판  https://daduino.co.kr/

다두이노 회원가입하고 [문의게시판]-[글쓰기] 클릭 후 문의글 작성합니다.

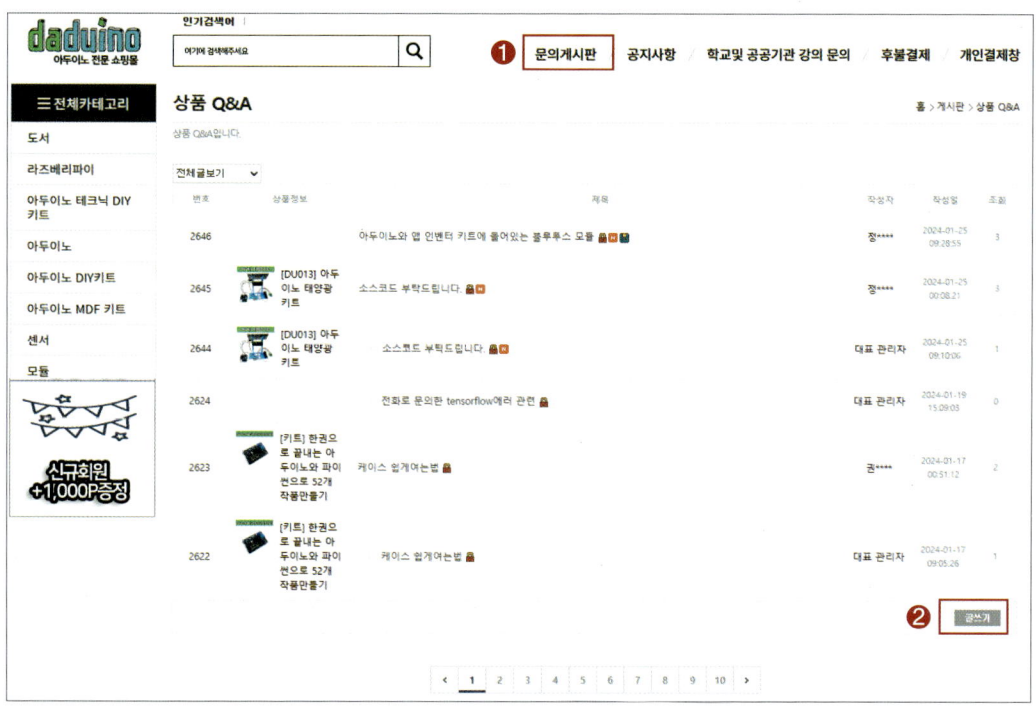

# 독자지원센터

### [앤써북 공식 체험단]

앤써북에서 출간되는 도서와 키트 등 신간 책을 비롯하여 연관 상품을 체험해 볼 수 있습니다. 체험단은 수시로 모집하기 때문에 앤써북 카페 공식 체험단 게시판에 접속한 후 "즐겨찾기" 버튼(❶)을 눌러 [채널 구독하기] 버튼(❷)을 눌러 즐겨찾기 설정해 놓으면 새로운 체험단 모집 글을 메일로 자동 받아보실 수 있습니다.

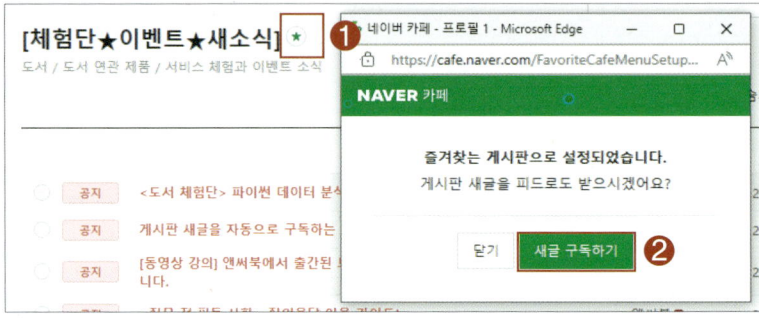

▶ 앤써북 카페 공식 체험단 게시판  https://cafe.naver.com/answerbook/menu/150

체험단 바로가기 QR코드

### [저자 강의 안내]

앤써북에서 출간된 책 관련 주제의 온·오프라인 강의는 특강, 유료 강의 형태로 진행될 예정입니다. 강의 관련해서는 아래 게시판을 통해서 확인해주세요. "앤써북 저자 강의 안내 게시판"을 통해서 앤써북 저자들이 진행하는 다양한 온·오프라인 강의를 확인할 수 있습니다.

▶ 앤써북 강의 안내 게시판  https://cafe.naver.com/answerbook/menu/144

저자 강의 안내 게시판 바로가기 QR코드

# 이 책의 실습 준비물

※ 1번 인공지능 카메라와 22번 아두이노 우노+케이블은 선택 구매가 가능한 옵션

| 번호 | 부품명 | 수량 |
|---|---|---|
| ❶ | 인공지능 카메라(SD카드, 리더기, USB케이블) (옵션 상품) | 1개 |
| ❷ | 인공지능 카메라 지지대 | 1개 |
| ❸ | 자동차 바디 | 1개 |
| ❹ | M2.5*10볼트 | 6개 |
| ❺ | M2.5너트 | 6개 |
| ❻ | 16핀 플랫케이블 | 1개 |
| ❼ | HM-10 블루투스 통신모듈 | 1개 |

| 번호 | 부품명 | 수량 |
|---|---|---|
| ❽ | TT모터 | 4개 |
| ❾ | TT모터 지지대 | 4개 |
| ❿ | 바퀴 | 4개 |
| ⓫ | 18650배터리 | 2개 |
| ⓬ | 전압측정기 | 1개 |
| ⓭ | 충전아답터 | 1개 |
| ⓮ | +−변신드라이버 | 1개 |

| 번호 | 부품명 | 수량 |
|---|---|---|
| ⓰ | LED 빨강 | 4개 |
| ⓱ | 220 옴저항 | 4개 |
| ⓲ | 푸쉬버튼 | 4개 |
| ⓳ | 암수점퍼케이블 | 10개 |
| ⓴ | 수수점퍼케이블 | 10개 |
| ㉑ | 가변저항 | 1개 |
| ㉒ | 아두이노 우노+케이블 (옵션 상품) | 1개 |

▶ 파이썬 AI 인공지능 카메라를 활용한 자율주행 자동차 키트

《파이썬 AI 인공지능 카메라를 활용한 자율주행 자동차》 키트는 이 책에서 설명하는 자동차 구성품을 모두 담고 있습니다. 단, ❶~❹번 부품은 선택 구매합니다.
- **키트명**: 파이썬 AI 인공지능 카메라를 활용한 자율주행 자동차
- **구매처**: 다두이노(www.daduino.co.kr)

# 목 차

## CHAPTER 01 시작하기

**01-1 개요** • 17
    인공지능이란? • 17
        1. 인공지능의 개념 • 17
        2. 인공지능의 역사 • 17
        3. 인공지능의 종류와 분류 • 18
        4. 인공지능의 발전 동향 • 18
    인공지능의 미래 • 19
    K210을 사용한 인공지능 카메라의 특징 및 장점 • 19

**01-2 자동차 조립하기** • 23

**01-3 인공지능 카메라를 파이썬으로 제어하기 위한 개발환경 구성하기** • 36

**01-4 파이썬 배우기** • 48
    출력 • 49
        1. 출력하기 • 49
        2. 다양한 출력 방법 • 50
    변수와 자료형 • 51
        3 숫자형, 문자형, 불형 • 51
        4. 리스트 • 52
        5. 튜플 • 53
        6. 딕셔너리 • 55
    연산자와 제어문 • 56
        7. 산술 연산자 • 56
        8. 비교 연산자 • 57
        9. 논리 연산자 • 58
        10. 조건문 • 59
        11. 반복문 • 61
    오류 및 예외처리 • 62
        12. 오류 • 62
        13. 예외처리 • 63
    함수, 클래스 • 64
        14. 함수 • 64
        15. 클래스 • 66
    import • 68
        16. import • 68

# 목 차

## CHAPTER 02 기본 기능 다루기

**02-1 LED 제어하기** • 71
    한 개의 LED 제어하기 • 71
    여러 개의 LED 제어하기 • 72
    하드웨어 타이머 사용하기 • 73
    타이머를 사용하여 LED 제어하기 • 74

**02-2 RGB LED 제어하기** • 76
    RGB LED 색상 제어하기 • 76
    PWM으로 빨간색 LED 밝기 조절하기 • 77
    무지개 색상을 RGB LED로 표현하기 • 79

**02-3 부저 출력하기** • 81
    도레미파솔라시도 출력하기 • 81
    학교종 재생하기 • 83
    긴급알림음 재생하기 • 84

**02-4 버튼 입력받기** • 85
    버튼 입력받기 • 85
    버튼을 누르면 한 번만 출력하기 • 87
    버튼 클래스 만들기 • 88
    버튼 클래스로 여러 개의 버튼 입력받기 • 89

**02-5 모터제어하기** • 91
    왼쪽 모터 속도변경하기 • 91
    왼쪽 모터 방향 변경하기 • 92
    양쪽 바퀴 제어하기 • 93
    자동차의 이동 함수로 만들어 사용하기 • 95

**02-6 시리얼통신으로 블루투스 통신하기** • 97
    시리얼통신으로 데이터 전송하기 • 97
    시리얼통신으로 데이터 수신받기 • 100
    블루투스 모듈 이름 변경하기 • 101
    시리얼 블루투스 통신으로 LED 제어하기 • 103

## 목 차

**02-7 블루투스 조종 자동차 만들기** • 105
　시리얼통신 데이터 수신받기 • 105
　시리얼통신 데이터 수신받아 조건식 만들기 • 106
　자동차 조종코드 추가하여 완성하기 • 108

**CHAPTER 03 추가 기능 다루기**

**03-1 파일 읽고 쓰기** • 113
　폴더 확인하기 • 114
　파일에 쓰기 • 115
　파일 내용 확인하기 • 116
　폴더 생성하고 확인하기 • 117

**03-2 LCD에 출력하기** • 118
　LCD에 글자 출력하기 • 118
　이미지 객체를 생성하고 글자 크기 변경하기 • 119
　도형 그리기 • 120
　한글 출력하기 • 121
　사진 출력하기 • 123
　전자액자 만들기 • 125

**03-3 카메라 영상받기** • 127
　카메라 영상 받기 • 127
　카메라 영상 뒤집기 • 129
　LCD에 FPS 표시하기 • 130
　버튼을 누르면 사진 저장하기 • 131
　저장된 사진 확인하기 • 133

# 목 차

**CHAPTER 04 영상 처리하기**

**04-1 색상 검출하기 • 137**
　색상 검출하기 • 137
　찾은 색상에 네모 표시하고 면적구하기 • 139
　크기가 큰 경우만 색상 찾아 표시하기 • 140

**04-2 빨간색을 따라가는 자동차 만들기 • 142**
　빨간색을 찾아 정보 출력하기 • 142
　빨간색의 정보를 바탕으로 이동 방향 결정하기 • 143
　빨간색으로 이동하는 자동차 만들기 완성 • 145

**04-3 태그 검출하기 • 148**
　태그 생성하기 • 148
　태그 검출하기 • 151
　태그 검출하여 LED 제어하기 • 152

**04-4 바코드 검출하기 • 154**
　바코드 생성하기 • 154
　바코드 검출하기 • 154
　바코드 홀수짝수 분류하기 • 157

**04-5 QR코드 검출하기 • 160**
　QR코드 생성하기 • 160
　QR코드 검출하기 • 161
　QR코드에서 읽은 데이터 LCD에 표시하기 • 163

**04-6 라인 검출하기 • 164**
　영상에서 검은색 라인 찾기 • 166
　검색은 라인의 중심 구하기 • 167
　각도 구하기 • 169

**04-7 라인트레이서 자동차 만들기 • 172**
　자동차를 움직여 라인트레이서 완성 • 175

# 목 차

## CHAPTER 05 이미지 처리하기

**05-1 이미지필터 사용하기** • 
- 이미지반전 필터 사용하기 • 181
- 이미지 크기 줄여서 속도 높이기 • 183
- 컬러 이미지에서 빛제거필터 사용하기 • 184
- 흑백 이미지에서 빛제거필터 사용하기 • 185
- 렌즈필터 사용하기 • 186
- 카툰필터 사용하기 • 187

**05-2 카메라 설정** • 189
- 오토게인 설정 • 189
- 수동게인 설정 • 190
- 노출시간 수동조절 • 191

**05-3 이미지 검출하기** • 193
- 엣지검출 • 193
- 이미지에서 원 찾기 • 194
- 이미지에서 선 찾기 • 195
- 이미지에서 사각형 찾기 • 197

## CHAPTER 06 인공지능 실습하기

**06-1 숫자 검출하기** • 199
- 이미지에서 숫자 검출하기 • 199
- 조건식 추가하여 성능 높이기 • 201

**06-2 객체 검출하기** • 204
- 검출한 객체 출력하기 • 204
- 검출한 객체 표시하기 • 207

**06-3 고양이를 따라가는 자동차 만들기** • 210
- 찾은 고양이의 중심좌표 구하기 • 210
- 고양이를 따라가는 자동차 만들기 • 213

**06-4 손을 따라 움직이는 자동차 만들기** • 218
- 손 검출하기 • 218

# 목 차

      검출한 손의 중앙값 구하기 • 220

      손의 위치에 따라 왼쪽 오른쪽 이동 방향 결정하기 • 222

      자동차를 왼쪽 오른쪽으로 움직이기 • 224

**06-5 마스크 검출기 만들기** • 228

      마스크 검출하기 • 228

      정상, 에러 부저음 만들기 • 230

      마스크상태에 따라서 부저음 출력하기 • 231

**06-6 얼굴 검출하기** • 234

      얼굴 검출하기 • 234

      가장 크게 검출된 얼굴만 표시하기 • 236

      얼굴을 검출하면 사진을 찍어서 저장하기 • 238

**06-7 셀프 학습** • 241

## CHAPTER 07 나만의 인공지능 모델 만들기

**07-1 인공지능 분류 모델 만들기** • 253

      버튼을 눌러 사진 저장하기 • 254

      모델 생성하기 • 257

**07-2 인공지능 분류기 만들기** • 272

      인공지능 이미지 분류하기 • 272

      분류된 이미지에 글자 넣기 • 273

      오토바이가 보이면 알림을 울리기 • 275

**07-3 인공지능 객체 인식 모델 만들기** • 277

      버튼을 눌러 사진 저장하기 • 278

      객체 인식 모델 생성하기 • 280

**07-4 인공지능 객체 인식 장치 만들기** • 292

      이미지에서 객체 인식하기 • 292

      객체에 라벨 붙이기 • 293

      사람이 검출되면 LED 깜빡이는 장치 만들기 • 295

# 목 차

## CHAPTER 08 자율주행 자동차 만들기

**08-1 차선을 따라 이동하는 자동차 만들기 • 299**
  양쪽 차선을 인식하여 이동 방향 결정하기 • 301
  차선을 따라 이동하는 자동차 만들기 • 303

**08-2 인공지능 객체 인식 기능 추가하기 • 308**
  차선을 따라 이동 방향 결정과 객체 인식 동시에 하기 • 308
  사람을 검출하면 멈추는 자동차 만들기 • 311

## CHAPTER 09 인공지능 카메라만 사용하기

**09-1 버튼 입력받기 • 320**
  버튼 입력받기 • 320
  버튼 클래스 만들어 사용하기 • 322

**09-2 RGB LED 제어하기 • 324**
  RGB LED 제어하기 • 324

**09-3 LED 확장하여 제어하기 • 325**
  회로 연결하기 • 325
  LED 제어하기 • 327
  쓰레드를 사용한 LED 제어 • 329

**09-4 버튼 확장하여 제어하기 • 331**
  회로 연결하기 • 331
  버튼 입력받기 • 332
  버튼을 눌러 LCD에 표시하기 • 334

# 목 차

**CHAPTER 10 아두이노와 연결하여 사용하기**

**10-1 QR코드 검출하여 아두이노와 통신하기** • 337
    QR코드를 검출하기 • 337
    결과값만 분리하기 • 340
    검출된 QR코드를 시리얼통신으로 전송하기 • 341
    아두이노에서 QR코드로 검출된 값 출력하기 • 344
    QR코드 값이 hello arduino면 LED 깜빡이기 • 345

**10-2 객체를 검출하여 아두이노와 통신하기** • 347
    객체를 검출하여 검출된 객체 출력하기 • 347
    검출된 객체 시리얼통신으로 전송하기 • 349
    아두이노에서 객체 검출된 값 출력하기 • 353
    사람이 검출되면 LED 깜빡이기 • 354

**10-3 아두이노에서 가변저항값을 측정해서 LCD에 표시하기** • 356
    가변저항 값 받아서 시리얼통신으로 전송하기 • 357
    아두이노에서 받은 값 출력하기 • 359
    아두이노에서 받은 값 LCD에 표시하기 • 360

# CHAPTER 01

# 시작하기

## 01-1

# 개요

## 인공지능이란?

### 1. 인공지능의 개념

인공지능(Artificial Intelligence, AI)은 인간의 지능을 모방한 기계의 지능을 연구하는 과학의 한 분야입니다. 인공지능은 인간이 하는 일들을 기계가 할 수 있도록 하는 것을 목표로 하고 있습니다.

인공지능의 개념은 1956년 미국 다트머스 대학에서 열린 회의에서 처음으로 사용되었습니다. 이 회의에서 존 매카시(John McCarthy)는 인공지능을 "지각, 학습, 추론, 계획, 문제 해결 등 인간의 지적 활동을 모방하는 기계의 능력"으로 정의했습니다.

### 2. 인공지능의 역사

인공지능의 역사는 19세기까지 거슬러 올라갑니다. 1830년대에 영국의 수학자 찰스 배비지(Charles Babbage)는 최초의 디지털 컴퓨터인 '해석기관(Analytical Engine)'을 고안했습니다. 해석기관은 프로그램이 가능한 기계로, 오늘날의 컴퓨터와 같은 역할을 할 수 있었습니다.

20세기 초에는 인공지능에 대한 연구가 본격적으로 시작되었습니다. 1950년대에 미국의 수학자 앨런 튜링(Alan Turing)은 '튜링 테스트(Turing Test)'를 제안했습니다. 튜링 테스트는 기계가 인간과 구별할 수 없는 지능을 갖췄는지 판단하는 테스트입니다. 1960년대에는 인공지능의 첫 번째 황금기가 시작되었습니다. 이 시기에는 전문가 시스템, 자연어 처리, 기계 학습 등 인공지능의 주요 분야들이 발전했습니다. 그러나 1970년대에 들어서면서 인공지능 연구는 침체기를 맞이했습니다. 당시 인공지능 연구는 지나치게 이상적이고 현실성이 떨어진다는 비판을 받았습니다.

1980년대에 들어서면서 인공지능 연구는 다시 활기를 띠기 시작했습니다. 이 시기에는 머신 러닝, 딥 러닝 등 새로운 기술들이 개발되면서 인공지능의 발전을 가속화 했습니다.

2000년대 이후에는 인공지능의 발전이 급속도로 가속화되었습니다. 이 시기에는 딥 러닝의 발전으로 이미지 인식, 음성 인식, 자연어 처리 등 다양한 분야에서 인공지능이 인간을 뛰어넘는 성능을 달성했습니다.

## 3. 인공지능의 종류와 분류

인공지능은 크게 기호 처리와 신경망으로 분류할 수 있습니다.
- 기호 처리는 인간의 사고를 기호로 모델링하여 인공지능을 구현하는 방법입니다. 기호 처리는 지식 기반 시스템, 전문가 시스템, 자연어 처리 등에서 사용됩니다.
- 신경망은 인간의 뇌를 모방한 모델을 사용하여 인공지능을 구현하는 방법입니다. 신경망은 이미지 인식, 음성 인식, 자연어 처리 등에서 사용됩니다.

인공지능은 또한 문제 해결 방법에 따라 탐색, 학습, 추론으로 분류할 수 있습니다.
- 탐색은 문제의 해를 찾기 위해 무작위적으로 탐색하는 방법입니다. 탐색은 게임, 최적화 등에서 사용됩니다.
- 학습은 데이터로부터 패턴을 학습하여 문제의 해를 찾는 방법입니다. 학습은 이미지 인식, 음성 인식, 자연어 처리 등에서 사용됩니다.
- 추론은 지식이나 규칙을 사용하여 문제의 해를 찾는 방법입니다. 추론은 의료 진단, 법률 해석 등에서 사용됩니다.

## 4. 인공지능의 발전 동향

**❶ 데이터의 폭발적 증가**

인공지능은 데이터를 학습하여 문제를 해결합니다. 따라서 데이터의 폭발적 증가는 인공지능의 발전에 중요한 역할을 하고 있습니다. 인터넷과 센서 기술의 발전으로 인해 다양한 종류의 데이터가 빠르게 증가하고 있습니다. 이러한 데이터는 인공지능의 학습에 사용되어 인공지능의 성능을 향상시키고 있습니다.

**❷ 컴퓨팅 성능의 향상**

인공지능은 복잡한 계산을 수행해야 합니다. 따라서 컴퓨팅 성능의 향상은 인공지능의 발전에 중요한 역할을 하고 있습니다. 컴퓨팅 기술의 발전으로 인해 인공지능은 더 빠르고 정확하게 계산할 수 있게 되었습니다.

**❸ 인공지능 기술의 발전**

딥러닝, 강화 학습, 자연어 처리 등 인공지능 기술의 발전도 인공지능의 발전을 가속화하고 있습니다. 딥 러닝은 이미지 인식, 음성 인식, 자연어 처리 등 다양한 분야에서 인간을 뛰어넘는 성능을 달성하면서 인공지능의 발전을 주도하고 있습니다. 강화 학습은 에이전트가 환경과의 상호작용을 통해 학습하는 방법으로, 자율주행, 게임 등에서 사용되고 있습니다. 자연어 처리는 컴퓨터가 인간의 언어를 이해하고 처리하는 기술로, 다양한 분야에서 활용되고 있습니다.

## 인공지능의 미래

인공지능은 우리 삶의 다양한 분야에 영향을 미치고 있습니다. 인공지능은 다음과 같은 분야에서 더욱 발전할 것으로 예상됩니다.

### ❶ 자율주행
자율주행은 인공지능의 가장 대표적인 응용 분야 중 하나입니다. 인공지능은 차량의 주변 환경을 인식하고, 이를 기반으로 차량을 자율적으로 제어하는 데 사용됩니다.

### ❷ 의료
인공지능은 의료 분야에서 진단, 치료, 예방 등 다양한 분야에 활용되고 있습니다. 인공지능은 의료 영상을 분석하여 질병을 진단하고, 치료 계획을 수립하는 데 사용됩니다. 또한, 인공지능은 질병을 예측하고, 맞춤형 치료를 제공하는 데에도 사용될 수 있습니다.

### ❸ 금융
인공지능은 금융 분야에서 투자, 거래, 고객 관리 등 다양한 분야에 활용되고 있습니다. 인공지능은 금융 데이터를 분석하여 투자 기회를 발굴하고, 자동으로 거래를 수행하는 데 사용됩니다. 또한, 인공지능은 고객의 요구를 파악하고, 맞춤형 서비스를 제공하는 데에도 사용될 수 있습니다.

### ❹ 교육
인공지능은 교육 분야에서 학습, 평가, 맞춤형 교육 등 다양한 분야에 활용되고 있습니다. 인공지능은 학생들의 학습 수준을 파악하고, 개별화된 학습 콘텐츠를 제공하는 데 사용됩니다. 또한, 인공지능은 학생들의 학습 과정을 모니터링하고, 피드백을 제공하는 데에도 사용될 수 있습니다.

인공지능은 우리 삶의 다양한 분야에 영향을 미치면서 사회 전반에 큰 변화를 가져올 것으로 예상됩니다. 인공지능의 발전에 따른 윤리적 문제와 사회적 갈등에 대한 대비도 필요합니다.


## K210을 사용한 인공지능 카메라의 특징 및 장점

Kendryte [K210]은 인공지능 및 머신 러닝 애플리케이션을 위해 설계된 기업 Canaan의 시스템온 칩(SoC)입니다. 이 칩은 주로 에지 컴퓨팅에서 사용되며, 소형 IoT(Internet of Things) 장치에 인공지능 기능을 제공하기 위해 만들어졌습니다.
K210의 주요 특징을 가지고 있습니다.

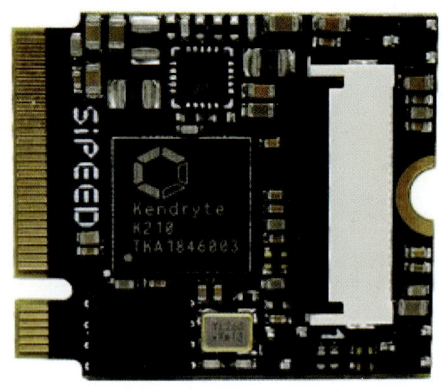

❶ 듀얼 코어 프로세서: RISC-V 64비트 듀얼 코어 프로세서를 사용합니다. RISC-V는 오픈소스 명령어 세트 아키텍처(ISA)로, 유연성과 확장성을 제공합니다.

❷ 인공지능 가속기: K210은 신경망 및 기타 AI 작업을 가속화하기 위한 전용 하드웨어 가속기를 포함합니다. 이로 인해 이미지 및 음성 인식과 같은 작업을 빠르고 효율적으로 처리할 수 있습니다.

❸ 온보드 이미지 처리: 칩은 고급 이미지 처리 기능을 제공하여, 카메라 인터페이스를 통해 실시간으로 이미지를 처리하고 분석할 수 있습니다.

❹ 저전력 설계: IoT 장치는 종종 전력 소비가 중요한 고려사항입니다. K210은 저전력 설계를 통해 배터리로 구동되는 장치에서도 효율적으로 작동합니다.

❺ 풍부한 입출력 옵션: 다양한 입출력 옵션을 지원하여 센서, 모터 및 기타 주변 장치와 쉽게 연결할 수 있습니다.

K210 칩의 구조는 다음과 같습니다.

K210 칩은 크게 CPU, NPU, 로컬 메모리, 외부 메모리로 구성됩니다.

❶ CPU: K210 칩의 CPU는 RISC-V 마이크로 프로세서 24개로 구성됩니다. CPU는 일반적인 프로세싱 작업을 수행하며, 딥 러닝 계산을 수행하는 NPU와 협력하여 전체 시스템의 성능을 향상시킵니다.

❷ NPU: K210 칩의 NPU는 8비트 신경망 프로세서 18개로 구성됩니다. NPU는 딥 러닝 계산을 수행하며, CPU와 협력하여 이미지 인식, 음성 인식, 자연어 처리 등 다양한 AI 애플리케이션의 성능을 향상시킵니다.

❸ 로컬 메모리: K210 칩의 로컬 메모리는 CPU와 NPU가 사용하는 데이터를 저장합니다. 로컬 메모리는 16MB의 크기로, 32bit 대역폭을 제공합니다.

❹ 외부 메모리: K210 칩의 외부 메모리는 대용량 데이터를 저장합니다. 외부 메모리는 DDR3, LPDDR3, eMMC 등 다양한 종류의 메모리를 지원합니다.

K210 칩의 주요 특징은 다음과 같습니다.

❶ **AI 하드웨어 가속 기능**: K210 칩은 24개의 RISC-V 마이크로 프로세서와 18개의 8비트 신경망 프로세서(NPU)를 포함하여, 딥 러닝을 위한 강력한 하드웨어 가속 기능을 제공합니다. RISC-V 마이크로 프로세서는 일반적인 프로세싱 작업을 수행하고, 8비트 NPU는 딥러닝 계산을 수행합니다.

❷ **저전력**: K210 칩은 저전력 설계로, 배터리 구동 애플리케이션에 적합합니다. K210 칩은 최대 1.2GHz의 클럭 속도를 제공하면서도, 소비 전력은 2W 미만으로 유지됩니다.

❸ **저비용**: K210 칩은 저비용으로 생산할 수 있어, 대량 생산에 적합합니다.

Kendryte K210은 다양한 응용 분야에 사용될 수 있는 유연성과 성능을 제공하는 시스템온칩(SoC)입니다. 이 칩은 주로 인공지능과 머신 러닝을 요구하는 응용 프로그램에 적합합니다.

K210이 사용되는 주요 어플리케이션은 다음과 같습니다

❶ **스마트 홈 장치**: K210은 음성 인식, 얼굴 인식, 이미지 분류 등을 통해 스마트 홈 장치의 기능을 향상시킬 수 있습니다. 예를 들어, 스마트 보안 카메라나 도어벨에서 사용자 인식이나 이상 행동 감지에 활용될 수 있습니다.

❷ **산업 자동화**: 제조 공정에서 결함 감지, 품질 관리, 자동화된 검사 시스템 등에 적용할 수 있습니다. K210은 고속 이미지 처리 및 분석 능력을 갖추고 있어 산업 환경에서 유용합니다.

❸ **로봇공학**: 소형 로봇, 드론 및 자율 주행 차량에 사용될 수 있습니다. 이러한 장치들은 K210의 실시간 이미지 처리 및 객체 감지 능력을 활용하여 주변 환경을 인식하고 상호작용할 수 있습니다.

❹ **교육 및 연구**: K210은 학생들과 연구자들이 AI 및 머신 러닝 프로젝트를 실험하고 개발하는 데 이상적인 플랫폼을 제공합니다. 저렴하고 접근성이 높아 교육용으로 매우 적합합니다.

❺ **웨어러블 기기**: 피트니스 트래커, 스마트 시계 등과 같은 웨어러블 기기에서도 K210이 활용될 수 있습니다. 이러한 기기에서는 건강 모니터링, 활동 추적, 제스처 인식 등의 기능이 필요합니다.

❻ **엣지 컴퓨팅**: IoT 장치가 데이터를 클라우드로 전송하기 전에 현장에서 데이터를 처리하고 분석하는 데 사용됩니다. 이는 반응 시간을 단축시키고 네트워크 대역폭을 절약하는 데 도움이 됩니다.

K210은 이러한 다양한 어플리케이션에서 그 가치를 인정받고 있으며, 특히 AI 기능이 필요한 소형 및 저전력 장치에서 그 잠재력을 발휘하고 있습니다.

이 책에서는 [K210] 칩을 이용한 [인공지능 카메라]를 사용합니다.

다음은 K210 칩을 이용한 인공지능 카메라입니다.

- 인공지능 카메라

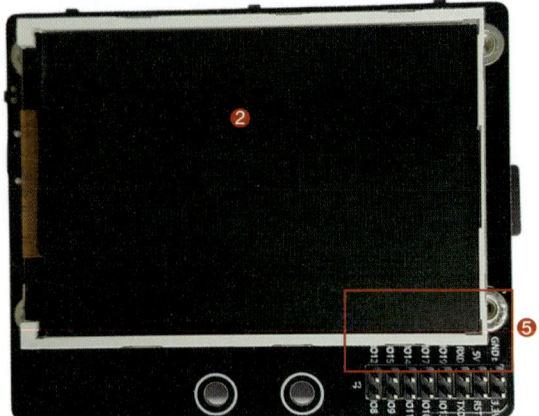

[인공지능 카메라]의 특징은 다음과 같습니다.
1. 카메라
2. 2.4인치 LCD
3. 3개의 버튼
4. RGB LED
5. 외부 연결가능한 IO
6. USB 케이블을 통한 개발
7. 마이크로파이썬 개발환경

[인공지능 카메라]를 제어보드로 사용하고 아래와 같이 자동차의 형태를 이용하여 실습을 진행합니다.

- 인공지능 카메라를 이용한 자동차 특징

[인공지능 카메라]를 이용한 자동차의 특징은 다음과 같습니다.

1. 4개의 모터
2. 버튼 3개
3. LED 2개
4. 블루투스 통신
5. 배터리 구동

## 01-2

# 자동차 조립하기

자동차를 조립한 다음 실습을 진행합니다.

- 자동차 전체부품 사진

| 번호 | 부품명 | 수량 |
|---|---|---|
| ❶ | 인공지능 카메라(SD카드, 리더기, USB케이블) (옵션 상품) | 1개 |
| ❷ | 인공지능 카메라 지지대 | 1개 |
| ❸ | 자동차 바디 | 1개 |
| ❹ | M2.5*10볼트 | 6개 |
| ❺ | M2.5너트 | 6개 |
| ❻ | 16핀 플랫케이블 | 1개 |
| ❼ | HM-10 블루투스 통신모듈 | 1개 |
| ❽ | TT모터 | 4개 |
| ❾ | TT모터 지지대 | 4개 |
| ❿ | 바퀴 | 4개 |
| ⓫ | 18650배터리 | 2개 |
| ⓬ | 전압측정기 | 1개 |
| ⓭ | 충전아답터 | 1개 |
| ⓮ | +-변신드라이버 | 1개 |
| ⓯ | 브레드보드 | 1개 |
| ⓰ | LED 빨강 | 4개 |
| ⓱ | 220 옴저항 | 4개 |
| ⓲ | 푸쉬버튼 | 4개 |
| ⓳ | 암수점퍼케이블 | 10개 |
| ⓴ | 수수점퍼케이블 | 10개 |
| ㉑ | 가변저항 | 1개 |
| ㉒ | 아두이노 우노+케이블 (옵션 상품) | 1개 |

※ 1번 인공지능 카메라와 22번 아두이노 우노+케이블은 선택 구매가 가능한 옵션 상품입니다.

**01** 자동차 바디, TT모터, TT모터 지지대, +−변신드라이버를 준비합니다. +−변신드라이버는 검정색 부분을 손으로 잡고 빼면 분리되어 +− 모두 가능한 드라이버입니다.

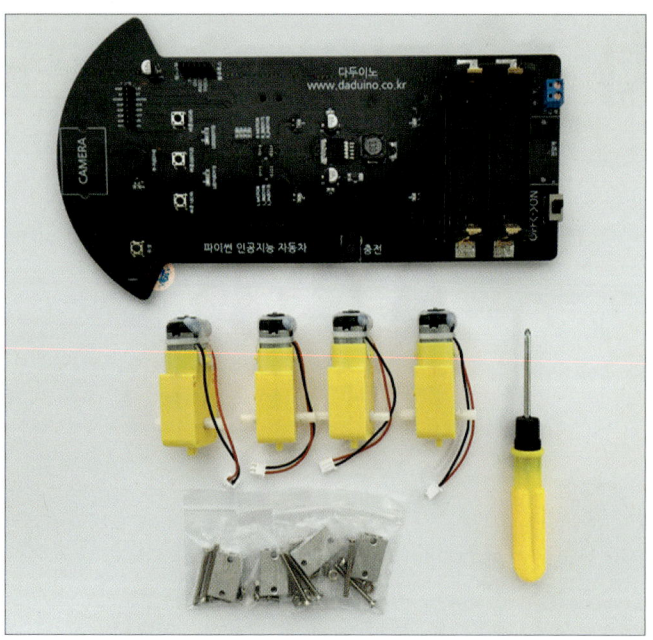

**02** TT모터를 다음과 같이 위치합니다. 모터의 케이블은 안쪽으로 합니다. 밖은 바퀴가 장착되어야 해서 케이블이 나오면 안됩니다.

**03** 모터지지대의 나사선이 위쪽을 향하도록 합니다. 모터지지대의 나사선을 이용하여 자동차의 바디와 볼트로 연결됩니다.

**04** 모터지지대의 긴볼트를 이용하여 밖에서 안으로 볼트를 넣습니다.

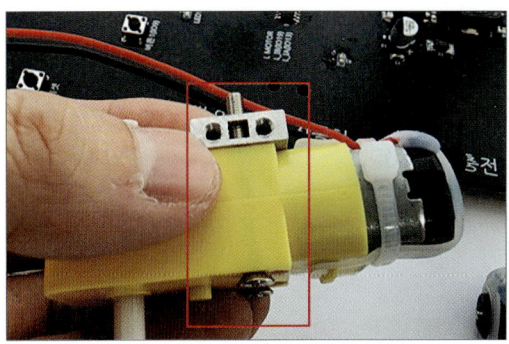

**05** 두 개의 너트를 이용하여 모터지지대와 모터를 고정합니다.

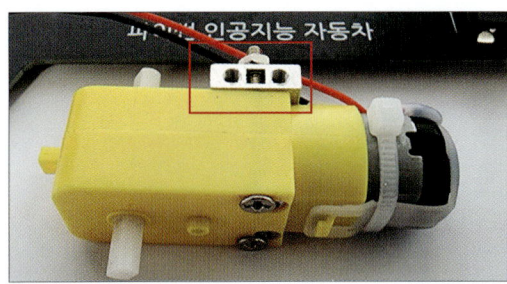

**06** 모터와 자동차바디를 볼트를 이용하여 고정시킵니다.

**07** 나머지 3개의 모터 모두 같은 방법으로 조립합니다.

**08** 반대로 뒤집습니다.

**09** 각각 모터 옆에 케이블을 커넥터와 결합합니다.

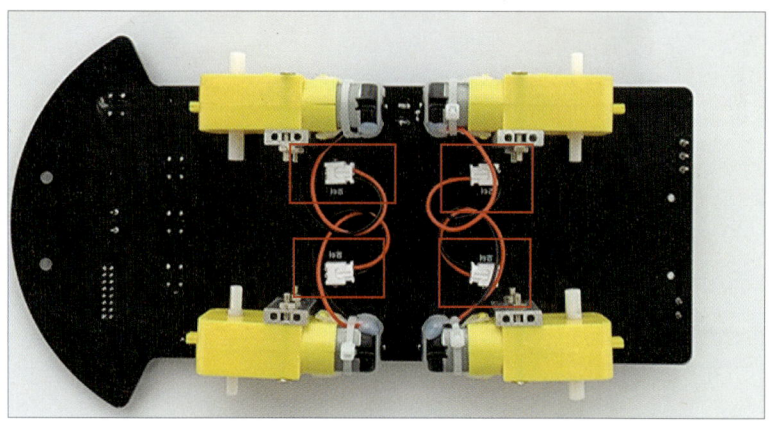

**10** 바퀴를 준비합니다.

**11** 모터의 홈과 바퀴의 홈을 맞추어 끼워 넣습니다.

**12** 바퀴를 조립하였습니다.

**13** 전압측정기, M2.5*10볼트, M2.5너트를 준비합니다.

Chapter 01_시작하기  27

**14** 전압측정기의 홀데 M2.5*10볼트 2개를 넣습니다.

**15** 반대쪽에 너트를 돌려 결합한 다음 드라이버를 이용하여 고정시킵니다.

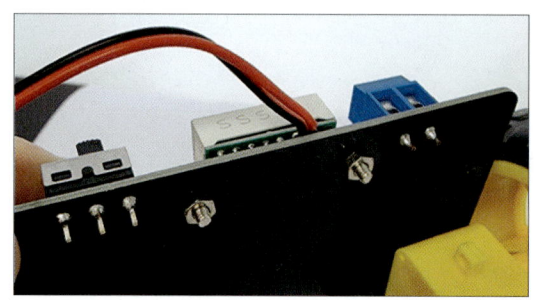

**16** +-변신드라이버는 +- 바꿀 수 있습니다. -부분을 이용합니다.

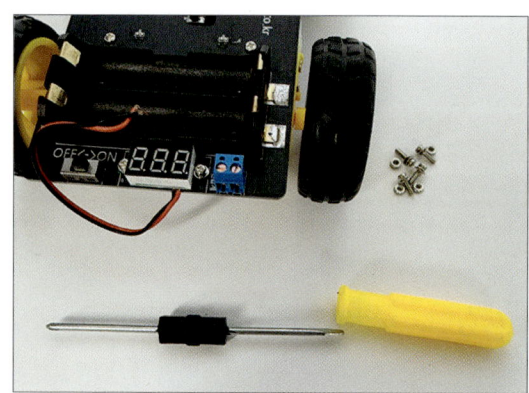

**17** 커넥터부분을 조금 푼 다음 선의 피복부분을 살짝 밀어 넣고 다시 드라이버로 조여 선을 고정 시킵니다. +는 빨강, -는 검정색 선으로 색상에 맞추어 잘 결합합니다.

**18** 인공지능 카메라, 인공지능 카메라 지지대 M2.5*10볼트, M2.5너트를 준비합니다.

**19** 인공지능 카메라와 인공지능 카메라 지지대를 M2.5*10볼트, M2.5너트를 이용하여 고정시킵니다.

**20** 반대편은 너트를 이용하여 고정시킵니다.

**21** 인공지능 카메라와 자동차 바디역시 M2.5*10볼트, M2.5너트를 이용하여 고정시킵니다.

**22** 뒤쪽에도 너트를 이용하여 고정하였습니다.

**23** 인공지능 카메라의 각도를 고정시키기 위해서 지지대의 옆의 볼트를 조여 카메라를 원하는 각도로 조절 가능합니다.

**24** 카메라지지대의 옆 볼트를 푼 다음 원하는 각도에 멈춘 다음 볼트를 조여 각도의 조절이 가능합니다.

**25** LCD를 보호하기 위한 보호필름을 제거합니다.

**26** 16핀 플랫케이블을 준비합니다.

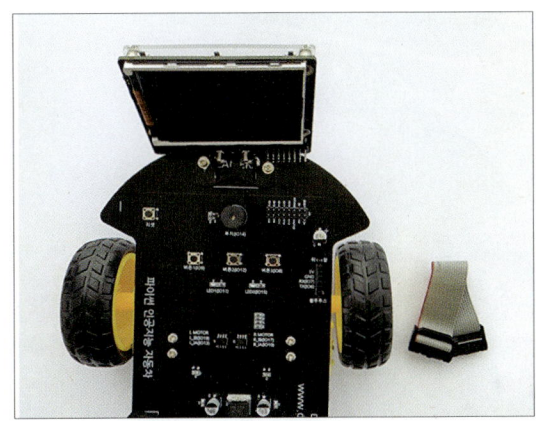

**27** 인공지능 카메라와 자동차바디를 16핀 플랫 케이블을 이용하여 연결합니다. 플랫케이블을 뒤집어서 연결해도 상관없으나 케이블을 꼬아서 연결하지 않도록 합니다.

**28** HM-10 블루투스 통신모듈을 준비합니다.

**29** 방향을 잘 맞추어 연결합니다. HM-10 블루투스 통신모듈의 앞면이 밖을 바라보도록 연결합니다.

**30** 18650 배터리를 2개 준비합니다.

**31** 배터리에서 툭 튀어나온 부분이 +로 배터리 홀더에도 +극성이 표시되어 있습니다. 방향을 잘 맞추어 배터리를 홀더에 결합합니다. 배터리와 홀더의 결합은 배터리를 -에서부터 넣어 +극성으로 넣어 결합합니다. 전원스위치는 OFF로 끈상태로 배터리를 연결합니다.

**32** 배터리의 조립을 완료하였습니다.

**33** 충전시에는 충전기를 콘센트에 연결 후 충전 커넥터에 연결하여 충전합니다.

**34** 배터리의 전압이 7V 이하이면 충전하여 사용하시길 바랍니다.

**35** SD카드는 인공지능 카메라의 옆면에 있습니다. 꾹 밀어 넣으면 고정되는 형식입니다.

**36** 인공지능 카메라의 USB커넥터는 옆면에 있습니다. PC와 연결할 때 아래와 같이 연결하여 사용합니다.

**37** 자동차의 조립을 완료하였습니다.

## 01-3

# 인공지능 카메라를 파이썬으로 제어하기 위한 개발환경 구성하기

K210을 사용한 [인공지능 카메라]를 파이썬으로 제어하기 위한 개발환경을 설치합니다.

**01** 구글에서 "canmv"를 검색 후 아래 사이트에 접속합니다.

**02** canmv 사이트입니다.

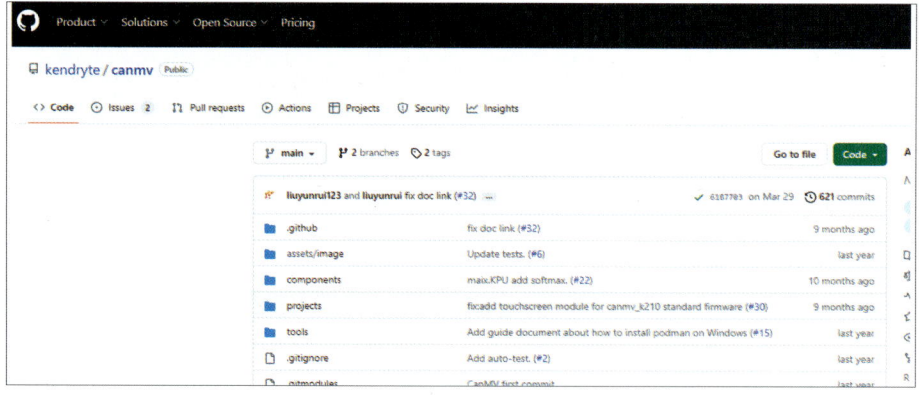

**03** 스크롤을 아래로 내려 [CanMV IDE] 부분을 클릭합니다. 개발툴을 다운로드 받는 페이지입니다.

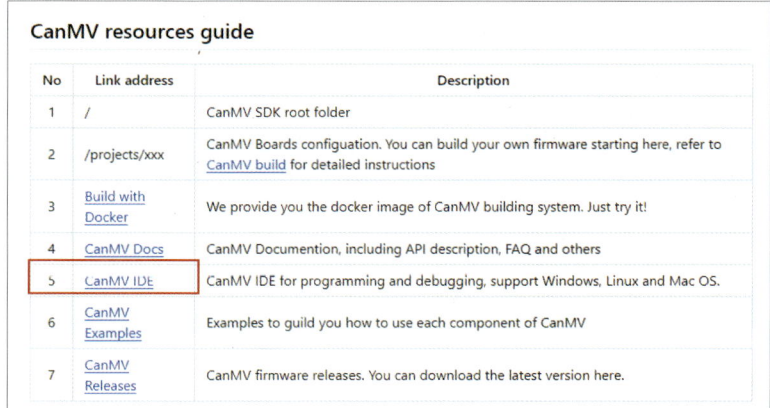

**04** 화면의 오른쪽에 [+ 4 releases] 부분을 클릭합니다.

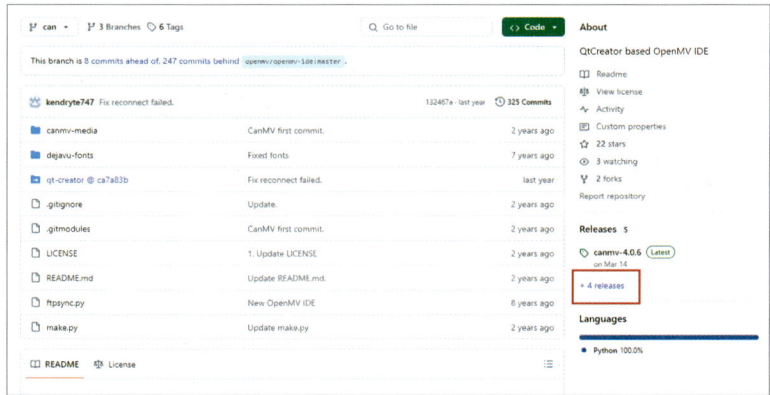

**05** 스크롤을 아래로 내려 v2.9.2-2를 찾고 [Assets]부분을 클릭하여 메뉴를 열어 [canmv-ide-windows-2.9.2-v2.9.2-2-0-g132467a.exe] 파일을 다운로드 받습니다. 최신버전의 4.x 버전은 K210보드를 지원하지 않습니다.

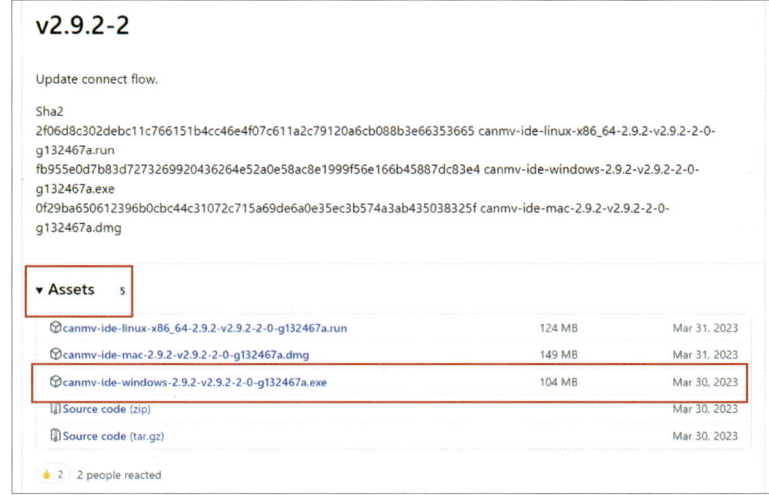

**06** 다운로드 폴더에 다운로드된 설치파일을 실행합니다.

**07** [다음]을 눌러 설치를 진행합니다.

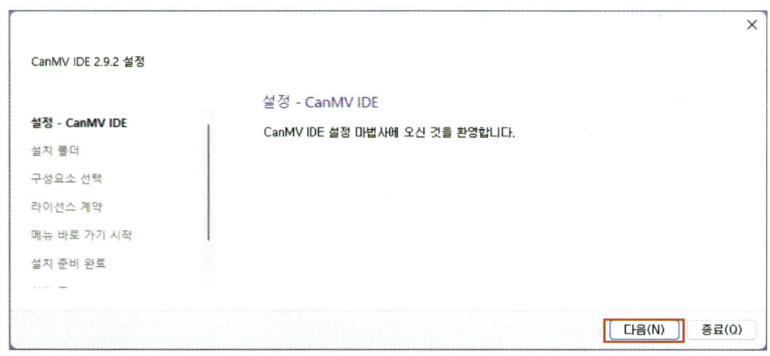

**08** [다음]을 눌러 설치를 진행합니다.

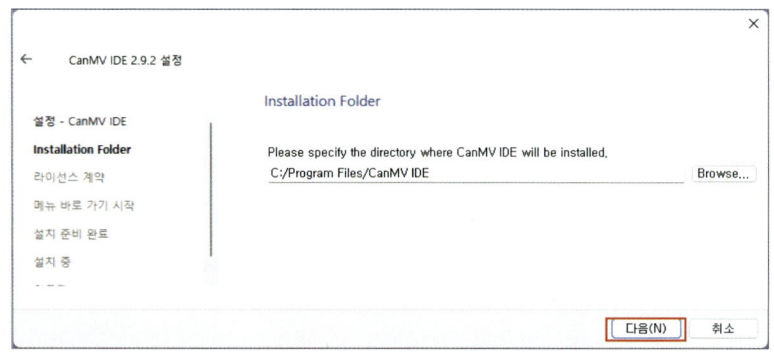

**09** "라이센스 조항에 동의합니다." 선택 박스를 체크한 후 [다음]을 눌러 설치를 진행합니다.

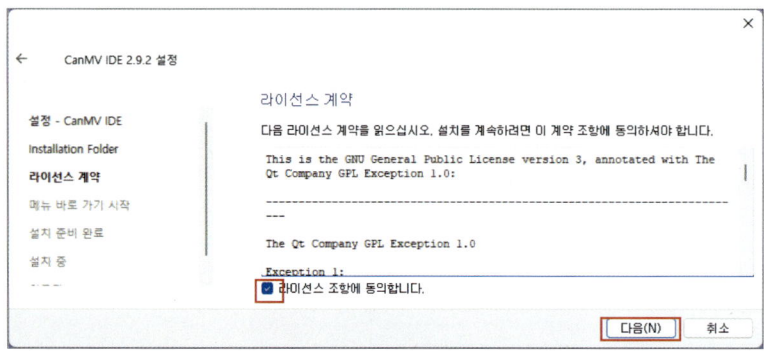

**10** [다음]을 눌러 설치를 진행합니다.

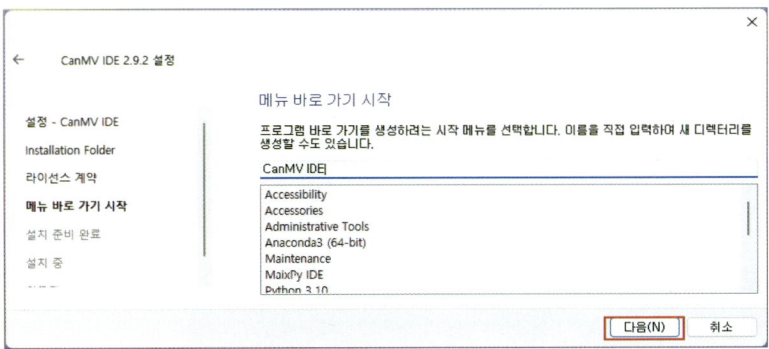

**11** [설치]를 눌러 설치를 진행합니다.

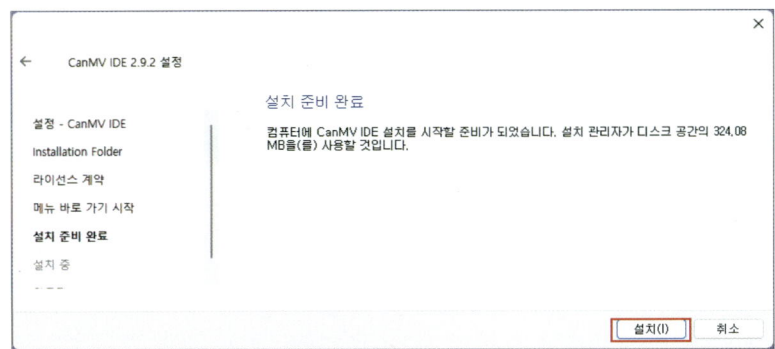

**12** [완료]를 눌러 설치를 완성합니다.

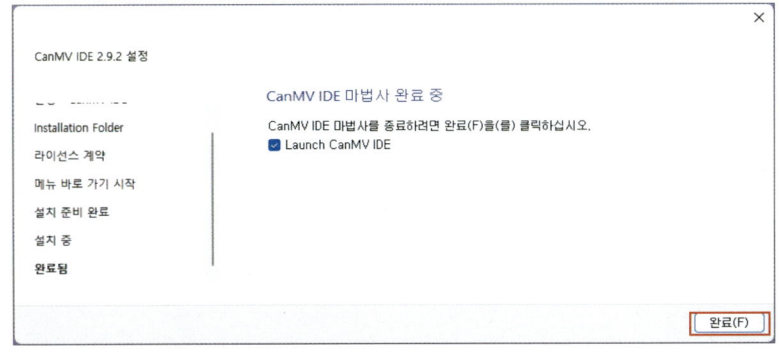

**13** 바탕화면에 다음과 같은 아이콘이 생성되었습니다.

**14** CanMV 개발환경입니다. 처음 실행 시 [helloworld_1.py] 예제 코드가 자동으로 불러옵니다.

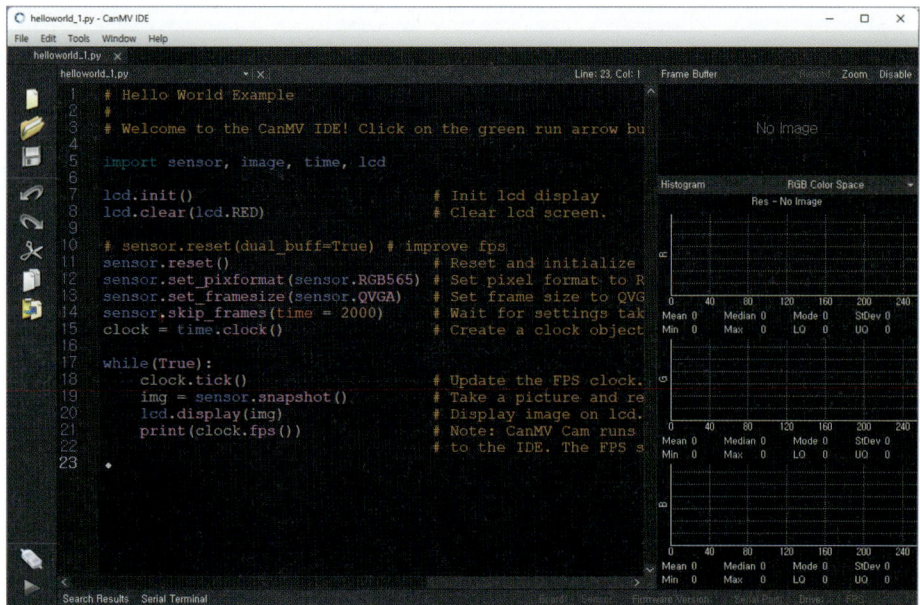

**15** 예제코드는 [File] -> [Exmples]에서 다양한 예제코드를 볼 수 있습니다. [helloworld_1.py] 예제코드는 [Basics] -> [helloworld.py]를 열어 확인할 수 있습니다.

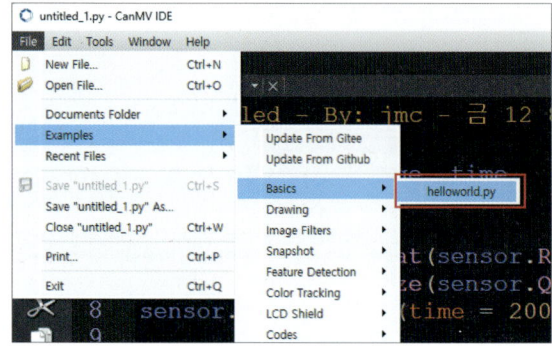

**16** 인공지능 카메라를 USB케이블을 이용하여 PC와 연결한 다음 진행합니다.

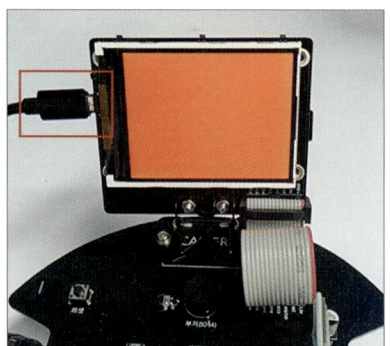

**17** 처음 한 번 PC에 인공지능 카메라와 연결 후 드라이버를 설치를 진행합니다. [usb to 시리얼] 통신 드라이버로 PC와 인공지능 카메라를 연결하기 위한 드라이버입니다.

구글에서 "ch340 driver download"를 검색 후 아래 사이트에 접속합니다.

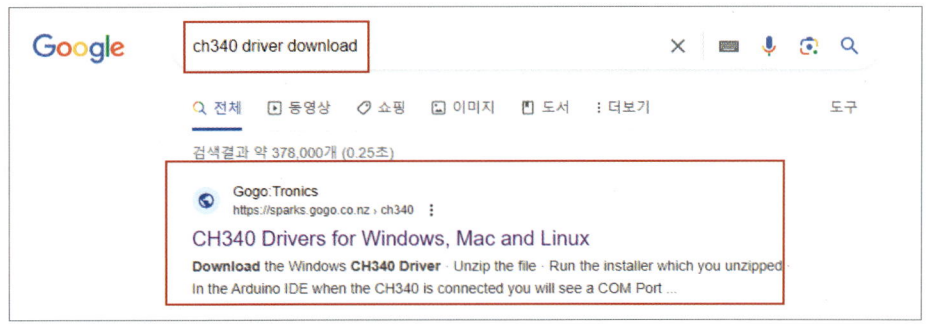

**18** 스크롤을 아래로 내려 [Windows CH340 Driver] 부분을 클릭하여 드라이버를 다운로드 받습니다.

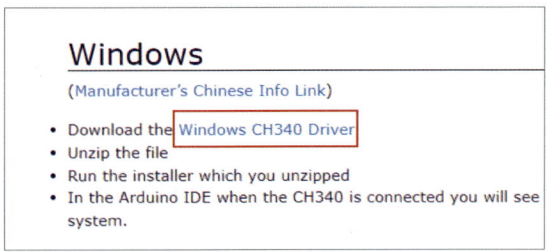

**19** 다운로드 받은 파일의 압축을 풀어줍니다.

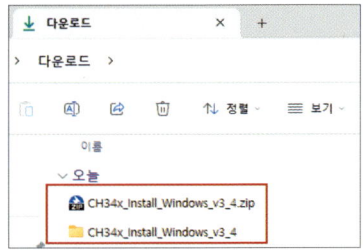

**20** 압축을 푼 폴더에 들어와 설치파일을 실행합니다. [INSTALL]아이콘을 클릭하여 설치를 진행합니다.

**21** 설치가 완료되었습니다 [확인]을 눌러 설치를 마무리 합니다. 설치가 실패하였다면 인공지능 카메라가 PC와 연결되어 있는지 다시 한 번 확인합니다.

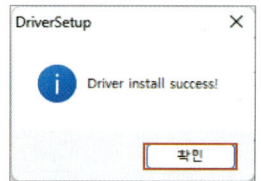

**22** 인공지능 카메라와 PC가 통신포트 몇 번에 연결되었는지 확인하기 위해서 윈도우의 검색에서 "장치"를 검색 후 [장치 관리자]를 실행합니다.

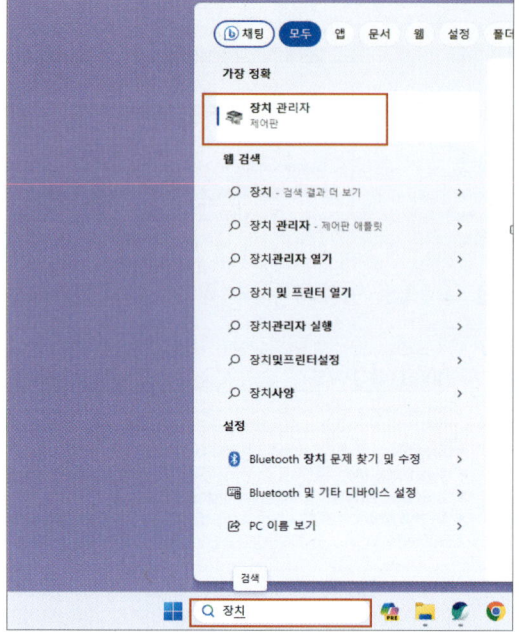

**23** [장치 관리자]에서 [포트(Com & LPT)] 부분을 클릭하여 CH340으로 연결된 포트가 몇 번에 연결되었는지 확인합니다. 필자가 책 집필에 사용하고 있는 컴퓨터는 COM13번에 연결되었습니다. 여러분들도 CH340으로 연결된 포트가 몇 번에 연결되었는지 기억해둡니다.

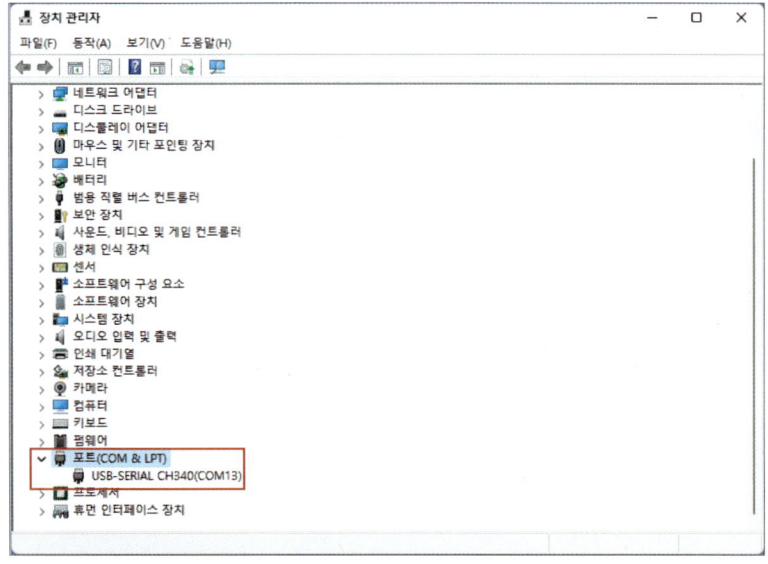

**24** CanMV IDE에서 왼쪽 아래 [연결] 아이콘을 클릭합니다.

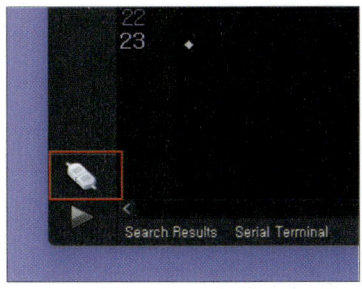

**25** COM포트를 선택 후 [Advanced Settings] 체크한 다음 [Mode-2]로 설정 후 [OK]를 눌러 연결합니다. [Advanced Settings]에서 Mode는 보드를 리셋하기 위한 방법으로 보드를 리셋 후 연결합니다. 인공지능 카메라가 Mode-2에 맞게 설계되었습니다.

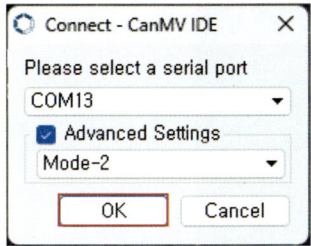

**26** [Advanced Settings]는 한 번 설정해두면 변경되지 않으므로 다음에 연결할때는 OK만 눌러 연결이 가능합니다. 매번 [Advanced Settings]를 하지 않아도 됩니다.

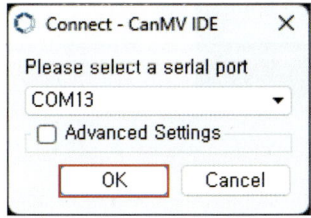

**27** 연결중으로 최대 10초가량 소요될 수 있습니다.

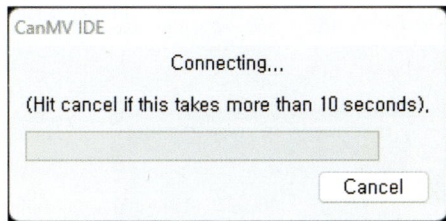

Chapter 01_시작하기 43

**28** 연결되었으면 [실행] 아이콘이 녹색으로 표시되어 실행 가능한 상태로 나타납니다.

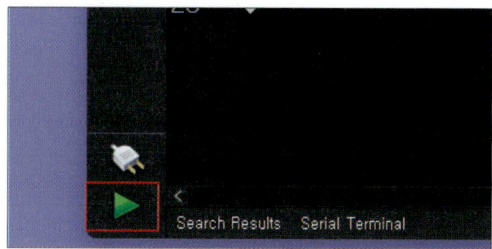

**29** [helloworld_1.py]의 예제코드를 실행해봅니다.

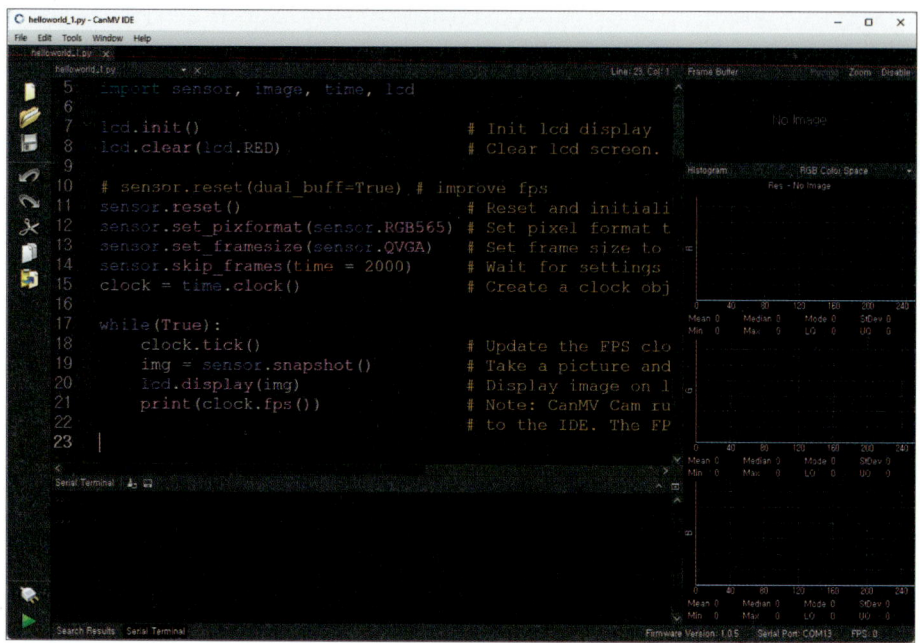

**31** [▶Start] 버튼을 클릭하여 코드를 실행합니다.

**31** LCD 화면에 카메라로 비춘 화면이 출력되었습니다. 카메라의 영상이 위아래 반대로 출력됩니다. 우리가 사용하는 인공지능 카메라는 카메라가 위아래 반대로 연결되어 있습니다. 코드에서 출력되는 화면의 변경이 손쉽게 가능합니다. 카메라와 LCD는 뒤에서 자세하게 다루고 있으므로 지금은 동작되는지만 확인합니다.

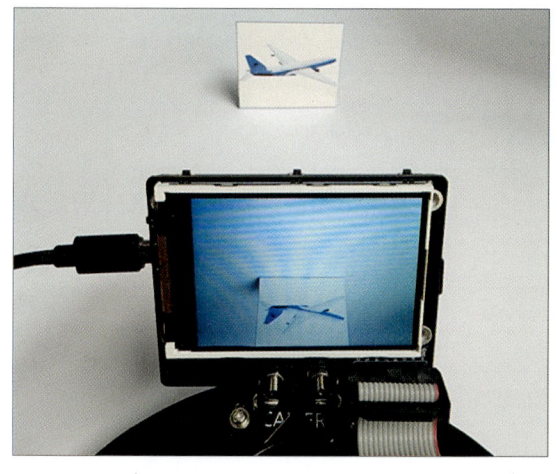

**32** CanMV IDE의 화면입니다.

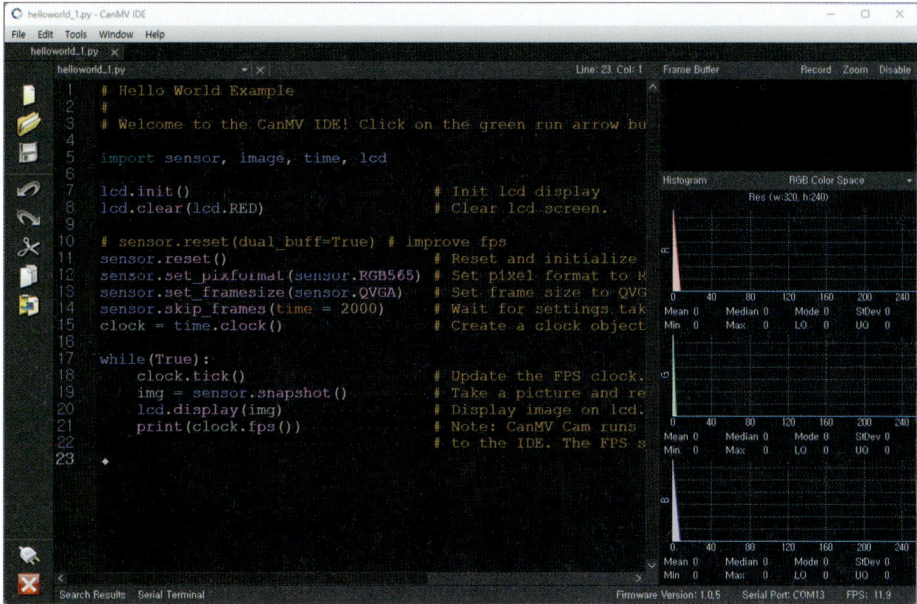

**33** 아래 [Serial Terminal]을 클릭합니다.

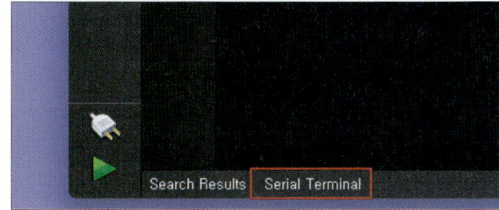

**34** [Serial Terminal]이 아래 열리면서 표시됩니다. 출력되는 값은 항상 표시해야 하기 때문에 [Serial Terminal]은 항상 열어둔 상태로 사용합니다.

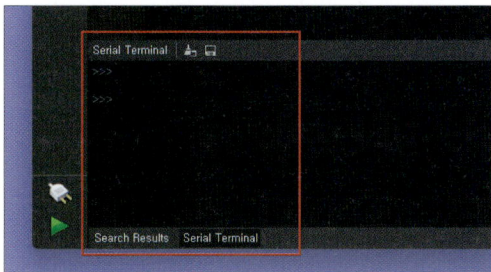

**35** 아래는 CanMV의 화면 구성합니다.

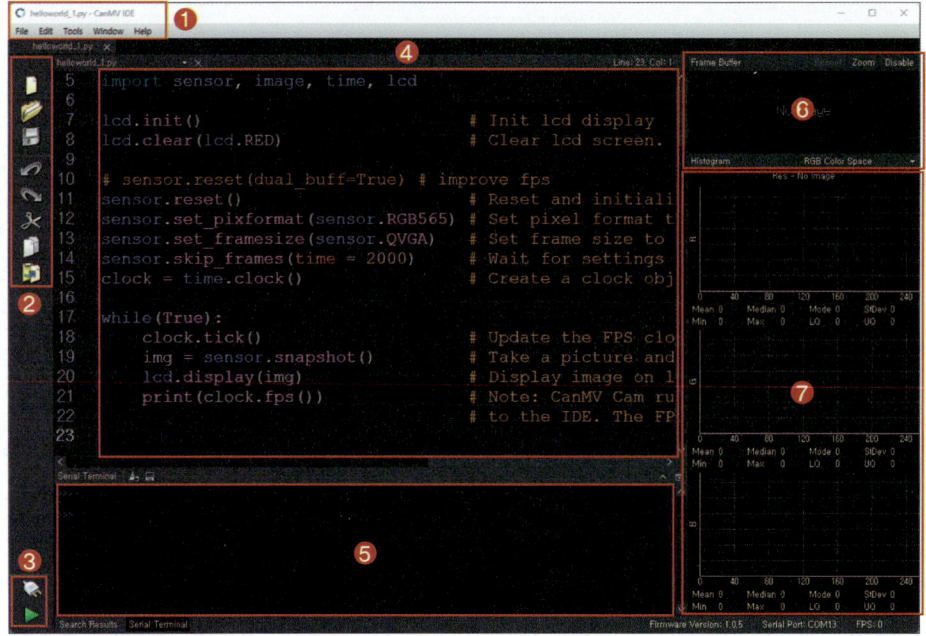

❶ 메뉴 영역입니다.
❷ 자주 사용하는 기능들을 아이콘화하였습니다. 새파일, 파일열기, 저장, 되돌리기등의 기능이 있습니다.
❸ 접속, 코드실행 아이콘입니다.
❹ 코드영역입니다. 마이크로파이썬 코드를 작성합니다.
❺ 시리얼 터미널입니다. 실행 결과가 출력됩니다.
❻ 카메라의 영상이 보여집니다.
❼ 영상의 색상을 RGB로 분석하여 그래프로 보여줍니다.

**36** 코드는 탭을 이용하여 여러 개를 열어둘 수 있습니다.

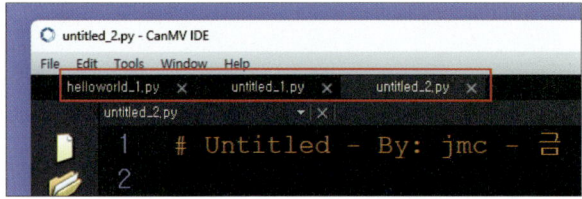

**37** 열어둔 코드는 아래와 같이 드랍다운 형식으로도 표시됩니다.

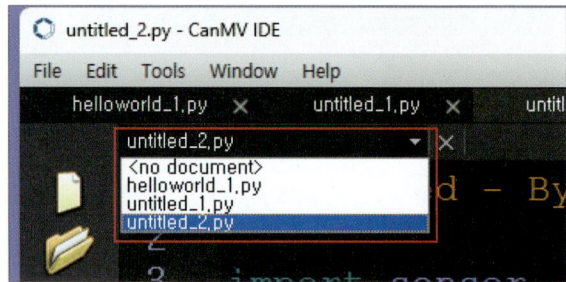

**38** 다음은 설정해두면 좋은 옵션입니다. [Tools] -> [Options]를 클릭합니다.

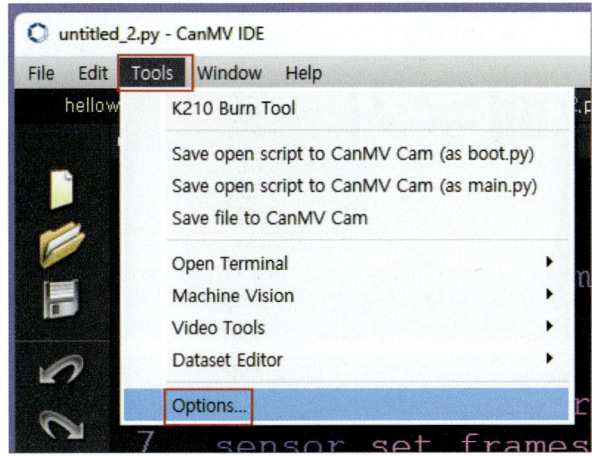

**39** [Display] 탭에서 [Visualize wihtespace] 부분을 체크한 다음 [OK]를 눌러 설정합니다.

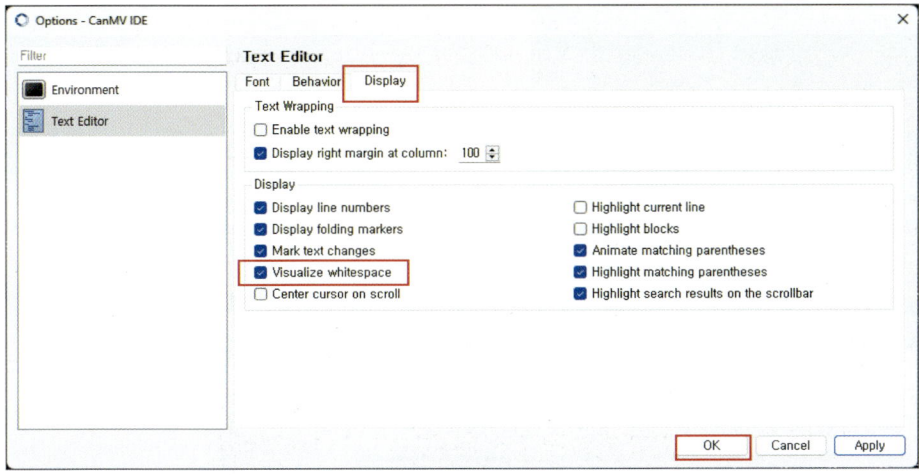

**40** 공백 부분이 흰색 점으로 표시됩니다. 파이썬은 조건문, 함수 등 들여쓰기를 사용하여 코드를 작성합니다. 공백이 흰색 점으로 표시되어 들여쓰기가 잘 되었는지 눈으로 확인하기 좋습니다.

## 01-4

# 파이썬 배우기

파이썬의 문법을 배워봅니다.

**01** 코드를 실행할 때는 [새파일] 아이콘을 클릭합니다.

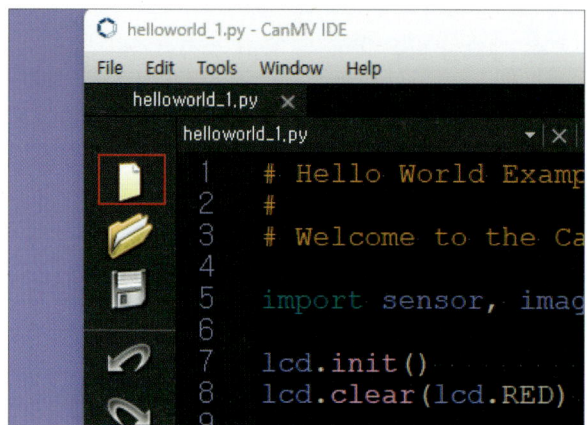

**02** 기본코드가 작성되었습니다. 기본코드를 모두 지운 다음 사용합니다.

**03** 기본코드를 모두 지웠습니다.

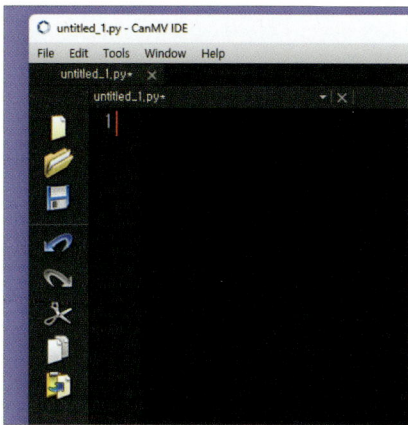

**04** 코드영역에 코드를 작성 후 [실행] 아이콘을 클릭하여 실행 후 결과를 터미널 영역에서 확인합니다.

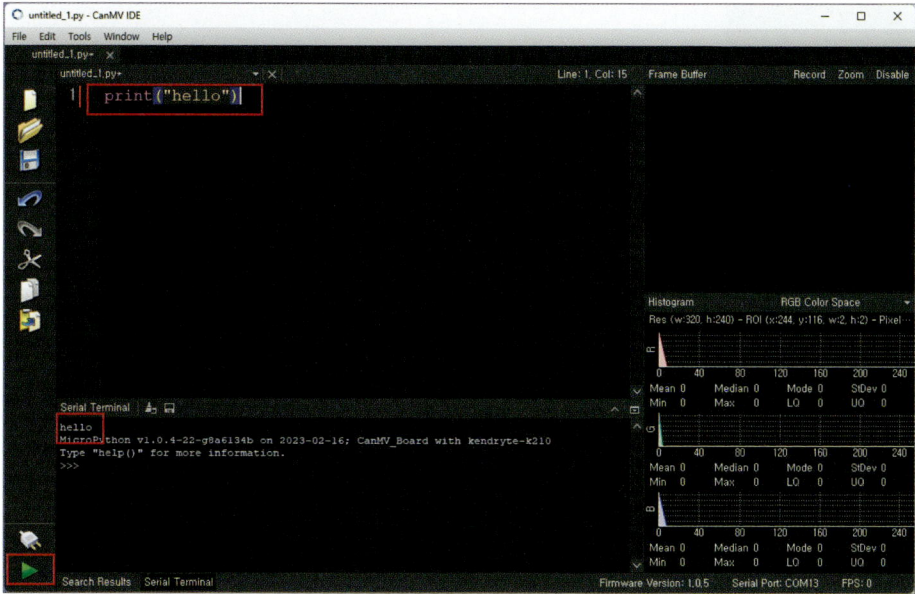

## 출력

### 1. 출력하기

print() 함수를 이용한 출력 방법을 소개합니다.

1-4-1.출력.py

```
01    print("1 hello")
02    print("2 hello","hi")
03    print("3 hello","hi","happy")
04    print("4 hello"+"hi")
```

### 코드 설명

01 'print("1 hello")': "1 hello"라는 문자열을 출력하는 명령입니다.
02 'print("2 hello","hi")': "2 hello"와 "hi"라는 두 개의 문자열을 출력합니다. 여러 개의 인자를 ','로 구분하여 출력할 수 있습니다.
03 'print("3 hello","hi","happy")': "3 hello", "hi", "happy"라는 세 개의 문자열을 출력합니다. 역시 ','로 구분되어 출력됩니다.
04 'print("4 hello"+"hi")': "4 hellohi"라는 문자열을 출력합니다. 문자열 연결 연산자 '+'를 사용하여 두 문자열을 이어서 붙입니다.

[▶Start] 버튼을 클릭하여 코드를 실행합니다. 터미널 영역에 결과가 출력되었습니다.

## 2. 다양한 출력 방법

print() 함수를 이용한 다양한 출력 방법을 소개합니다.

### 1-4-2.출력.py

```
01    print("1 hello",end="")
02    print("2 hi")
03    print('3 hello', "hi", 'good')
4     print("4 'say hello'")
5     print('5 "say happy"')
```

### 코드 설명

01 'print("5 hello",end="")': "5 hello"를 출력하고, 'end' 매개변수를 빈 문자열("")로 설정하여 다음 'print' 문이 줄바꿈 없이 이어서 출력됩니다.
02 'print("6 hi")': "6 hi"라는 문자열을 출력하며, 앞선 'print' 문과 이어서 출력됩니다.
03 'print('7 hello', "hi", 'good')': '7 hello', "hi", 'good'라는 세 개의 문자열을 출력합니다. 작은 따옴표나 큰 따옴표로 감싸진 문자열은 모두 문자열로 처리됩니다.
04 'print("8 'say hello'")': "8 'say hello'"라는 문자열을 출력합니다. 작은 따옴표 안에 있는 문자열은 큰 따옴표로 둘러싸여 있기 때문에 출력됩니다.
05 'print('9 "say happy"')': '9 "say happy"'라는 문자열을 출력합니다. 큰 따옴표 안에 있는 문자열은 작은 따옴표로 둘러싸여 있기 때문에 출력됩니다.

[▶Start] 버튼을 클릭하여 코드를 실행합니다. 결과값이 터미널에 출력되었습니다.

## 변수와 자료형

### 3 숫자형, 문자형, 불형

❶ 숫자형 (Numeric Types)
- 정수형 (int): 정수를 나타냅니다. 예를 들어, 1, 100, -5 등의 값을 저장할 수 있습니다.
- 부동소수점형 (float): 실수를 나타냅니다. 소수점을 가진 숫자를 표현할 때 사용합니다. 예를 들어, 3.14, -0.5, 2.0 등이 있습니다.

❷ 문자열 (str) : 문자의 시퀀스를 나타냅니다. 작은 따옴표(')나 큰 따옴표(")로 둘러싸인 문자들의 집합입니다. 예를 들어, "Hello, World!"나 'Python'과 같은 문자열이 있습니다. 문자열은 인덱싱, 슬라이싱 및 다양한 문자열 연산을 지원합니다.

❸ 불형 (Boolean)

불리언 (bool): 참(True) 또는 거짓(False)을 나타냅니다. 주로 조건문과 논리 연산에 사용됩니다. 예를 들어, 조건문에서 어떤 조건이 참이면 True를 반환하고, 그렇지 않으면 False를 반환합니다.

아래의 코드를 작성합니다.

```
1-4-3.숫자형 문자형 불형.py
```

```python
01  a =10
02  b =3.14
03  c ="abc"
04  d ='20'
05  e =True
06
07  print("타입비교:",type(a),type(b),type(c),type(d),type(e))
08
09  print("a+b:",a+b)
10  print("c+d:",c+d)
11  print("b+d:",str(b)+d)
12  print("b+d:",b+int(d))
```

> **코드 설명**
>
> 01 'a = 10': 정수형 변수 'a'를 선언하고 값을 10으로 초기화합니다.
> 02 'b = 3.14': 부동소수점형 변수 'b'를 선언하고 값을 3.14로 초기화합니다.
> 03 'c = "abc"': 문자열 변수 'c'를 선언하고 값을 "abc"로 초기화합니다.
> 04 'd = "20"': 문자열 변수 'd'를 선언하고 값을 '20'으로 초기화합니다. 따옴표로 감싸져 있기 때문에 문자열로 처리됩니다.
> 05 'e = True': 불리언 변수 'e'를 선언하고 값을 True로 초기화합니다.
> 07 'print("타입비교:", type(a), type(b), type(c), type(d), type(e))': 변수들의 타입을 비교하여 출력합니다. 'type()' 함수를 사용하여 각 변수의 데이터 타입을 확인하고, 이를 문자열과 함께 출력합니다.
> 09 'print("a+b:", a + b)': 변수 'a'와 'b'의 값을 더한 결과를 출력합니다. 'a'는 정수, 'b'는 부동소수점이므로 정수와 부동소수점을 더한 결과가 출력됩니다.
> 10 'print("c+d:", c + d)': 문자열 변수 'c'와 'd'의 값을 이어붙여 출력합니다. 문자열 연결이므로 "abcd"가 출력됩니다.
> 11 'print("b+d:", str(b) + d)': 부동소수점 변수 'b'를 문자열로 변환한 후 문자열 변수 'd'와 이어붙여 출력합니다. 결과적으로 "3.1420"이 출력됩니다.
> 12 'print("b+d:", b + int(d))': 부동소수점 변수 'b'와 정수로 변환한 문자열 변수 'd'를 더하고 결과를 출력합니다. 'int(d)'는 문자열 '20'을 정수 20으로 변환하며, 따라서 부동소수점과 정수를 더한 결과가 출력됩니다.

[▶Start] 버튼을 클릭하여 코드를 실행합니다.

```
Serial Terminal
타입비교: <class 'int'> <class 'float'> <class 'str'> <class 'str'> <class 'bool'>
a+b: 13.14
c+d: abc20
b+d: 3.1420
b+d: 23.14
MicroPython v1.0.4-22-g8a6134b on 2023-02-16; CanMV_Board with kendryte-k210
Type "help()" for more information.
>>>
```

## 4. 리스트

리스트(list)는 파이썬에서 가장 기본적이고 유용한 데이터 구조 중 하나입니다. 리스트는 여러 항목을 담을 수 있는 순서가 있는 배열 형태의 데이터 구조를 제공합니다. 각 항목은 콤마로 구분되며, 대괄호 '[ ]'로 묶여 있습니다. 리스트는 다양한 데이터 유형을 혼합하여 저장할 수 있습니다. 리스트를 사용하면 데이터를 쉽게 추가, 삭제, 수정하거나 검색할 수 있습니다.

**1-4-4.리스트.py**

```python
01    a_list = [1,2,3.14,"hello"]
02    print("a_list:",a_list)
03
04    b_list = [1,2,3.14,"hello",['hi',500]]
05    print("b_list:",b_list)
06
07    #리스트 인덱스
08    c_list = [1,2,3,4,5,6]
09    print("c_list:",c_list)
10    print("c_list[0]:",c_list[0])
11    print("c_list[2]:",c_list[2])
12    print("c_list[-1]:",c_list[-1])
13    print("c_list[-3]:",c_list[-3])
```

```
14
15      #리스트 슬라이스
16      d_list = [1,2,3,4,5,6]
17      print("d_list:",d_list)
18      print("d_list[0:2]:",d_list[0:2])
19      print("d_list[:2]:",d_list[:2])
20      print("d_list[2:]:",d_list[2:])
```

> **코드 설명**
>
> 01 'a_list = [1, 2, 3.14, "hello"]': 리스트 'a_list'를 생성하고, 정수, 부동소수점, 문자열로 구성된 요소들을 포함합니다.
> 02 'print("a_list:", a_list)': 리스트 'a_list'의 내용을 출력합니다.
> 04 'b_list = [1, 2, 3.14, "hello", ['hi', 500]]': 리스트 'b_list'를 생성하고, 리스트 안에 또 다른 리스트를 포함합니다. 이러한 중첩된 리스트를 만들 수 있습니다.
> 05 'print("b_list:", b_list)': 리스트 'b_list'의 내용을 출력합니다.
> 08 'c_list = [1, 2, 3, 4, 5, 6]': 정수로만 구성된 리스트 'c_list'를 생성합니다.
> 10 'print("c_list[0]:", c_list[0])': 리스트 'c_list'의 첫 번째 요소(인덱스 0)를 출력합니다.
> 11 'print("c_list[2]:", c_list[2])': 리스트 'c_list'의 세 번째 요소(인덱스 2)를 출력합니다.
> 12 'print("c_list[-1]:", c_list[-1])': 리스트 'c_list'의 마지막 요소(음수 인덱스 -1을 사용하여)를 출력합니다.
> 13 'print("c_list[-3]:", c_list[-3])': 리스트 'c_list'의 뒤에서 세 번째 요소(음수 인덱스 -3을 사용하여)를 출력합니다.
> 15 'd_list = [1, 2, 3, 4, 5, 6]': 정수로만 구성된 또 다른 리스트 'd_list'를 생성합니다.
> 17 'print("d_list:", d_list)': 리스트 'd_list'의 내용을 출력합니다.
> 18 'print("d_list[0:2]:", d_list[0:2])': 리스트 'd_list'의 처음부터 두 번째 요소(인덱스 0부터 1)까지 슬라이싱하여 출력합니다.
> 19 'print("d_list[:2]:", d_list[:2])': 리스트 'd_list'의 처음부터 두 번째 요소(인덱스 0부터 1)까지 슬라이싱하여 출력합니다. 슬라이스 시작 인덱스를 지정하지 않으면 자동으로 0부터 시작합니다.
> 20 'print("d_list[2:]:", d_list[2:])': 리스트 'd_list'의 세 번째 요소(인덱스 2)부터 마지막 요소까지 슬라이싱하여 출력합니다. 슬라이스 종료 인덱스를 지정하지 않으면 자동으로 리스트의 끝까지 포함합니다.

[▶Start] 버튼을 클릭하여 코드를 실행합니다.

```
>>> a_list: [1, 2, 3.14, 'hello']
b_list: [1, 2, 3.14, 'hello', ['hi', 500]]
c_list: [1, 2, 3, 4, 5, 6]
c_list[0]: 1
c_list[2]: 3
c_list[-1]: 6
c_list[-3]: 4
d_list: [1, 2, 3, 4, 5, 6]
d_list[0:2]: [1, 2]
d_list[:2]: [1, 2]
d_list[2:]: [3, 4, 5, 6]
MicroPython v1.0.4-22-g8a6134b on 2023-02-16;
Type "help()" for more information.
>>>
```

## 5. 튜플

튜플(tuple)은 리스트와 유사한 데이터 구조로, 여러 항목을 저장할 수 있는 순서가 있는 컬렉션입니다. 하지만 튜플과 리스트의 가장 큰 차이점은 튜플은 불변(immutable)하다는 점입니다. 즉, 한 번 생성된 튜플은 그 내용을 변경할 수 없습니다.

튜플은 괄호 '( )'로 묶거나, 괄호 없이 콤마 ','로 구분된 항목을 나열하여 생성할 수 있습니다. 주로 데이터를 변경하면 안 되는 상황에서 사용하며, 리스트보다 메모리 효율적인 경우가 있습니다.

**1-4-5.튜플.py**

```python
01    a_tuple = (1,2,3,"hello")
02    print("a_tuple:",a_tuple)
03    print(type(a_tuple))
04
05    b_tuple =2,3,4,"hello"
06    print("b_tuple:",b_tuple)
07    print(type(b_tuple))
08
09    #튜플 인덱싱 및 슬라이싱
10    print("b_tuple[0]:",b_tuple[0])
11    print("b_tuple[:2]:",b_tuple[:2])
12
13    #튜플 값 변경
14    b_tuple[0] =10
```

**코드 설명**

01 'a_tuple = (1, 2, 3, "hello")': 튜플 'a_tuple'을 생성하고, 정수와 문자열로 구성된 요소들을 포함합니다. 튜플은 소괄호 '()'를 사용하여 생성합니다.
02 'print("a_tuple:", a_tuple)': 튜플 'a_tuple'의 내용을 출력합니다.
03 'print(type(a_tuple))': 튜플 'a_tuple'의 데이터 타입을 출력합니다. 이 코드는 'type()' 함수를 사용하여 튜플의 데이터 타입을 확인하는 예제입니다.
05 'b_tuple = 2, 3, 4, "hello"': 괄호 없이 튜플 'b_tuple'을 생성합니다. 일반적으로 튜플은 괄호로 둘러싸지만, 괄호 없이도 여러 값들을 쉼표로 구분하여 튜플을 생성할 수 있습니다.
06 'print("b_tuple:", b_tuple)': 튜플 'b_tuple'의 내용을 출력합니다.
07 'print(type(b_tuple))': 튜플 'b_tuple'의 데이터 타입을 출력합니다.
10 'print("b_tuple[0]:", b_tuple[0])': 튜플 'b_tuple'의 첫 번째 요소(인덱스 0)를 출력합니다.
11 'print("b_tuple[:2]:", b_tuple[:2])': 튜플 'b_tuple'의 처음부터 두 번째 요소(인덱스 0부터 1)까지 슬라이싱하여 출력합니다.
13 'b_tuple[0] = 10': 이 코드는 튜플의 값을 변경하려고 시도하는 부분입니다. 그러나 튜플은 변경 불가능한 자료형이므로 에러가 발생할 것입니다. 튜플 내부의 값을 수정하려면 새로운 튜플을 생성해야 합니다.

[▶Start] 버튼을 클릭하여 코드를 실행합니다. 튜플은 리스트와 마찬가지로 인덱싱과 슬라이싱을 이용하여 값을 가져올 수 있습니다. 다만 튜플의 요소를 변경하면 에러가 발생합니다.

```
Serial Terminal
a_tuple: (1, 2, 3, 'hello')
<class 'tuple'>
b_tuple: (2, 3, 4, 'hello')
<class 'tuple'>
b_tuple[0]: 2
b_tuple[:2]: (2, 3)

Traceback (most recent call last):
  File "<stdin>", line 14, in <module>
TypeError: 'tuple' object doesn't support item assignment
MicroPython v1.0.4-22-g8a6134b on 2023-02-16; CanMV_Board
Type "help()" for more information.
```

오류 발생 시 CanMV IDE에서 아래와 같은 에러 메시지가 발생됩니다.

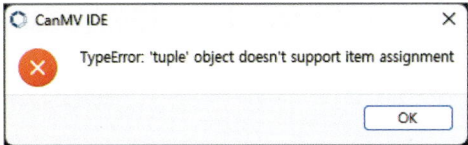

## 6. 딕셔너리

딕셔너리(dictionary)는 파이썬에서 사용되는 키-값 쌍(key-value pair) 데이터 구조입니다. 딕셔너리는 중괄호 '{ }'로 묶여 있으며, 각 항목은 키(key)와 그에 해당하는 값(value)으로 구성됩니다. 키는 고유하며 변경되지 않는 값이며, 값은 키에 연결된 데이터를 나타냅니다.

딕셔너리는 데이터를 검색하고 저장하는 데 효율적이며, 키를 사용하여 값을 빠르게 찾을 수 있습니다. 딕셔너리는 다양한 데이터 형식을 값으로 포함할 수 있으며, 유연하게 데이터를 구조화하는 데 사용됩니다.

**1-4-6.딕셔너리.py**

```
01  a_dict = {"name":'dain', "age": 7, "like": "mom"}
02  print("a_dict:",a_dict)
03  print('a_dict["name"]:',a_dict["name"])
04
05  #값추가
06  a_dict["height"] =120
07  print("a_dict:",a_dict)
```

**코드 설명**

01 'a_dict = {"name": 'dain', "age": 7, "like": "mom"}': 딕셔너리 'a_dict'를 생성합니다. 이 딕셔너리에는 "name", "age", "like"라는 키(key)와 이에 해당하는 값(value)들이 포함되어 있습니다. 딕셔너리는 중괄호 '{}'를 사용하여 생성하며, 각 항목은 콜론(':')으로 키와 값이 구분됩니다.

02 'print("a_dict:", a_dict)': 딕셔너리 'a_dict'의 내용을 출력합니다.

03 'print('a_dict["name"]:', a_dict["name"])': 딕셔너리 'a_dict'에서 "name" 키의 값을 출력합니다. 대괄호를 사용하여 딕셔너리에서 특정 키에 해당하는 값을 얻을 수 있습니다.

05 'a_dict["height"] = 120': 딕셔너리 'a_dict'에 "height"라는 키와 값 120을 추가합니다. 새로운 키와 값을 추가할 때는 대괄호를 사용하여 키를 지정하고 등호('=')를 통해 값을 할당합니다.

06 'print("a_dict:", a_dict)': 딕셔너리 'a_dict'의 내용을 출력합니다. 이번에는 "height" 키와 값이 추가되어 출력됩니다.

[▶Start] 버튼을 클릭하여 코드를 실행합니다.

```
Serial Terminal
a_dict: {'name': 'dain', 'age': 7, 'like': 'mom'}
a_dict["name"]: dain
a_dict: {'like': 'mom', 'height': 120, 'name': 'dain', 'age': 7}
MicroPython v1.0.4-22-g8a6134b on 2023-02-16; CanMV_Board with ke
Type "help()" for more information.
>>>
```

# 연산자와 제어문

## 7. 산술 연산자

산술 연산자(arithmetic operators)는 숫자형 데이터를 사용하여 수학적 연산을 수행하는 데 사용되는 연산자들입니다. 주요 산술 연산자는 다음과 같습니다.

❶ 덧셈 연산자 (+): 두 숫자를 더합니다.
❷ 뺄셈 연산자 (−): 첫 번째 숫자에서 두 번째 숫자를 뺍니다.
❸ 곱셈 연산자 (*): 두 숫자를 곱합니다.
❹ 나눗셈 연산자 (/): 첫 번째 숫자를 두 번째 숫자로 나눕니다. 결과는 부동소수점 형태일 수 있습니다.
❺ 정수 나눗셈 연산자 (//): 첫 번째 숫자를 두 번째 숫자로 나눈 뒤 소수점 이하를 버린 정수값을 반환합니다.
❻ 나머지 연산자 (%): 첫 번째 숫자를 두 번째 숫자로 나눈 나머지를 반환합니다.
❼ 거듭제곱 연산자 (): 첫 번째 숫자를 두 번째 숫자의 거듭제곱으로 계산합니다.

산술 연산자는 숫자형 데이터를 다루는 데 사용되며, 수학적 계산을 프로그램에서 수행할 때 필수적입니다.

**1-4-7.산술연산자.py**

```
01    a =50
02    b =20
03
04    print("a+b:", a+b) #더하기
05    print("a-b:", a-b) #빼기
06    print("a*b:", a*b) #곱하기
07    print("a/b:", a/b) #나누기
08    print("a%b:", a%b) #나머지
09    print("a//b:", a//b) #몫
10    print("ab:", ab) #거듭제곱
```

**코드 설명**

01 'a = 50': 정수 변수 'a'를 선언하고 값을 50으로 초기화합니다.
02 'b = 20': 정수 변수 'b'를 선언하고 값을 20으로 초기화합니다.
04 'print("a+b:", a+b)': 변수 'a'와 'b'를 더한 결과를 출력합니다. 이 경우 50 + 20 = 70이므로 "a+b: 70"이 출력됩니다.
05 'print("a−b:", a−b)': 변수 'a'에서 'b'를 뺀 결과를 출력합니다. 50 − 20 = 30이므로 "a−b: 30"이 출력됩니다.
06 'print("a*b:", a*b)': 변수 'a'와 'b'를 곱한 결과를 출력합니다. 50 * 20 = 1000이므로 "a*b: 1000"이 출력됩니다.
07 'print("a/b:", a/b)': 변수 'a'를 변수 'b'로 나눈 결과를 출력합니다. 50 / 20 = 2.5이므로 "a/b: 2.5"가 출력됩니다.
08 'print("a%b:", a%b)': 변수 'a'를 변수 'b'로 나눈 나머지를 출력합니다. 50 % 20 = 10이므로 "a%b: 10"이 출력됩니다.
09 'print("a//b:", a//b)': 변수 'a'를 변수 'b'로 나눈 몫을 출력합니다. 50 // 20 = 2이므로 "a//b: 2"가 출력됩니다.
10 'print("ab:", ab)': 변수 'a'를 변수 'b'만큼 거듭제곱한 결과를 출력합니다. 50^20은 매우 큰 수이므로 정확한 결과를 표현하기 어렵지만, "ab: 큰 수"와 같이 출력될 것입니다.

[▶Start] 버튼을 클릭하여 코드를 실행합니다.

```
Serial Terminal
a+b: 70
a-b: 30
a*b: 1000
a/b: 2.5
a%b: 10
a//b: 2
a**b: 9536743164062500000000000000000000
MicroPython v1.0.4-22-g8a6134b on 2023-02-16
Type "help()" for more information.
>>>
```

## 8. 비교 연산자

비교 연산자(comparison operators)는 두 개의 값을 비교하여 논리적인 참(True) 또는 거짓(False)을 반환하는 연산자들입니다. 주로 조건문과 함께 사용되어 프로그램에서 조건을 평가하는 데 사용됩니다. 다음은 주요 비교 연산자입니다.

❶ 동등 비교 연산자 (==): 두 값이 서로 같으면 참(True)을 반환합니다.
❷ 부등 비교 연산자 (!=): 두 값이 서로 다르면 참(True)을 반환합니다.
❸ 크다 비교 연산자 (>): 왼쪽 값이 오른쪽 값보다 크면 참(True)을 반환합니다.
❹ 작다 비교 연산자 (<): 왼쪽 값이 오른쪽 값보다 작으면 참(True)을 반환합니다.
❺ 크거나 같다 비교 연산자 (>=): 왼쪽 값이 오른쪽 값보다 크거나 같으면 참(True)을 반환합니다.
❻ 작거나 같다 비교 연산자 (<=): 왼쪽 값이 오른쪽 값보다 작거나 같으면 참(True)을 반환합니다.

비교 연산자는 조건문에서 사용되어 프로그램이 특정 조건을 만족하는지 여부를 판단할 때 중요하게 활용됩니다.

**main1-4-8.py**

```
01    a =10
02    b =20
03
04    print("a==b:", a==b) #같음
05    print("a!=b:", a!=b) #다름
06    print("a<b:", a<b) #a가 작음
07    print("a<=b:", a<=b) #a가 작거나 같음
08    print("a>b:", a>b) #a가 큼
09    print("a>=b:", a>=b) #a가 크거나 같
```

**코드 설명**

01 'a = 10': 정수 변수 'a'를 선언하고 값을 10으로 초기화합니다.
02 'b = 20': 정수 변수 'b'를 선언하고 값을 20으로 초기화합니다.
04 'print("a==b:", a==b)': 변수 'a'와 'b'의 값이 같은지를 비교한 결과를 출력합니다. 'a'와 'b'가 다르므로 "a==b: False"가 출력됩니다.
05 'print("a!=b:", a!=b)': 변수 'a'와 'b'의 값이 다른지를 비교한 결과를 출력합니다. 'a'와 'b'가 다르므로 "a!=b: True"가 출력됩니다.
06 'print("a<b:", a<b)': 변수 'a'가 변수 'b'보다 작은지를 비교한 결과를 출력합니다. 'a'가 'b'보다 작으므로 "a<b: True"가 출력됩니다.
07 'print("a<=b:", a<=b)': 변수 'a'가 변수 'b'보다 작거나 같은지를 비교한 결과를 출력합니다. 'a'가 'b'보다 작으므로 "a<=b: True"가 출력됩니다.
08 'print("a>b:", a>b)': 변수 'a'가 변수 'b'보다 큰지를 비교한 결과를 출력합니다. 'a'가 'b'보다 작으므로 "a>b: False"가 출력됩니다.
09 'print("a>=b:", a>=b)': 변수 'a'가 변수 'b'보다 크거나 같은지를 비교한 결과를 출력합니다. 'a'가 'b'보다 작으므로 "a>=b: False"가 출력됩니다.

이렇게 코드에서는 비교 연산자를 사용하여 두 변수의 관계를 비교하고, 그 결과를 출력하는 예제입니다.

[▶ Start] 버튼을 클릭하여 코드를 실행합니다.

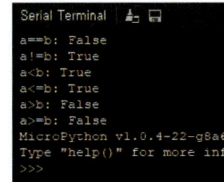

## 9. 논리 연산자

논리 연산자(logical operators)는 불리언 데이터를 다룰 때 사용되며, 여러 개의 불리언 표현식을 조합하여 새로운 불리언 결과를 얻는 데 사용됩니다. 주요 논리 연산자는 다음과 같습니다.

❶ 논리 AND (and): 모든 피연산자가 참(True)일 때만 참(True)을 반환하며, 하나라도 거짓(False)이면 거짓(False)을 반환합니다.

❷ 논리 OR (or): 최소한 하나의 피연산자가 참(True)이면 참(True)을 반환하며, 모든 피연산자가 거짓(False)이면 거짓(False)을 반환합니다.

❸ 논리 NOT (not): 피연산자의 불리언 값을 반전시킵니다. 참(True)은 거짓(False)으로, 거짓(False)은 참(True)으로 변환됩니다.

논리 연산자는 조건문에서 복잡한 조건을 평가하거나, 불리언 값들 간의 관계를 조작할 때 유용하게 사용됩니다.

**1-4-9.논리 연산자.py**

```
01    a =10
02    b =20
03
04    #and
05    print("True and True:", True and True)
06    print("False and True:", False and True)
07    print("a > 5 and b > 10:", a >5 and b >10)
08    print("a > 15 and b > 10:", a >15 and b >10)
09
10    #or
11    print("True or True:", True or True)
12    print("False or True:", False or True)
13    print("a > 5 and b > 10:", a >5 or b >10)
14    print("a > 15 and b > 10:", a >15 or b >30)
15
16    #not
17    print("not True:", not True)
18    print("not False:", not False)
```

**코드 설명**

**01** 'a = 10': 정수 변수 'a'를 선언하고 값을 10으로 초기화합니다.

**02** 'b = 20': 정수 변수 'b'를 선언하고 값을 20으로 초기화합니다.

**05** 'print("True and True:", True and True)': 'and' 논리 연산자를 사용하여 'True'와 'True'를 비교한 결과를 출력합니다. 'and' 연산자는 두 개의 조건이 모두 'True'일 때만 'True'를 반환하므로 "True and True: True"가 출력됩니다.

**06** 'print("False and True:", False and True)': 'and' 논리 연산자를 사용하여 'False'와 'True'를 비교한 결과를 출력합니다. 하나 이상의 조건이 'False'이면 전체 표현식은 'False'가 되므로 "False and True: False"가 출력됩니다.

**07** 'print("a > 5 and b > 10:", a > 5 and b > 10)': 변수 'a'가 5보다 크고 변수 'b'가 10보다 큰지를 비교한 결과를 출력합니다. 'a'는 10이고 'b'는 20이므로 둘 다 조건을 만족하므로 "a > 5 and b > 10: True"가 출력됩니다.

**08** 'print("a > 15 and b > 10:", a > 15 and b > 10)': 변수 'a'가 15보다 크고 변수 'b'가 10보다 큰지를 비교한 결과를 출력합니다. 'a'는 10이므로 첫 번째 조건을 만족하지 않으므로 "a > 15 and b > 10: False"가 출력됩니다.

10 'print("True or True:", True or True)': 'or' 논리 연산자를 사용하여 'True'와 'True'를 비교한 결과를 출력합니다. 'or' 연산자는 두 개의 조건 중 하나라도 'True'이면 전체 표현식은 'True'가 되므로 "True or True: True"가 출력됩니다.

11 'print("False or True:", False or True)': 'or' 논리 연산자를 사용하여 'False'와 'True'를 비교한 결과를 출력합니다. 둘 중 하나가 'True'이므로 "False or True: True"가 출력됩니다.

12 'print("a > 5 or b > 10:", a > 5 or b > 10)': 변수 'a'가 5보다 크거나 변수 'b'가 10보다 큰지를 비교한 결과를 출력합니다. 'a'는 10이므로 첫 번째 조건을 만족하므로 "a > 5 or b > 10: True"가 출력됩니다.

13 'print("a > 15 or b > 10:", a > 15 or b > 30)': 변수 'a'가 15보다 크거나 변수 'b'가 30보다 큰지를 비교한 결과를 출력합니다. 두 조건 모두 만족하지 않으므로 "a > 15 or b > 10: False"가 출력됩니다.

16 'print("not True:", not True)': 'not' 논리 연산자를 사용하여 'True'를 부정한 결과를 출력합니다. 'not' 연산자는 주어진 조건을 반대로 뒤집습니다. 따라서 "not True: False"가 출력됩니다.

17 'print("not False:", not False)': 'not' 논리 연산자를 사용하여 'False'를 부정한 결과를 출력합니다. "not False: True"가 출력됩니다.

[▶Start] 버튼을 클릭하여 코드를 실행합니다.

```
Serial Terminal
True and True: True
False and True: False
a > 5 and b > 10: True
a > 15 and b > 10: False
True or True: True
False or True: True
a > 5 and b > 10: True
a > 15 and b > 10: False
not True: False
not False: True
MicroPython v1.0.4-22-g8a6134b on 2
Type "help()" for more information.
>>>
```

## 10. 조건문

조건문은 프로그래밍에서 조건에 따라 코드의 실행 흐름을 제어하는 제어 구조입니다. 조건문은 주어진 조건을 평가하고 그 결과에 따라 다른 코드 블록을 실행하거나 스킵합니다. 주로 "만약 (if)" 특정 조건이 참(True)이라면 무엇을 실행하라, "그렇지 않다면 (else)" 다른 것을 실행하라와 같은 로직을 구현하는 데 사용됩니다.

조건문의 중요한 특징 중 하나는 들여쓰기(indentation)입니다. 파이썬과 같은 프로그래밍 언어에서 들여쓰기는 코드 블록의 시작과 끝을 나타내는 방법으로 사용됩니다. 일반적으로 들여쓰기는 공백 문자 또는 탭 문자를 사용하여 구현되며, 코드 블록은 같은 수준의 들여쓰기로 표시됩니다.

주요 조건문 구조는 다음과 같습니다.

❶ if 문: 주어진 조건이 참(True)인 경우에만 특정 코드 블록을 실행합니다.
❷ if-else 문: 주어진 조건이 참(True)이면 첫 번째 코드 블록을 실행하고, 그렇지 않으면 두 번째 코드 블록을 실행합니다.
❸ if-elif-else 문: 여러 개의 조건을 순차적으로 평가하며, 처음으로 참(True)인 조건을 만나면 해당 코드 블록을 실행합니다. 그렇지 않으면 else 블록을 실행합니다.

조건문을 사용하여 프로그램의 실행 흐름을 제어할 때, 들여쓰기를 정확하게 사용해야 합니다. 들여쓰기 오류는 코드의 의도를 혼동시키고 프로그램 오류를 발생시킬 수 있으므로 주의가 필요합니다.

**1-4-10.조건문.py**

```python
a =10

#if
if a >5:
    print("a는 5보다 큼")

if a <5:
    print("a는 5보다 작음")

#if else
if a >20:
    print("a는 20보다 큼")
else:
    print("a는 20보다 작음")

#if elif else
if a >0 and a <9:
    print("a는 0보다 크고 9보다 작음")
elif a >=10 and a <20:
    print("a는 10이상이고 20보다 작음")
else:
    print("a는 20보다 큼")
```

**코드 설명**

01 'a = 10': 정수 변수 'a'를 선언하고 값을 10으로 초기화합니다.
04 'if a > 5:': 'if' 조건문을 사용하여 변수 'a'가 5보다 큰지를 검사합니다. 조건이 참인 경우에만 아래의 코드 블록을 실행합니다.
05 'print("a는 5보다 큼")': 조건이 참일 때 실행되는 코드 블록입니다. 변수 'a'가 5보다 크므로 "a는 5보다 큼"이 출력됩니다.
07 'if a < 5:': 'if' 조건문을 사용하여 변수 'a'가 5보다 작은지를 검사합니다. 조건이 거짓이므로 아래의 코드 블록은 실행되지 않습니다.
10 'if a > 20:': 'if' 조건문을 사용하여 변수 'a'가 20보다 큰지를 검사합니다.
11 'print("a는 20보다 큼")': 조건이 참일 때 실행되는 코드 블록입니다. 변수 'a'가 20보다 크지 않으므로 실행되지 않고, 대신 'else' 블록이 실행됩니다.
13 'else:': 이 부분은 'if' 조건문이 거짓인 경우 실행되는 코드 블록입니다.
14 'print("a는 20보다 작음")': 'else' 블록에 있는 코드가 실행되므로 "a는 20보다 작음"이 출력됩니다.
16 'if a > 0 and a < 9:': 'if' 조건문을 사용하여 변수 'a'가 0보다 크고 9보다 작은지를 검사합니다. 조건이 참이면 아래의 코드 블록을 실행합니다.
18 'print("a는 0보다 크고 9보다 작음")': 조건이 참일 때 실행되는 코드 블록입니다. 변수 'a'가 0보다 크고 9보다 작으므로 "a는 0보다 크고 9보다 작음"이 출력됩니다.
19 'elif a >= 10 and a < 20:': 'elif' 조건문을 사용하여 변수 'a'가 10 이상이고 20보다 작은지를 검사합니다. 이전의 조건문이 거짓인 경우에만 실행됩니다.
20 'print("a는 10이상이고 20보다 작음")': 'elif' 블록에 있는 코드가 실행되므로 "a는 10이상이고 20보다 작음"이 출력됩니다.
21 'else:': 이 부분은 이전의 모든 조건문이 거짓인 경우 실행되는 코드 블록입니다.
22 'print("a는 20보다 큼")': 'else' 블록에 있는 코드가 실행되므로 "a는 20보다 큼"이 출력됩니다.

[▶Start] 버튼을 클릭하여 코드를 실행합니다.

```
Serial Terminal
a는 5보다 큼
a는 20보다 작음
a는 10이상이고 20보다 작음
MicroPython v1.0.4-22-g8a613
Type "help()" for more infor
>>>
```

## 11. 반복문

반복문(loop)은 프로그래밍에서 동일한 코드 블록을 여러 번 실행하는 데 사용되는 제어 구조입니다. 반복문은 특정 조건을 만족하는 동안 코드를 반복적으로 실행하거나, 컬렉션(예: 리스트 또는 배열)의 각 항목을 처리하는 데 유용하게 사용됩니다.

주요 반복문 유형은 다음과 같습니다.

❶ for 반복문: 주로 컬렉션(예: 리스트, 튜플, 문자열)의 각 항목을 순회하며 코드 블록을 실행합니다. 반복 횟수는 컬렉션의 크기에 의해 결정됩니다.

❷ while 반복문: 주어진 조건이 참(True)인 동안 코드 블록을 반복해서 실행합니다. 반복 횟수는 조건이 거짓(False)이 될 때까지 지속됩니다.

반복문은 코드의 재사용과 효율성을 향상시키는 데 중요한 역할을 합니다. 코드 블록 내에서 변수와 조건을 사용하여 반복문을 조작하고, 반복문을 적절하게 활용하여 프로그램의 로직을 구현할 수 있습니다.

**1-4-11.반복문.py**

```python
#for, range
for i in range(5):
    print("hello",end=",")
print("")

#for 리스트 반복
fruits_list = ["banana","apple","orange"]
for fruit in fruits_list:
    print(fruit,end=",")
print("")


#while
i =0
while i <5:
    print(i,end=",")
    i +=1
print("")

#while break
i =0
while True:
    print(i,end=",")
    i +=1
```

```
25        if i >=5:
26            break
27    print("")
```

#### 코드 설명

01 'for, range': 'for' 루프와 'range' 함수를 사용하여 반복 작업을 수행하는 코드입니다.
02 'for i in range(5):': 'range(5)'는 0부터 4까지의 숫자를 생성하는 범위를 나타내며, 'for' 루프를 사용하여 이 범위의 숫자를 변수 'i'에 하나씩 대입합니다.
03 'print("hello", end=",")': "hello"를 출력하고 줄 바꿈 대신 콤마로 끝납니다.
06 'for 리스트 반복': 리스트 요소를 반복하는 'for' 루프를 사용하는 코드입니다.
07 'fruits_list = ["banana", "apple", "orange"]': 과일 이름을 포함하는 리스트 'fruits_list'를 생성합니다.
08 'for fruit in fruits_list:': 'fruits_list'의 각 요소를 변수 'fruit'에 대입하여 반복합니다.
09 'print(fruit, end=",")': 리스트의 각 과일 이름을 출력하고 콤마로 끝납니다.
12 'while': 'while' 루프를 사용하여 반복 작업을 수행하는 코드입니다.
13 'i = 0': 정수 변수 'i'를 초기화합니다.
14 'while i < 5:': 'i'가 5보다 작은 동안 다음 루프를 계속 반복합니다.
15 'print(i, end=",")': 변수 'i'의 값을 출력하고 콤마로 끝납니다.
17 'i += 1': 'i'의 값을 1씩 증가시킵니다.
19 'while break': 'while' 루프와 'break' 문을 사용하여 반복 작업을 수행하는 코드입니다.
20 'i = 0': 정수 변수 'i'를 초기화합니다.
22 'while True:': 무한 루프를 시작합니다.
23 'print(i, end=",")': 변수 'i'의 값을 출력하고 콤마로 끝납니다.
24 'i += 1': 'i'의 값을 1씩 증가시킵니다.
25 'if i >= 5:': 'i'가 5 이상인 경우에 'break' 문을 사용하여 루프를 종료합니다.

이 코드는 'for' 루프와 'while' 루프를 사용하여 반복 작업을 수행하고, 'break' 문을 사용하여 루프를 종료하는 예제입니다. [▶Start] 버튼을 클릭하여 코드를 실행합니다.

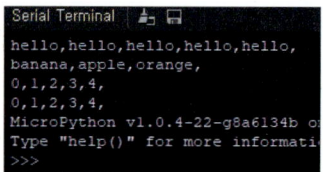

# 오류 및 예외처리

## 12. 오류

다음의 코드를 작성하여 의도적으로 에러를 발생시킵니다.

**1-4-12.오류.py**

```
01    a =10
02
03    print(a/0)
```

0으로 나누는 연산은 수학적으로 정의되지 않으며, 파이썬에서는 이런 경우를 처리하면 예외(에러)가 발생합니다. 구체적으로 말하면 "ZeroDivisionError"라는 예외가 발생하며 프로그램이 중단됩니다. [▶Start] 버튼을 클릭하여 코드를 실행합니다.

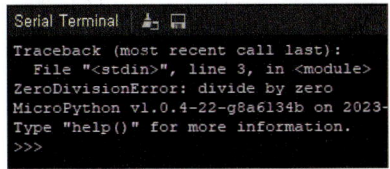

오류 발생 시 CanMV IDE에서 아래와 같은 에러 메시지가 발생됩니다.

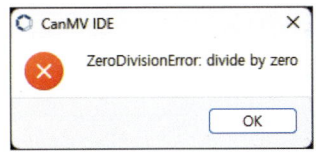

## 13. 예외처리

예외 처리(exception handling)는 프로그램이 실행 중에 예상치 못한 상황 또는 오류가 발생했을 때, 이러한 상황을 처리하고 프로그램이 비정상적으로 종료되는 것을 방지하기 위한 프로그래밍 기법입니다. 예외 처리는 코드를 보다 견고하게 만들어 프로그램이 예기치 않은 오류에도 안정적으로 작동할 수 있도록 도와줍니다.

주요 개념은 다음과 같습니다.

❶ **예외(Exception)**: 예상치 못한 상황이나 오류를 나타내는 객체로, 예외는 프로그램의 실행 중에 발생할 수 있습니다. 예를 들어, 0으로 나누기와 같은 수학적 오류는 예외를 발생시킬 수 있습니다.

❷ **예외 처리 구문**: 일반적으로 'try', 'except' 블록을 사용하여 예외 처리를 구현합니다.
   - **'try' 블록**: 예외가 발생할 수 있는 코드를 포함합니다.
   - **'except' 블록**: 'try' 블록에서 예외가 발생하면 실행되는 블록으로, 예외를 처리하거나 로깅할 수 있습니다.

예외 처리는 프로그램 안정성을 향상시키며, 예외가 발생해도 프로그램이 계속 실행되도록 보장합니다. 좋은 예외 처리는 예외를 적절하게 처리하고 사용자에게 명확한 오류 메시지를 제공하여 디버깅을 돕는 역할을 합니다.

```
1-4-13.예외처리.py
01    a =10
02
03    #try except
04    try:
05        print(a/0)
06    except:
07        print("에러")
08
09    #에러원인
10    try:
11        print(a/0)
12    except Exception as e:
13        print("에러원인:",e)
```

**코드 설명**

01 'a = 10': 정수 변수 'a'를 선언하고 값을 10으로 초기화합니다.
04 'try except': 예외 처리를 위한 'try'와 'except' 블록을 사용하는 코드입니다. 이 블록을 사용하여 예외가 발생할 가능성이 있는 코드를 실행하고, 예외가 발생하면 그에 따른 처리를 수행합니다.
05 'print(a/0)': 예외가 발생할 가능성이 있는 코드입니다. 0으로 나누는 작업은 예외를 발생시킵니다.
06 'except:': 'try' 블록에서 예외가 발생하면 이 블록의 코드가 실행됩니다. 여기서는 간단히 "에러"를 출력합니다.
10 'try:': 또 다른 예외 처리 블록을 시작합니다.
11 'print(a/0)': 예외가 발생할 가능성이 있는 코드입니다. 여전히 0으로 나누는 작업을 시도하고 있습니다.
12 'except Exception as e:': 'try' 블록에서 예외가 발생하면 이 블록의 코드가 실행됩니다. 'Exception'은 모든 예외의 기본 클래스이며, 'as e'는 발생한 예외를 변수 'e'에 할당하는 것을 의미합니다.
13 'print("에러원인:", e)': 예외가 발생한 원인을 출력합니다. 이 경우 "에러원인: division by zero"와 같이 0으로 나누려고 했기 때문에 "division by zero"라는 에러 메시지가 출력됩니다.

이렇게 예외 처리를 사용하면 프로그램이 예외를 발생시켜도 중단되지 않고 예외를 처리하거나 그에 대한 정보를 출력할 수 있습니다. [▶Start] 버튼을 클릭하여 코드를 실행합니다.

```
Serial Terminal
에러
에러원인: divide by zero
MicroPython v1.0.4-22-g8a6134b
Type "help()" for more informat
>>>
```

# 함수, 클래스

## 14. 함수

함수(function)는 프로그램에서 재사용 가능한 코드 블록을 나타내며, 특정 작업을 수행하거나 값을 반환하는 데 사용됩니다. 함수는 코드를 모듈화하고, 가독성을 높이며, 유지보수를 쉽게 만드는 데 도움이 됩니다.

주요 개념은 다음과 같습니다.

❶ **함수 정의**: 함수를 정의하려면 함수 이름, 매개변수(parameter), 함수 본문을 포함하는 코드 블록이 필요합니다. 함수 이름은 호출할 때 사용되며, 매개변수는 함수에 전달되는 값의 이름이나 변수입니다.
❷ **함수 호출**: 함수를 호출하려면 함수 이름과 필요한 매개변수 값을 전달합니다. 함수는 호출될 때 정의된 코드 블록을 실행하고 결과를 반환할 수 있습니다.
❸ **매개변수**: 함수가 입력으로 받는 값을 나타냅니다. 매개변수는 함수 정의에서 선언하며, 함수가 호출될 때 실제 값이 전달됩니다.
❹ **반환값**: 함수가 작업을 수행한 후 결과값을 반환할 수 있습니다. 반환값은 함수 호출자에게 전달되며, 함수 정의에서 'return' 키워드를 사용하여 지정됩니다.

함수는 프로그램의 모듈성과 재사용성을 높이는 데 중요한 역할을 합니다. 코드를 함수로 나누고 필요할 때 호출하여 사용하면 코드의 가독성이 향상되고 유지보수가 용이해집니다.

**1-4-14.함수.py**

```python
#함수1
def func_1():
    print("hello")

func_1()

#함수2
def func_2(name):
    print("이름:",name)

func_2("dain")

#함수3
def func_3():
    a =10
    b =20
    return a + b

c = func_3()
print(c)

#함수4
def func_4(a,b):
    return a * b

d = func_4(10,4)
print(d)

#함수5
def func_5(a,b):
    return a + b, a * b

e,f = func_5(10,4)
print(e,f)
```

| 코드 설명 |
|---|
| 01 '#함수1': 함수를 정의하고 호출하는 예제입니다.
02 'def func_1():': 'func_1'이라는 이름의 함수를 정의합니다.
03 'print("hello")': 함수 'func_1' 내에서 "hello"를 출력하는 코드입니다.
05 'func_1()': 'func_1' 함수를 호출합니다. 이로 인해 "hello"가 출력됩니다.
07 '#함수2': 매개변수를 가지고 있는 함수를 정의하고 호출하는 예제입니다.
08 'def func_2(name):': 'name'이라는 매개변수를 받는 'func_2' 함수를 정의합니다.
09 'print("이름:", name)': 'name' 매개변수의 값을 출력하는 코드입니다.
11 'func_2("dain")': 'func_2' 함수를 호출하고 "dain"을 인자로 전달합니다. 함수 내에서는 "이름: dain"이 출력됩니다.
13 '#함수3': 함수 내에서 값을 계산하고 반환하는 예제입니다.
14 'def func_3():': 매개변수 없이 'func_3' 함수를 정의합니다.
15 'a = 10': 변수 'a'에 10을 할당합니다.
16 'b = 20': 변수 'b'에 20을 할당합니다.
17 'return a + b': 변수 'a'와 'b'의 합계를 반환합니다.
19 'c = func_3()': 'func_3' 함수를 호출하고 그 결과를 변수 'c'에 저장합니다. 함수 내에서 변수 'a'와 'b'를 더한 결과 인 30이 반환됩니다.
20 'print(c)': 변수 'c'의 값을 출력합니다. 이로 인해 30이 출력됩니다.
22 '#함수4': 매개변수를 받아서 값을 반환하는 예제입니다.
23 'def func_4(a, b):': 'a'와 'b'라는 두 개의 매개변수를 받는 'func_4' 함수를 정의합니다.
24 'return a * b': 매개변수 'a'와 'b'를 곱한 결과를 반환합니다.
26 'd = func_4(10, 4)': 'func_4' 함수를 호출하고 10과 4를 인자로 전달합니다. 함수 내에서는 10과 4를 곱한 결과인 40이 반환됩니다.
27 'print(d)': 변수 'd'의 값을 출력합니다. 이로 인해 40이 출력됩니다.
29 '#함수5': 여러 개의 값을 반환하는 함수를 정의하고 호출하는 예제입니다.
30 'def func_5(a, b):': 'a'와 'b'라는 두 개의 매개변수를 받는 'func_5' 함수를 정의합니다.
31 'return a + b, a * b': 매개변수 'a'와 'b'를 더한 결과와 매개변수 'a'와 'b'를 곱한 결과를 튜플로 반환합니다.
33 'e, f = func_5(10, 4)': 'func_5' 함수를 호출하고 10과 4를 인자로 전달합니다. 함수 내에서는 두 결과를 튜플로 묶어 반환하므로 'e'에는 덧셈 결과인 14가, 'f'에는 곱셈 결과인 40이 할당됩니다.
34 'print(e, f)': 변수 'e'와 'f'의 값을 출력합니다. 이로 인해 "14 40"이 출력됩니다. |

[▶ Start] 버튼을 클릭하여 코드를 실행합니다.

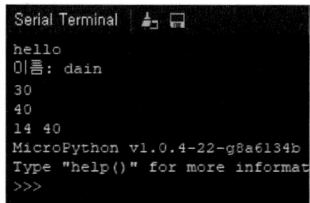

## 15. 클래스

클래스(class)는 객체지향 프로그래밍(OOP)에서 중요한 개념으로, 비슷한 특징을 가진 객체들을 추상화하고 그룹화하기 위한 틀 또는 설계도 역할을 합니다. 클래스는 객체의 속성(attribute)과 동작(method)을 정의하며, 이러한 클래스를 사용하여 여러 개의 객체를 생성할 수 있습니다.

주요 개념은 다음과 같습니다.

❶ **클래스 정의**: 클래스를 정의하려면 클래스의 이름과 클래스의 속성(변수)과 동작(메서드)을 정의합니다. 속성은 클래스의 특징을 나타내는 데이터를 저장하고, 메서드는 클래스가 수행하는 동작을 정의합니다.

❷ **객체(Object)**: 클래스를 기반으로 생성된 실제 인스턴스를 객체라고 합니다. 클래스의 정의를 토대로 여러 객체를 생성할 수 있으며, 각 객체는 고유한 상태를 가질 수 있습니다.

클래스는 객체지향 프로그래밍에서 코드의 구조와 재사용성을 향상시키는 데 사용되며, 현실 세계의 개념을 프로그램으로 모델링하는 데 유용합니다. 클래스는 속성과 메서드를 포함하여 객체의 특성과 동작을 정의하고, 이를 통해 프로그램을 더 모듈화하고 관리하기 쉽게 만듭니다.

**1-4-15.클래스.py**

```python
class Human1():
    def set_name_like(self, age, like):
        self.age = age
        self.like = like

    def info(self):
        print("나이:{} 좋아하는것:{}".format(self.age,self.like))

jang = Human1()
lee = Human1()

jang.set_name_like(15,"apple")
jang.info()

lee.set_name_like(10,"banana")
lee.info()


class Human2():
    def __init__(self, age, like):
        self.age = age
        self.like = like

    def info(self):
        print("나이:{} 좋아하는것:{}".format(self.age,self.like))


dain = Human2(7,"시나모롤")
kim = Human2(7,"축구")

dain.info()
kim.info()
```

두 개의 클래스 'Human1'과 'Human2'를 정의하고 이를 사용하여 객체를 생성하고 정보를 출력하는 예제입니다. 먼저 'Human1' 클래스를 설명하고, 다음으로 'Human2' 클래스를 설명하겠습니다.

| 코드 설명 | |
|---|---|
| ### Human1 클래스 | |
| 01 | 'class Human1():': 'Human1' 클래스를 정의합니다. |
| 02 | 'def set_name_like(self, age, like):': 'set_name_like' 메서드를 정의합니다. 이 메서드는 'self', 'age', 'like' 매개변수를 받습니다. |
| 03 | 'self.age = age': 객체의 'age' 속성을 입력된 'age' 값으로 설정합니다. |
| 04 | 'self.like = like': 객체의 'like' 속성을 입력된 'like' 값으로 설정합니다. |
| 06 | 'def info(self):': 'info' 메서드를 정의합니다. 이 메서드는 객체의 정보를 출력하는 역할을 합니다. |
| 07 | 'print("나이:{self.age}  좋아하는것:{self.like}")': 객체의 'age'와 'like' 속성을 출력합니다. |
| 09~10 | 'jang'과 'lee'라는 두 개의 'Human1' 클래스의 객체를 생성합니다. |
| 12~13 | 'jang' 객체의 'set_name_like' 메서드를 호출하여 나이를 15로, 좋아하는 것을 "apple"로 설정한 후, 'info' 메서드를 호출하여 정보를 출력합니다. |
| 15~16 | 'lee' 객체의 'set_name_like' 메서드를 호출하여 나이를 10으로, 좋아하는 것을 "banana"로 설정한 후, 'info' 메서드를 호출하여 정보를 출력합니다. |
| ### Human2 클래스 | |
| 19 | 'class Human2():': 'Human2' 클래스를 정의합니다. |
| 20 | 'def __init__(self, age, like):': '__init__' 메서드를 정의합니다. 이 메서드는 객체를 초기화하는 역할을 합니다. 'self', 'age', 'like' 매개변수를 받습니다. |
| 21 | 'self.age = age': 객체의 'age' 속성을 입력된 'age' 값으로 설정합니다. |
| 22 | 'self.like = like': 객체의 'like' 속성을 입력된 'like' 값으로 설정합니다. |
| 24~29 | 'def info(self):': 'info' 메서드를 정의합니다. 이 메서드는 객체의 정보를 출력하는 역할을 합니다. |
| 26 | 'print("나이:{self.age}  좋아하는것:{self.like}")': 객체의 'age'와 'like' 속성을 출력합니다. |
| 28~29 | 'dain'과 'kim'라는 두 개의 'Human2' 클래스의 객체를 생성하면서 각각의 나이와 좋아하는 것을 초기화합니다. |
| 31~32 | 'dain'과 'kim' 객체의 'info' 메서드를 호출하여 정보를 출력합니다. |

두 클래스는 객체를 생성하고 객체의 속성과 메서드를 활용하여 정보를 출력하는 예제입니다. 'Human2' 클래스는 '__init__' 메서드를 사용하여 객체 초기화를 간편하게 수행할 수 있습니다.

[▶Start] 버튼을 클릭하여 코드를 실행합니다.

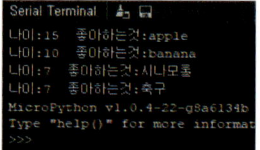

# import

## 16. import

import는 파이썬에서 외부 모듈 또는 패키지에서 코드를 가져와 사용하는 데 사용되는 키워드입니다. 파이썬은 기본 라이브러리와 외부 라이브러리를 모듈 형태로 제공하며, 이러한 모듈을 'import'를 사용하여 현재 스크립트 또는 프로젝트에 가져올 수 있습니다.

간단히 말하면, 'import'를 사용하면 다음과 같은 일을 할 수 있습니다.

❶ 외부 모듈 또는 패키지의 함수, 클래스 또는 변수를 현재 스크립트에서 사용할 수 있도록 가져옵니다.
❷ 코드의 재사용을 촉진하며, 기능을 확장하거나 개선하는 데 도움이 됩니다.
❸ 다른 프로그래머가 작성한 코드를 활용할 수 있습니다.

'import'를 사용하면 파이썬 생태계에서 다양한 기능과 라이브러리를 활용하여 프로그램을 개발할 수 있습니다.

1-4-16.import.py

```python
#import1
import random

print(random.randint(10, 50))

#import2
from random import randint

print(randint(10, 50))

#import3
from random import randint,randrange

print(randint(10, 50))
print(randrange(50))

#import4
import random as rd

print(rd.randint(10, 50))
```

코드 설명

### import1
01 'import random': 모듈 'random'을 가져옵니다.
04 'print(random.randint(10, 50))': 'random' 모듈에서 'randint' 함수를 사용하여 10과 50 사이의 난수를 생성하고 출력합니다.

### import2
06 'from random import randint': 'random' 모듈에서 'randint' 함수만 가져옵니다.
09 'print(randint(10, 50))': 'randint' 함수를 직접 사용하여 10과 50 사이의 난수를 생성하고 출력합니다.

### import3
12 'from random import randint, randrange': 'random' 모듈에서 'randint'와 'randrange' 함수를 가져옵니다.
14 'print(randint(10, 50))': 'randint' 함수를 사용하여 10과 50 사이의 난수를 생성하고 출력합니다.
15 'print(randrange(50))': 'randrange' 함수를 사용하여 0부터 49 사이의 난수를 생성하고 출력합니다.

### import4
17 'import random as rd': 모듈 'random'을 가져오되, 모듈의 별명을 'rd'로 지정합니다.
20 'print(rd.randint(10, 50))': 'rd'라는 별명으로 'random' 모듈의 'randint' 함수를 사용하여 10과 50 사이의 난수를 생성하고 출력합니다.

이 코드 예제는 모듈을 다양한 방식으로 가져와서 모듈에 포함된 함수를 사용하는 방법을 보여줍니다. Python에서 모듈을 가져오는 다양한 방법을 이해할 수 있습니다.

[▶Start] 버튼을 클릭하여 코드를 실행합니다.

# CHAPTER 02

# 기본 기능 다루기

## 02-1

# LED 제어하기

인공지능 카메라의 GPIO를 이용한 디지털 출력 기능을 사용하여 자동차의 LED를 제어해봅니다.

## 한 개의 LED 제어하기

K210의 GPIO를 사용하여 LED를 제어하는 방법에 대해서 알아봅니다. GPIO는 전기의 출력을 제어할 수 있는 기능입니다.

2-1-1_LED 제어하기.py

```
01  import time
02  from maix import GPIO
03  from fpioa_manager import fm
04  from board import board_info
05
06  fm.register(11, fm.fpioa.GPIO0, force=True)
07
08  led_1 = GPIO(GPIO.GPIO0, GPIO.OUT)
09
10  while True:
11      led_1.value(0)
12      time.sleep(1.0)
13
14      led_1.value(1)
15      time.sleep(1.0)
```

### 코드 설명

**01**: time 라이브러리를 불러옵니다.
**02**: maix 라이브러리에서 GPIO를 가져옵니다.
**03**: fpioa_manager 라이브러리에서 fm을 가져옵니다.
**04**: board 라이브러리에서 board_info를 가져옵니다.
**06**: 핀 매핑을 설정하는데, 11번 핀을 GPIO0에 연결합니다.
**08**: led_1 변수를 생성하고, GPIO0 핀을 출력 모드로 설정합니다.
**10**: 무한 루프를 시작합니다.
**11**: LED를 꺼줍니다. (led_1.value(0))
**12**: 1초 동안 대기합니다. (time.sleep(1.0))
**14**: LED를 켜줍니다. (led_1.value(1))
**15**: 다시 1초 동안 대기합니다. (time.sleep(1.0))

LED를 1초 간격으로 꺼지고 켜지게 만듭니다.

[▶Start] 버튼을 클릭하여 코드를 실행합니다. LED 1번이 1초마다 깜빡입니다.

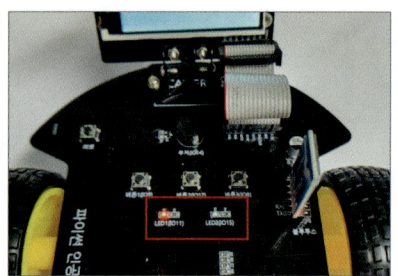

## 여러 개의 LED 제어하기

여러 개의 LED를 제어하는 방법에 대해서 알아봅니다.

**2-1-2_LED 제어하기.py**

```python
01  import time
02  from maix import GPIO
03  from fpioa_manager import fm
04  from board import board_info
05
06  fm.register(11, fm.fpioa.GPIO0, force=True)
07  fm.register(15, fm.fpioa.GPIO1, force=True)
08
09  led_1 = GPIO(GPIO.GPIO0, GPIO.OUT)
10  led_2 = GPIO(GPIO.GPIO1, GPIO.OUT)
11
12  while True:
13      led_1.value(0)
14      led_2.value(0)
15      time.sleep(1.0)
16
17      led_1.value(1)
18      led_2.value(1)
19      time.sleep(1.0)
```

**코드 설명**

**01:** time 라이브러리를 불러옵니다.
**02:** maix 라이브러리에서 GPIO를 가져옵니다.
**03:** fpioa_manager 라이브러리에서 fm을 가져옵니다.
**04:** board 라이브러리에서 board_info를 가져옵니다.
**06:** 핀 매핑을 설정하는데, 11번 핀을 GPIO0에 연결합니다.
**08:** led_1 변수를 생성하고, GPIO0 핀을 출력 모드로 설정합니다.
**10:** 무한 루프를 시작합니다.

[▶Start] 버튼을 클릭하여 코드를 실행합니다. LED1, LED2 두 개의 LED가 동시에 깜빡입니다.

## 하드웨어 타이머 사용하기

내부 타이머를 활용하여 1초마다 동작하는 함수를 구현해봅니다. 소프트웨어적인 기능이 아닌 K210 칩 내부의 하드웨어 타이머를 사용한 기능입니다.

2-1-3_LED 제어하기.py

```python
import time
from maix import GPIO, utils
from fpioa_manager import fm
from board import board_info
from machine import Timer

led_state =True
def on_timer(timer):
    global led_state
    print(led_state)
    led_state = not led_state

tim = Timer(Timer.TIMER0,
            Timer.CHANNEL0,
            mode=Timer.MODE_PERIODIC,
            period=1,
            unit=Timer.UNIT_S,
            callback=on_timer,
            arg=on_timer,
            start=False,
            priority=1,
            div=0)
tim.start()

while True:
    pass
```

### 코드 설명

**07~11** : led_state 변수를 True로 초기화하고, 타이머 콜백 함수 on_timer를 정의합니다. 이 함수는 LED 상태를 반전시키고 현재 LED 상태를 출력합니다.

**13~22** : 타이머를 설정합니다. Timer.TIMER0 및 Timer.CHANNEL0을 사용하며, 주기적으로 (Timer.MODE_PERIODIC) 1초 간격으로 on_timer 콜백 함수를 호출합니다.

**23** : 타이머를 시작합니다.

**25** : 무한 루프를 시작합니다.

**26** : 아무 작업도 수행하지 않고 계속 실행됩니다.

[▶Start] 버튼을 클릭하여 코드를 실행합니다.

내부타이머를 활성화해 on_timer함수가 동작하고 LED상태의 값이 출력됩니다.

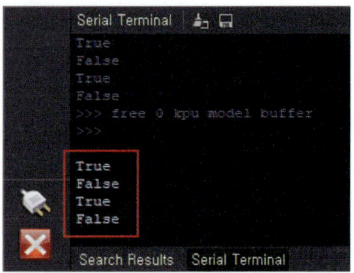

[✖Stope] 버튼을 눌러 코드를 중지합니다.

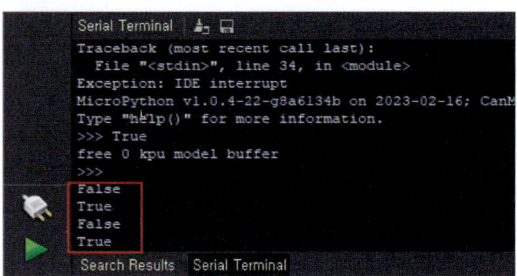

코드가 종료되었지만 인터럽트로 인해 계속 실행되는 것을 확인할 수 있습니다. 타이머를 종료하기 전까지 계속 실행됩니다. 리셋버튼을 눌러 [인공지능 카메라]를 리셋한 다음 다시 연결합니다. 타이머를 사용시에는 코드가 종료되더라도 타이머코드가 동작하는점을 유의하여 사용합니다.

※ 리셋버튼은 인공지능 카메라의 옆면에 있습니다. 또한 자동차의 앞쪽에도 위치하고있습니다. 두 개의 버튼은 물리적으로 동일하게 연결되어 있습니다.

## 타이머를 사용하여 LED 제어하기

하드웨어 타이머를 사용하여 1초마다 깜빡이는 LED를 구현해봅니다.

2-1-4_LED 제어하기.py

```
01  import time
02  from maix import GPIO, utils
03  from fpioa_manager import fm
04  from board import board_info
05  from machine import Timer
06
07  fm.register(11, fm.fpioa.GPIO0, force=True)
08  fm.register(15, fm.fpioa.GPIO1, force=True)
09
10  led_1 = GPIO(GPIO.GPIO0, GPIO.OUT)
11  led_2 = GPIO(GPIO.GPIO1, GPIO.OUT)
12
13  led_state =True
14  def on_timer(timer):
15      global led_state
```

```
16      print(led_state)
17      led_1.value(led_state)
18      led_2.value(led_state)
19      led_state = not led_state
20
21  tim = Timer(Timer.TIMER0,
22              Timer.CHANNEL0,
23              mode=Timer.MODE_PERIODIC,
24              period=1,
25              unit=Timer.UNIT_S,
26              callback=on_timer,
27              arg=on_timer,
28              start=False,
29              priority=1,
30              div=0)
31  tim.start()
32
33  while True:
34      pass
```

**코드 설명**

**10~11**: led_1 변수를 생성하고, GPIO0 핀을 출력 모드로 설정합니다.
**12~13**: led_2 변수를 생성하고, GPIO1 핀을 출력 모드로 설정합니다.
**15~19**: led_state 변수를 사용하여 LED 상태를 제어하는 타이머 콜백 함수 on_timer를 정의합니다. 이 함수는 LED 상태를 변경하고 그 상태를 출력하여 LED가 꺼지고 켜지는 것을 나타냅니다.

[▶Start] 버튼을 클릭하여 코드를 실행합니다.

LED1, LED2 두 개의 LED가 동시에 깜빡입니다. time.sleel() 함수를 사용한 시간지연이 아닌 하드웨어 타이머를 이용하여 1초마다 함수로 이동하여 두 개의 LED를 깜빡이는 동작을 구현하였습니다. 터미널에도 아래와 같이 1초마다 led_state변수의 값이 출력됩니다.

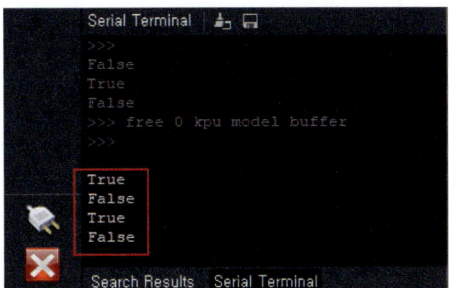

## 02-2

# RGB LED 제어하기

인공지능 카메라에 연결된 RGB LED를 제어해봅니다. GPIO를 이용한 디지털 출력기능으로 LED를 끄고 켜는 동작을 해보고 PWM기능을 활용하여 LED의 밝기를 조절하고 또한 밝기조절을 통한 색상을 제어해봅니다.

## RGB LED 색상 제어하기

RGB LED는 빨강, 녹색, 파랑의 3색의 LED가 하나의 칩안에 들어가 있습니다. 3개의 GPIO를 이용하여 각각의 빨강, 녹색, 파랑색의 LED가 번갈아가면서 켜지는 코드를 만들어봅니다.

2-2-1_RGB_LED_제어하기.py

```
01    import time
02    from maix import GPIO
03    from fpioa_manager import fm
04    from board import board_info
05
06    fm.register(21, fm.fpioa.GPIO0, force=True)
07    fm.register(18, fm.fpioa.GPIO1, force=True)
08    fm.register(20, fm.fpioa.GPIO2, force=True)
09
10    led_r = GPIO(GPIO.GPIO0, GPIO.OUT)
11    led_g = GPIO(GPIO.GPIO1, GPIO.OUT)
12    led_b = GPIO(GPIO.GPIO2, GPIO.OUT)
13
14    while True:
15        led_r.value(1)
16        led_g.value(0)
17        led_b.value(0)
18        print("red")
19        time.sleep(1.0)
20
21        led_r.value(0)
22        led_g.value(1)
23        led_b.value(0)
```

```
24          print("green")
25          time.sleep(1.0)
26
27          led_r.value(0)
28          led_g.value(0)
29          led_b.value(1)
30          print("blue")
31          time.sleep(1.0)
```

> **코드 설명**
>
> **06~08** : 핀 매핑을 설정하는데, 21번 핀을 GPIO0에, 18번 핀을 GPIO1에, 20번 핀을 GPIO2에 연결합니다.
> **10~12** : 각각 빨간색(Red), 초록색(Green), 파란색(Blue)을 나타내는 세 개의 LED 변수 led_r, led_g, led_b를 생성하고, 각각의 GPIO 핀을 출력 모드로 설정합니다.
> **14** : 무한 루프를 시작합니다.
> **15~18** : 빨간색 LED를 켜고, 초록색과 파란색 LED를 끄며 "red"를 출력합니다. 그리고 1초 동안 대기합니다.
> **21~24** : 빨간색 LED를 끄고, 초록색 LED를 켜고, 파란색 LED를 끄며 "green"을 출력합니다. 다시 1초 동안 대기합니다.
> **27~30** : 빨간색과 초록색 LED를 끄고, 파란색 LED를 켜며 "blue"를 출력합니다. 다시 1초 동안 대기합니다.

[▶Start] 버튼을 클릭하여 코드를 실행합니다. 디지털 출력기능을 이용하여 RGB LED의 색상을 빨강 -> 녹색 -> 파란색 순으로 1초간격으로 출력하였습니다.

시리얼터미널에 출력되는 색상의 LED가 글자로 출력됩니다.

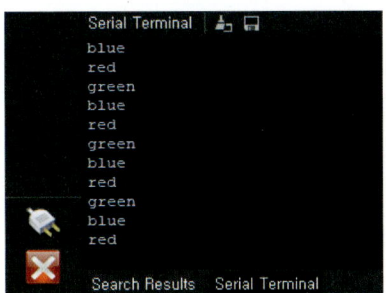

## PWM으로 빨간색 LED 밝기 조절하기

PWM기능을 활용하여 빨간색 LED의 밝기를 조절하는 코드를 만들어봅니다.

PWM(Pulse Width Modulation)은 디지털 신호를 이용하여 아날로그 신호를 흉내내는 방법으로, 신호의 펄스 폭을 변화시켜 밝기 등을 제어하는 기술입니다.

### 2-2-2_RGB_LED_제어하기.py

```python
01   import time
02   from maix import GPIO
03   from fpioa_manager import fm
04   from board import board_info
05   from machine import Timer,PWM
06   
07   tim0 = Timer(Timer.TIMER0, Timer.CHANNEL0, mode=Timer.MODE_PWM)
08   tim1 = Timer(Timer.TIMER0, Timer.CHANNEL1, mode=Timer.MODE_PWM)
09   tim2 = Timer(Timer.TIMER0, Timer.CHANNEL2, mode=Timer.MODE_PWM)
10   
11   led_r_pwm = PWM(tim0, freq=2000, duty=50, pin=21)
12   led_g_pwm = PWM(tim1, freq=2000, duty=50, pin=18)
13   led_b_pwm = PWM(tim2, freq=2000, duty=50, pin=20)
14   
15   led_r_pwm.duty(0)
16   led_g_pwm.duty(0)
17   led_b_pwm.duty(0)
18   
19   
20   while True:
21       led_r_pwm.duty(0)
22       time.sleep(1.0)
23   
24       led_r_pwm.duty(20)
25       time.sleep(1.0)
26   
27       led_r_pwm.duty(40)
28       time.sleep(1.0)
29   
30       led_r_pwm.duty(60)
31       time.sleep(1.0)
32   
33       led_r_pwm.duty(80)
34       time.sleep(1.0)
35   
36       led_r_pwm.duty(100)
37       time.sleep(1.0)
```

### 코드 설명

**05** : machine 라이브러리에서 Timer와 PWM을 가져옵니다.

**07~10** : 세 개의 PWM 타이머를 설정합니다. 각각은 다른 PWM 채널을 사용하며, PWM 모드로 설정됩니다.

**11~13** : 세 개의 LED를 제어하기 위한 PWM 객체를 생성합니다. 주파수(freq)는 2000Hz, 듀티 사이클(duty)은 50%로 설정하고, 핀 매핑은 각각 21번, 18번, 20번 핀으로 설정됩니다.

**15~17** : 각 LED의 초기 밝기를 0으로 설정합니다.

**20~37** : 무한 루프를 시작하고, 1초 간격으로 빨간색 LED의 밝기를 0에서 100까지 20씩 증가시키며 변경합니다. LED의 밝기는 led_r_pwm.duty() 함수를 사용하여 조절하고, time.sleep(1.0)을 사용하여 1초 동안 대기합니다.

[▶Start] 버튼을 클릭하여 코드를 실행합니다.

PWM출력을 이용하여 RGB LED의 빨간색 LED의 밝기를 조절하였습니다. 0~100까지 20%씩 PWM을 증가하여 LED의 밝기를 조절합니다.

## 무지개 색상을 RGB LED로 표현하기

빨강,녹색,파란색의 LED의 밝기를 조절하여 무지개 색상을 표시하는 코드를 만들어봅니다.

2-2-3_RGB_LED_제어하기.py

```python
import time
from maix import GPIO
from fpioa_manager import fm
from board import board_info
from machine import Timer, PWM

tim0 = Timer(Timer.TIMER0, Timer.CHANNEL0, mode=Timer.MODE_PWM)
tim1 = Timer(Timer.TIMER0, Timer.CHANNEL1, mode=Timer.MODE_PWM)
tim2 = Timer(Timer.TIMER0, Timer.CHANNEL2, mode=Timer.MODE_PWM)

led_r_pwm = PWM(tim0, freq=2000, duty=0, pin=21)
led_g_pwm = PWM(tim1, freq=2000, duty=0, pin=18)
led_b_pwm = PWM(tim2, freq=2000, duty=0, pin=20)

while True:
    # 빨간색
    led_r_pwm.duty(100)
    led_g_pwm.duty(0)
    led_b_pwm.duty(0)
    time.sleep(1.0)

    # 주황색
    led_r_pwm.duty(100)
    led_g_pwm.duty(50)
    led_b_pwm.duty(0)
    time.sleep(1.0)

    # 노란색
```

```
29    led_r_pwm.duty(100)
30    led_g_pwm.duty(100)
31    led_b_pwm.duty(0)
32    time.sleep(1.0)
33
34    # 초록색
35    led_r_pwm.duty(0)
36    led_g_pwm.duty(100)
37    led_b_pwm.duty(0)
38    time.sleep(1.0)
39
40    # 파란색
41    led_r_pwm.duty(0)
42    led_g_pwm.duty(0)
43    led_b_pwm.duty(100)
44    time.sleep(1.0)
45
46    # 남색
47    led_r_pwm.duty(25)
48    led_g_pwm.duty(0)
49    led_b_pwm.duty(70)
50    time.sleep(1.0)
51
52    # 보라색
53    led_r_pwm.duty(50)
54    led_g_pwm.duty(0)
55    led_b_pwm.duty(100)
56    time.sleep(1.0)
```

> **코드 설명**
>
> **11~13** : 세 개의 LED를 제어하기 위한 PWM 객체를 생성합니다. 주파수(freq)는 2000Hz로 설정하고, 초기 듀티 사이클(duty)은 0%로 설정하며, 핀 매핑은 각각 21번, 18번, 20번 핀으로 설정됩니다.
>
> **15~56** : 무한 루프를 시작하고, 각각의 색상에 따라 RGB LED의 듀티 사이클을 변경하여 색상을 제어합니다. 주어진 주석 아래에 주황색, 노란색, 초록색, 파란색, 남색, 보라색의 순서로 색상이 변경됩니다. 각 색상에 대해 해당 LED의 듀티 사이클을 설정하고 1초 동안 대기합니다

[▶Start] 버튼을 클릭하여 코드를 실행합니다.

RGB LED에 빨주노초파남보의 무지개 색상이 표시됩니다.

# 02-3

# 부저 출력하기

인공지능 카메라의 GPIO의 디지털 출력을 활용하여 부저를 출력하는 방법에 대해서 알아봅니다. 디지털 출력신호의 주파수를 변경하여 부저에 출력하면 다양한 음계의 출력이 가능합니다.

## 도레미파솔라시도 출력하기
부저를 이용하여 도레미파솔라시도를 출력하는 코드를 작성해봅니다.

2-3-1_부저.py
```python
from machine import Timer,PWM
import time

tim = Timer(Timer.TIMER0, Timer.CHANNEL0, mode=Timer.MODE_PWM)
buzzer = PWM(tim, freq=1, duty=50, pin=14)

def play_tone(frequency):
    buzzer.duty(50)
    buzzer.freq(frequency)

def no_tone():
    buzzer.duty(0)

no_tone()
time.sleep(1.0)

while True:
    play_tone(261)
    time.sleep(1.0)
    play_tone(293)
    time.sleep(1.0)
    play_tone(329)
    time.sleep(1.0)
    play_tone(349)
    time.sleep(1.0)
    play_tone(391)
    time.sleep(1.0)
    play_tone(440)
    time.sleep(1.0)
    play_tone(493)
    time.sleep(1.0)
    no_tone()
    time.sleep(1.0)
```

| 코드 설명 | |
|---|---|
| 02 | : time 라이브러리를 불러옵니다. |
| 04 | : PWM 타이머(tim)를 설정합니다. TIMER0의 CHANNEL0을 사용하며, PWM 모드로 설정합니다. |
| 05 | : 부저를 제어하기 위한 PWM 객체(buzzer)를 생성합니다. 주파수(freq)를 1Hz로, 초기 듀티 사이클(duty)을 50%로 설정하고, 핀 매핑은 14번 핀으로 설정합니다. |
| 07~09 | : play_tone 함수를 정의합니다. 이 함수는 주어진 주파수에 따라 부저를 울리도록 설정하며, 듀티 사이클을 50%로 유지합니다. |
| 11~12 | : no_tone 함수를 정의합니다. 이 함수는 부저를 끄도록 설정하며, 듀티 사이클을 0으로 설정합니다. |
| 14 | : no_tone 함수를 호출하여 초기에 부저를 끕니다. |
| 15 | : 1초 동안 대기합니다. |
| 17~32 | : 무한 루프를 시작하고, play_tone 함수를 사용하여 다양한 음계를 연주합니다. 각 음계는 1초 동안 연주되고, no_tone 함수를 호출하여 부저를 끕니다. |
| 33 | : 1초 동안 대기합니다. |

[▶Start] 버튼을 클릭하여 코드를 실행합니다.

피에조 부저에 주파수를 변경하여 도레미파솔라시의 음을 출력하였습니다.

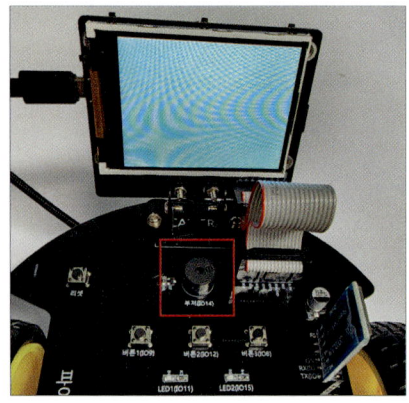

피에조 부저는 주파수에 따라서 떨림을 하는 소자입니다.

아래 주파수에 따른 음계표를 확인하면 빨간색 네모칸의 4옥타브 부분의 도, 레, 미, 파, 솔 음계의 주파수를 출력하여 피에조부저에서 소리를 출력하였습니다.

( 단위 : Hz )

| 옥타브<br>음계 | 1 | 2 | 3 | 4 | 5 | 6 | 7 | 8 |
|---|---|---|---|---|---|---|---|---|
| C(도) | 32.7032 | 65.4064 | 130.8128 | 261.6256 | 523.2511 | 1046.502 | 2093.005 | 4186.009 |
| C# | 34.6478 | 69.2957 | 138.5913 | 277.1826 | 554.3653 | 1108.731 | 2217.461 | 4434.922 |
| D(레) | 36.7081 | 73.4162 | 146.8324 | 293.6648 | 587.3295 | 1174.659 | 2349.318 | 4698.636 |
| D# | 38.8909 | 77.7817 | 155.5635 | 311.1270 | 622.2540 | 1244.508 | 2489.016 | 4978.032 |
| E(미) | 41.2034 | 82.4069 | 164.8138 | 329.6276 | 659.2551 | 1318.510 | 2637.020 | 5274.041 |
| F(파) | 43.6535 | 87.3071 | 174.6141 | 349.2282 | 698.4565 | 1396.913 | 2793.826 | 5587.652 |
| F# | 46.2493 | 92.4986 | 184.9972 | 369.9944 | 739.9888 | 1479.978 | 2959.955 | 5919.911 |
| G(솔) | 48.9994 | 97.9989 | 195.9977 | 391.9954 | 783.9909 | 1567.982 | 3135.963 | 6271.927 |
| G# | 51.9130 | 103.8262 | 207.6523 | 415.3047 | 830.6094 | 1661.219 | 3322.438 | 6644.875 |
| A(라) | 55.0000 | 110.0000 | 220.0000 | 440.0000 | 880.0000 | 1760.000 | 3520.000 | 7040.000 |
| A# | 58.2705 | 116.5409 | 233.0819 | 466.1638 | 932.3275 | 1864.655 | 3729.310 | 7458.620 |
| B(시) | 61.7354 | 123.4708 | 246.9417 | 493.8833 | 987.7666 | 1975.533 | 3951.066 | 7902.133 |

◆ 주파수 음계표

## 학교종 재생하기

부저를 이용하여 학교종을 재생하는 코드를 작성해봅니다. 음계를 담은 리스트를 만들고 for 반복문을 이용하여 재생합니다.

**2-3-2_부저.py**

```python
from machine import Timer,PWM
import time

tim = Timer(Timer.TIMER0, Timer.CHANNEL0, mode=Timer.MODE_PWM)
buzzer = PWM(tim, freq=1, duty=50, pin=14)

#학교종 멜로디
notes = [
    392, 392, 440, 440,
    392, 392, 330, 392,
    392, 330, 330, 293,
    0,
    392, 392, 440, 440,
    392, 392, 329, 392,
    329, 293, 329, 261,
    0
]

def play_tone(frequency):
    buzzer.duty(50)
    buzzer.freq(frequency)

def no_tone():
    buzzer.duty(0)

no_tone()
time.sleep(1.0)

while True:
    for note in notes:
        if note !=0:
            play_tone(note)
            time.sleep(0.25)
            no_tone()
            time.sleep(0.3)
        else:
            no_tone()
            time.sleep(0.3)
```

**코드 설명**

**08~16** : notes 리스트에 학교종 멜로디를 정의합니다. 각 음계는 주파수로 표현되며, 0은 공백을 나타냅니다.
**30** : notes 리스트를 순회하면서 음계를 연주합니다.
**31~34** : 현재 음계가 0이 아닌 경우, 해당 음계를 연주하고 0.25초 동안 대기한 후 부저를 끕니다. 그리고 0.3초 동안 대기합니다.

[▶Start] 버튼을 클릭하여 코드를 실행합니다.

notes 리스트에 학교종의 음계를 저장하고 그 음을 출력하여 학교종으로 출력하였습니다.

## 긴급알림음 재생하기

긴급알림음을 재생하는 코드를 작성합니다.

**2-3-3_부저.py**

```python
01    from machine import Timer, PWM
02    import time
03
04    tim = Timer(Timer.TIMER0, Timer.CHANNEL0, mode=Timer.MODE_PWM)
05    buzzer = PWM(tim, freq=1, duty=50, pin=14)
06
07    # 긴급 알림음을 위한 주파수 설정
08    emergency_notes = [900,1200]
09
10    def play_tone(frequency):
11        buzzer.duty(50)
12        buzzer.freq(frequency)
13
14    def no_tone():
15        buzzer.duty(0)
16
17    no_tone()
18    time.sleep(1.0)
19
20    while True:
21        for note in emergency_notes:
22            play_tone(note)
23            time.sleep(0.3)
```

### 코드 설명

**08** : 긴급 알림음의 주파수를 정의한 리스트 emergency_notes를 설정합니다. 이 경우 900Hz와 1200Hz 주파수가 정의되어 있습니다.

**21~23** : emergency_notes 리스트를 순회하면서 긴급 알림음의 주파수를 연속적으로 재생합니다. 각 주파수는 0.3초 동안 재생되고, 그 사이에 부저가 끝나지 않도록 time.sleep(0.3)을 사용하여 간격을 둡니다.

[▶Start] 버튼을 클릭하여 코드를 실행합니다.

900Hz와 1200Hz를 0.3초 간격으로 번갈아 가면서 출력하고 있습니다. 긴급 사이렌처럼 긴급한 음으로 출력되었습니다.

## 02-4

# 버튼 입력받기

인공지능 카메라의 GPIO의 디지털 입력기능을 활용하여 버튼의 상태를 확인하는 방법에 대해서 알아봅니다.

## 버튼 입력받기

9,12,8번핀에 연결된 버튼의 값을 읽어 버튼이 눌리면 값을 출력하는 코드를 작성해봅니다.

**2-4-1.버튼.py**

```python
import time
from maix import GPIO
from fpioa_manager import fm


fm.register(9, fm.fpioa.GPIO0, force=True)
fm.register(12, fm.fpioa.GPIO1, force=True)
fm.register(8, fm.fpioa.GPIO2, force=True)

button_1 = GPIO(GPIO.GPIO0, GPIO.IN, GPIO.PULL_UP)
button_2 = GPIO(GPIO.GPIO1, GPIO.IN, GPIO.PULL_UP)
button_3 = GPIO(GPIO.GPIO2, GPIO.IN, GPIO.PULL_UP)

while True:
    curr_button_1 = button_1.value()
    if curr_button_1 ==0:
        print("button_1")
        time.sleep(0.1)

    curr_button_2 = button_2.value()
    if curr_button_2 ==0:
        print("button_2")
        time.sleep(0.1)

    curr_button_3 = button_3.value()
    if curr_button_3 ==0:
        print("button_3")
        time.sleep(0.1)
```

### 코드 설명

- **06~08** : 각 버튼을 연결할 GPIO 핀을 설정합니다. 9번 핀을 GPIO0에, 12번 핀을 GPIO1에, 8번 핀을 GPIO2에 연결합니다. force=True를 사용하여 강제로 설정합니다.
- **10~12** : 각각 버튼을 제어하기 위한 GPIO 객체 button_1, button_2, button_3을 생성합니다. 각 버튼은 입력 모드로 설정되며, 내장 풀업 저항을 사용하여 풀업 모드로 설정됩니다.
- **14** : 무한 루프를 시작합니다.
- **15~18** : button_1의 현재 상태를 읽어와서, 버튼이 눌렸는지 확인합니다. 만약 버튼이 눌렸다면 "button_1"을 출력하고 0.1초 동안 대기합니다.
- **20~23** : button_2의 현재 상태를 읽어와서, 버튼이 눌렸는지 확인합니다. 만약 버튼이 눌렸다면 "button_2"을 출력하고 0.1초 동안 대기합니다.
- **25~28** : button_3의 현재 상태를 읽어와서, 버튼이 눌렸는지 확인합니다. 만약 버튼이 눌렸다면 "button_3"을 출력하고 0.1초 동안 대기합니다.

[▶Start] 버튼을 클릭하여 코드를 실행합니다.

자동차에는 3개의 버튼이 있습니다. 각 버튼을 눌러 동작을 확인합니다.

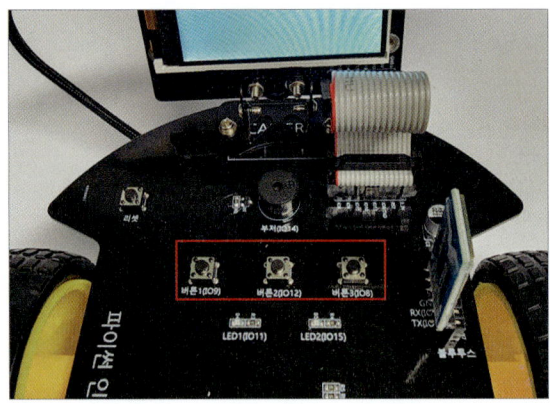

버튼을 누르면 각 버튼의 조건에 맞는 값이 출력되었습니다.

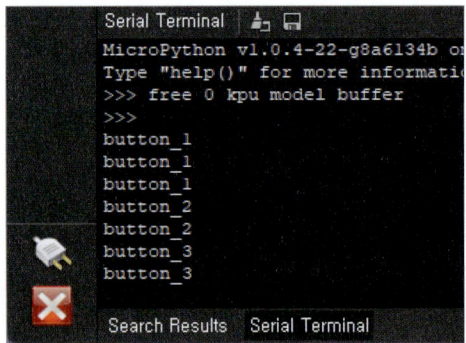

## 버튼을 누르면 한 번만 출력하기

버튼의 이전상태값을 기억했다가 버튼을 누르면 한 번만 출력하는 코드를 작성해봅니다.

**2-4-2.버튼.py**

```python
01  import time
02  from maix import GPIO
03  from fpioa_manager import fm
04
05
06  fm.register(9, fm.fpioa.GPIO0, force=True)
07  fm.register(12, fm.fpioa.GPIO1, force=True)
08  fm.register(8, fm.fpioa.GPIO2, force=True)
09
10  button_1 = GPIO(GPIO.GPIO0, GPIO.IN, GPIO.PULL_UP)
11  button_2 = GPIO(GPIO.GPIO1, GPIO.IN, GPIO.PULL_UP)
12  button_3 = GPIO(GPIO.GPIO2, GPIO.IN, GPIO.PULL_UP)
13
14  prev_button_1 =1
15  prev_button_2 =1
16  prev_button_3 =1
17
18  while True:
19      curr_button_1 = button_1.value()
20      if prev_button_1 != curr_button_1:
21          prev_button_1 = curr_button_1
22          if curr_button_1 ==0:
23              print("button_1")
24          time.sleep(0.1)
25
26      curr_button_2 = button_2.value()
27      if prev_button_2 != curr_button_2:
28          prev_button_2 = curr_button_2
29          if curr_button_2 ==0:
30              print("button_2")
31          time.sleep(0.1)
32
33      curr_button_3 = button_3.value()
34      if prev_button_3 != curr_button_3:
35          prev_button_3 = curr_button_3
36          if curr_button_3 ==0:
37              print("button_3")
38          time.sleep(0.1)
```

**코드 설명**

**14~16** : 이전 버튼 상태를 저장하는 변수 prev_button_1, prev_button_2, prev_button_3를 초기화합니다. 이 변수들은 버튼의 상태 변화를 감지하기 위해 사용됩니다.
**18** : 무한 루프를 시작합니다.
**19~25** : button_1의 현재 상태를 읽어와서, 이전 상태 prev_button_1과 비교합니다. 버튼 상태가 변경되면, prev_button_1을 업데이트하고, 버튼이 눌렸는지 확인한 후 "button_1"을 출력하고 0.1초 동안 대기합니다.
**26~32** : button_2와 button_3에 대해서도 같은 로직을 적용합니다. 각각의 버튼 상태를 이전 상태와 비교하고, 버튼이 눌렸는지 확인한 후 해당 버튼의 이름을 출력하고 0.1초 동안 대기합니다.

[▶Start] 버튼을 클릭하여 코드를 실행합니다.

버튼을 누를때만 한 번만 출력되었습니다. 누르고 있더라도 계속 출력되지 않습니다.

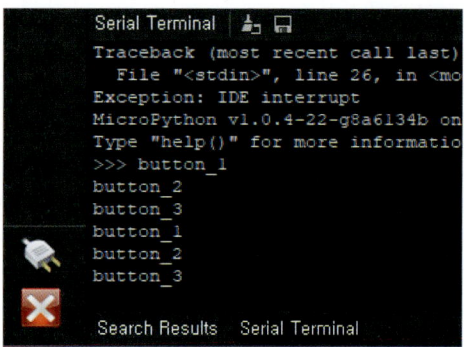

## 버튼 클래스 만들기

버튼 클래스를 만들어 코드를 재사용에 유리하도록 만들어봅니다. 버튼 클래스를 만든 다음 버튼1의 객체만 생성하고 동작하는 코드를 작성해봅니다.

**2-4-3.버튼.py**

```
01  import time
02  from maix import GPIO
03  from fpioa_manager import fm
04
05  class Button():
06      def __init__(self,pin_number,fm_gpio,gpio):
07          fm.register(pin_number, fm_gpio, force=True)
08          self.button = GPIO(gpio, GPIO.IN, GPIO.PULL_UP)
09          self.prev_button =1
10
11      def get_button(self):
12          curr_button =self.button.value()
13          if self.prev_button != curr_button:
14              self.prev_button = curr_button
15              if curr_button ==0:
16                  time.sleep(0.1)
17                  return True
18              time.sleep(0.1)
19          return False
20
21
22  button_1 = Button(9,fm.fpioa.GPIO0,GPIO.GPIO0)
23
24  while True:
25      if button_1.get_button():
26          print("button_1 click")
27          time.sleep(0.1)
```

| 코드 설명 | |
|---|---|
| 05 | : Button 클래스를 정의합니다. |
| 06~10 | : Button 클래스의 생성자(__init__)를 정의합니다. 생성자는 핀 번호(pin_number), fm GPIO 핀(fm_gpio), 그리고 GPIO 객체를 초기화합니다. 또한, 이전 버튼 상태(prev_button)를 1로 초기화합니다. |
| 11~20 | : get_button 메서드를 정의합니다. 이 메서드는 버튼의 상태 변화를 감지하고 버튼이 눌렸는지 확인합니다. 현재 버튼 상태를 읽어와서 이전 상태와 비교하고, 버튼 상태가 변경되면 True를 반환하며, 버튼이 눌렸을 때 0.1초 동안 대기합니다. 그렇지 않으면 False를 반환합니다. |
| 22 | : Button 클래스의 인스턴스 button_1을 생성하고, 핀 번호, fm GPIO, GPIO 핀을 전달합니다. |
| 25 | : button_1의 get_button 메서드를 호출하여 버튼 상태를 확인하고, 버튼이 눌렸을 때 "button_1 click"을 출력하고 0.1초 동안 대기합니다. |

[▶Start] 버튼을 클릭하여 코드를 실행합니다.

Button 클래스를 생성하였고 버튼1의 객체를 생성하여 버튼이 눌리면 한 번만 출력되도록 하였습니다. 버튼1을 누르면 한 번만 출력합니다.

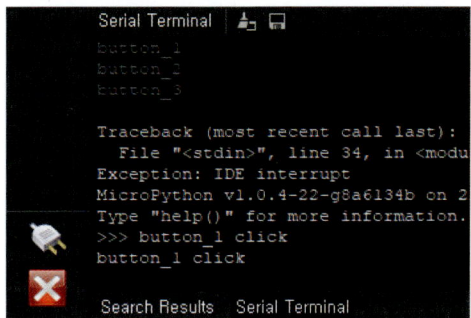

## 버튼 클래스로 여러 개의 버튼 입력받기

버튼 클래스를 이용하여 여러 개의 버튼 객체를 생성하고 동작하는 코드를 만들어봅니다.

2-4-4.버튼.py

```python
01    import time
02    from maix import GPIO
03    from fpioa_manager import fm
04    
05    class Button():
06        def __init__(self,pin_number,fm_gpio,gpio):
07            fm.register(pin_number, fm_gpio, force=True)
08            self.button = GPIO(gpio, GPIO.IN, GPIO.PULL_UP)
09            self.prev_button =1
10    
11        def get_button(self):
12            curr_button =self.button.value()
13            if self.prev_button != curr_button:
14                self.prev_button = curr_button
15                if curr_button ==0:
```

```
16                    return True
17              time.sleep(0.1) #채터링 방지
18          return False
19
20  button_1 = Button(9,fm.fpioa.GPIO0,GPIO.GPIO0)
21  button_2 = Button(12,fm.fpioa.GPIO1,GPIO.GPIO1)
22  button_3 = Button(8,fm.fpioa.GPIO2,GPIO.GPIO2)
23
24  while True:
25      if button_1.get_button():
26          print("button_1 click")
27
28      if button_2.get_button():
29          print("button_2 click")
30
31      if button_3.get_button():
32          print("button_3 click")
```

> **코드 설명**
>
> **20~22**: Button 클래스의 인스턴스 button_1, button_2, button_3을 각각 생성하고, 핀 번호, fm GPIO, GPIO 핀을 전달합니다.
>
> **25~27**: button_1의 get_button 메서드를 호출하여 버튼 상태를 확인하고, 버튼이 눌렸을 때 "button_1 click"을 출력합니다.
>
> **28~30**: button_2와 button_3에 대해서도 같은 방식으로 버튼 클릭을 확인하고 출력합니다.

[▶Start] 버튼을 클릭하여 코드를 실행합니다.

Button클래스를 이용하여 버튼1, 버튼2, 버튼3 객체를 생성하였고 각각의 버튼은 누르면 한 번만 동작합니다. 클래스는 각각의 저장공간으로 관리되므로 코드를 간결하게 유지가 가능합니다.

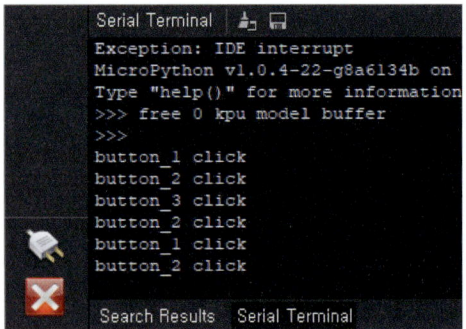

## 02-5

# 모터제어하기

인공지능 카메라의 GPIO의 디지털 출력과 PWM을 이용하여 모터의 속도, 방향을 제어해보도록 합니다.

### 왼쪽 모터 속도변경하기

왼쪽 모터의 속도를 변경하는 코드를 작성해봅니다.

2-5-1.모터제어하기.py

```python
import time
from maix import GPIO
from fpioa_manager import fm
from board import board_info
from machine import Timer, PWM

tim0 = Timer(Timer.TIMER0, Timer.CHANNEL0, mode=Timer.MODE_PWM)
tim1 = Timer(Timer.TIMER0, Timer.CHANNEL1, mode=Timer.MODE_PWM)

left_ia = PWM(tim0, freq=2000, duty=0, pin=13)
left_ib = PWM(tim1, freq=2000, duty=0, pin=19)


while True:
    left_ia.duty(0)
    left_ib.duty(0)
    time.sleep(1.0)

    left_ia.duty(0)
    left_ib.duty(50)
    time.sleep(1.0)

    left_ia.duty(0)
    left_ib.duty(75)
    time.sleep(1.0)

    left_ia.duty(0)
    left_ib.duty(100)
    time.sleep(1.0)
```

> **코드 설명**
>
> **07~08**: 두 개의 타이머(Timer) 객체 tim0과 tim1을 생성합니다. 각각은 PWM 모드로 설정됩니다.
> **10~11**: 왼쪽 모터를 제어하기 위한 PWM 객체 left_ia와 left_ib를 생성합니다. freq는 PWM 주파수를 설정하고, duty는 초기 듀티 사이클을 0%로 설정합니다. pin은 모터를 제어할 핀을 지정합니다.
> **15~17**: 모터를 정지하기 위해 두 PWM 핀의 듀티 사이클을 모두 0%로 설정하고 1초 동안 대기합니다.
> **19~21**: 모터를 일정한 속도로 회전하기 위해 left_ib의 듀티 사이클을 50%로 설정하고 1초 동안 대기합니다.
> **23~25**: 모터를 좀 더 빠르게 회전하기 위해 left_ib의 듀티 사이클을 75%로 설정하고 1초 동안 대기합니다.
> **27~29**: 모터를 최대 속도로 회전하기 위해 left_ib의 듀티 사이클을 100%로 설정하고 1초 동안 대기합니다.

[▶Start] 버튼을 클릭하여 코드를 실행합니다. 자동차의 전원을 [ON]으로 합니다.
왼쪽 모터가 앞으로 회전하고 속도가 변경됩니다.

## 왼쪽 모터 방향 변경하기

왼쪽 모터의 방향을 제어하는 코드를 작성합니다.

**2-5-2.모터제어하기.py**

```python
01  import time
02  from maix import GPIO
03  from fpioa_manager import fm
04  from board import board_info
05  from machine import Timer, PWM
06
07  tim0 = Timer(Timer.TIMER0, Timer.CHANNEL0, mode=Timer.MODE_PWM)
08  tim1 = Timer(Timer.TIMER0, Timer.CHANNEL1, mode=Timer.MODE_PWM)
09
10  left_ia = PWM(tim0, freq=2000, duty=0, pin=13)
11  left_ib = PWM(tim1, freq=2000, duty=0, pin=19)
12
13
14  while True:
```

```python
15      print("정방향")
16      left_ia.duty(0)
17      left_ib.duty(50)
18      time.sleep(1.0)
19
20      left_ia.duty(0)
21      left_ib.duty(0)
22      time.sleep(0.5)
23
24      print("역방향")
25      left_ia.duty(50)
26      left_ib.duty(0)
27      time.sleep(1.0)
28
29      left_ia.duty(0)
30      left_ib.duty(0)
31      time.sleep(0.5)
```

> **코드 설명**
>
> **16~17**: 모터를 정방향으로 회전하기 위해 left_ib의 듀티 사이클을 50%로 설정합니다. 모터가 1초 동안 회전합니다.
> **18** : 0.5초 동안 대기합니다.
> **20** : "역방향" 메시지를 출력합니다.
> **21~22**: 모터를 역방향으로 회전하기 위해 left_ia의 듀티 사이클을 50%로 설정합니다. 모터가 1초 동안 역방향으로 회전합니다.
> **23** : 0.5초 동안 대기합니다.

[▶Start] 버튼을 클릭하여 코드를 실행합니다. 자동차의 전원을 [ON]으로 합니다.

왼쪽 모터의 방향이 정방향, 역방향으로 회전합니다.

## 양쪽 바퀴 제어하기

오른쪽 바퀴의 제어를 추가하여 양쪽 모터를 제어하는 코드를 작성해봅니다.

**2-5-3.모터제어하기.py**

```python
01  import time
02  from maix import GPIO
03  from fpioa_manager import fm
04  from board import board_info
05  from machine import Timer, PWM
06
07  tim0 = Timer(Timer.TIMER0, Timer.CHANNEL0, mode=Timer.MODE_PWM)
08  tim1 = Timer(Timer.TIMER0, Timer.CHANNEL1, mode=Timer.MODE_PWM)
09  tim2 = Timer(Timer.TIMER0, Timer.CHANNEL2, mode=Timer.MODE_PWM)
10  tim3 = Timer(Timer.TIMER0, Timer.CHANNEL3, mode=Timer.MODE_PWM)
11
12  left_ia = PWM(tim0, freq=2000, duty=0, pin=13)
```

```python
13      left_ib = PWM(tim1, freq=2000, duty=0, pin=19)
14      right_ia = PWM(tim2, freq=2000, duty=0, pin=10)
15      right_ib = PWM(tim3, freq=2000, duty=0, pin=17)
16
17      while True:
18          print("go")
19          left_ia.duty(0)
20          left_ib.duty(50)
21          right_ia.duty(50)
22          right_ib.duty(0)
23          time.sleep(1.0)
24
25          left_ia.duty(0)
26          left_ib.duty(0)
27          right_ia.duty(0)
28          right_ib.duty(0)
29          time.sleep(0.5)
30
31          print("back")
32          left_ia.duty(50)
33          left_ib.duty(0)
34          right_ia.duty(0)
35          right_ib.duty(50)
36          time.sleep(1.0)
37
38          left_ia.duty(0)
39          left_ib.duty(0)
40          right_ia.duty(0)
41          right_ib.duty(0)
42          time.sleep(0.5)
```

### 코드 설명

**07~10** : 네 개의 타이머(Timer) 객체 tim0, tim1, tim2, tim3를 생성합니다. 각각은 PWM 모드로 설정됩니다.

**12~15** : 네 개의 모터를 제어하기 위한 PWM 객체 left_ia, left_ib, right_ia, right_ib를 생성합니다. 각각의 freq는 PWM 주파수를 설정하고, duty는 초기 듀티 사이클을 0%로 설정합니다. pin은 모터를 제어할 핀을 지정합니다.

**19~22** : 모터를 전진시키기 위해 left_ib와 right_ia의 듀티 사이클을 50%로 설정하여 모터를 회전합니다.

**23**: 1초 동안 대기합니다.

**25~28** : 모터를 정지하기 위해 모든 모터의 듀티 사이클을 0%로 설정합니다.

**29** : 0.5초 동안 대기합니다.

**31** : "back" 메시지를 출력합니다.

**32~35** : 모터를 후진시키기 위해 left_ia와 right_ib의 듀티 사이클을 50%로 설정하여 모터를 회전합니다.

**36** : 1초 동안 대기합니다.

**38~41** : 모터를 정지하기 위해 모든 모터의 듀티 사이클을 0%로 설정합니다.

**42** : 0.5초 동안 대기합니다.

[▶Start] 버튼을 클릭하여 코드를 실행합니다. 자동차의 전원을 [ON]으로 합니다.

모터의 방향이 정방향, 역방향으로 회전합니다. 자동차가 앞으로 뒤로 움직입니다.

## 자동차의 이동 함수로 만들어 사용하기

자동차의 이동을 함수로 만들어 자동차를 움직이는 코드를 작성해봅니다.

**2-5-4.모터제어하기.py**

```python
import time
from maix import GPIO
from fpioa_manager import fm
from board import board_info
from machine import Timer, PWM

tim0 = Timer(Timer.TIMER0, Timer.CHANNEL0, mode=Timer.MODE_PWM)
tim1 = Timer(Timer.TIMER0, Timer.CHANNEL1, mode=Timer.MODE_PWM)
tim2 = Timer(Timer.TIMER0, Timer.CHANNEL2, mode=Timer.MODE_PWM)
tim3 = Timer(Timer.TIMER0, Timer.CHANNEL3, mode=Timer.MODE_PWM)

left_ia = PWM(tim0, freq=2000, duty=0, pin=13)
left_ib = PWM(tim1, freq=2000, duty=0, pin=19)
right_ia = PWM(tim2, freq=2000, duty=0, pin=10)
right_ib = PWM(tim3, freq=2000, duty=0, pin=17)

def car_go(speed):
    left_ia.duty(0)
    left_ib.duty(speed)
    right_ia.duty(speed)
    right_ib.duty(0)

def car_back(speed):
    left_ia.duty(speed)
    left_ib.duty(0)
    right_ia.duty(0)
    right_ib.duty(speed)

def car_left(speed):
    left_ia.duty(speed)
    left_ib.duty(0)
    right_ia.duty(speed)
    right_ib.duty(0)

def car_right(speed):
    left_ia.duty(0)
    left_ib.duty(speed)
    right_ia.duty(0)
    right_ib.duty(speed)

while True:
    print("go")
    car_go(50)
    time.sleep(1.0)

    print("stop")
    car_go(0)
    time.sleep(0.5)

    print("back")
```

```
51      car_back(50)
52      time.sleep(1.0)
53
54      print("stop")
55      car_go(0)
56      time.sleep(0.5)
57
58      print("left")
59      car_left(50)
60      time.sleep(1.0)
61
62      print("stop")
63      car_go(0)
64      time.sleep(0.5)
65
66      print("right")
67      car_right(50)
68      time.sleep(1.0)
69
70      print("stop")
71      car_go(0)
72      time.sleep(0.5)
```

> **코드 설명**
>
> **17~21** : car_go(speed) 함수는 로봇을 전진시키는 함수입니다. speed 매개변수를 받아서 왼쪽 모터 left_ib와 오른쪽 모터 right_ia에 해당 속도를 적용하여 전진합니다.
>
> **23~27** : car_back(speed) 함수는 로봇을 후진시키는 함수입니다. speed 매개변수를 받아서 왼쪽 모터 left_ia와 오른쪽 모터 right_ib에 해당 속도를 적용하여 후진합니다.
>
> **29~33** : car_left(speed) 함수는 로봇을 좌회전시키는 함수입니다. speed 매개변수를 받아서 왼쪽 모터 left_ia와 오른쪽 모터 right_ia에 해당 속도를 적용하여 좌회전합니다.
>
> **35~39** : car_right(speed) 함수는 로봇을 우회전시키는 함수입니다. speed 매개변수를 받아서 왼쪽 모터 left_ib와 오른쪽 모터 right_ib에 해당 속도를 적용하여 우회전합니다.
>
> **42~72**: 메인 루프에서는 다양한 동작을 수행합니다.

"go" 메시지를 출력하고 car_go(50)을 호출하여 로봇을 전진시킵니다.

"stop" 메시지를 출력하고 car_go(0)을 호출하여 로봇을 정지시킵니다.

"back" 메시지를 출력하고 car_back(50)을 호출하여 로봇을 후진시킵니다.

"left" 메시지를 출력하고 car_left(50)을 호출하여 로봇을 좌회전시킵니다.

"right" 메시지를 출력하고 car_right(50)을 호출하여 로봇을 우회전시킵니다.

각 동작 후에는 time.sleep()을 사용하여 일정한 시간 동안 대기합니다.

[▶Start] 버튼을 클릭하여 코드를 실행합니다. 자동차의 전원을 [ON]으로 합니다.

이동 방향을 함수로 만들어 직진->후진->왼쪽->오른쪽 순으로 자동차가 이동합니다.

이번에 만든 함수는 자동차를 움직이는 곳에서 계속 사용됩니다.

## 02-6

# 시리얼통신으로 블루투스 통신하기

인공지능 카메라의 시리얼통신을 활용하여 [HM-10 시리얼 블루투스 모듈]을 통해 블루투스 통신으로 자동차를 제어하는 방법에 대해서 알아봅니다.

### 시리얼통신으로 데이터 전송하기

시리얼통신으로 데이터를 전송하면 [HM-10 시리얼 블루투스 모듈]을 통해 스마트폰으로 데이터를 받는 코드를 작성해봅니다.

2-6-1.시리얼_블루투스.py

```python
import time
from machine import UART,Timer
from fpioa_manager import fm

fm.register(7, fm.fpioa.UART1_RX, force=True)
fm.register(6, fm.fpioa.UART1_TX, force=True)

uart = UART(UART.UART1, 115200, read_buf_len=4096)

cnt =0
while True:
    uart.write('Hello'+str(cnt)+"\n")
    cnt = cnt +1
    time.sleep(1.0)
```

**코드 설명**

| | |
|---|---|
| 02 | : machine 라이브러리에서 UART와 Timer를 가져옵니다. |
| 03 | : fpioa_manager 라이브러리에서 fm을 가져옵니다. |
| 05-06 | : UART1을 사용하기 위해 UART1의 RX 핀과 TX 핀을 핀 매핑합니다. |
| 08 | : UART 객체(uart)를 생성합니다. UART1을 사용하며, 115200 보드레이트로 설정하고, 읽기 버퍼의 길이를 4096으로 설정합니다. |
| 10 | : cnt 변수를 초기화합니다. |
| 11 | : 무한 루프를 시작합니다. |
| 12 | : UART를 통해 "Hello"와 cnt 값을 문자열로 변환하여 전송합니다. 그리고 cnt 값을 증가시킵니다. |
| 13 | : 1초 동안 대기합니다. |

[▶Start] 버튼을 클릭하여 코드를 실행합니다. 블루투스 통신으로 데이터를 수신받기 위해서는 안드로이드 스마트폰의 플레이스토어에서 "시리얼통신"을 검색 후 Serial Blutooth Terminal 앱을 설치합니다.

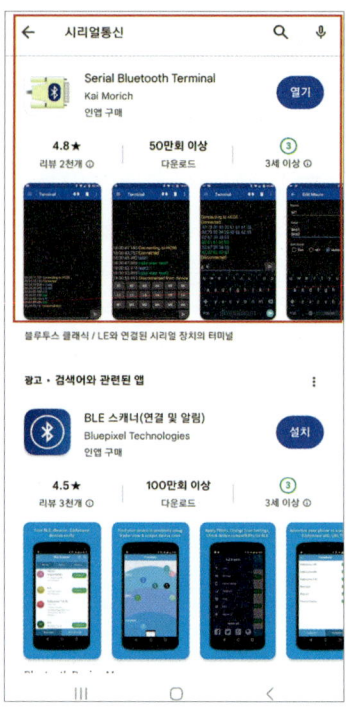

스마트폰의 블루투스를 켠다음 진행합니다. [... 설정]을 클릭한 다음 [Devices]부분을 클릭합니다.

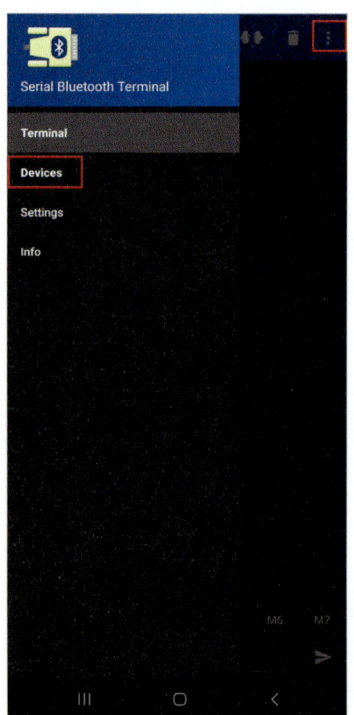

Blutooth LE 탭에서 [SCAN]을 클릭하여 주변 블루투스를 스캔한 다음 BLE1 등의 이름을 찾아 클릭하여 접속합니다.

정상적으로 연결하였다면 오른쪽 위의 아이콘에서 확인이 가능합니다.

터미널에서도 연겨되었고 [인공지능 카메라]에서 보내준 Hello를 확인할 수 있습니다.

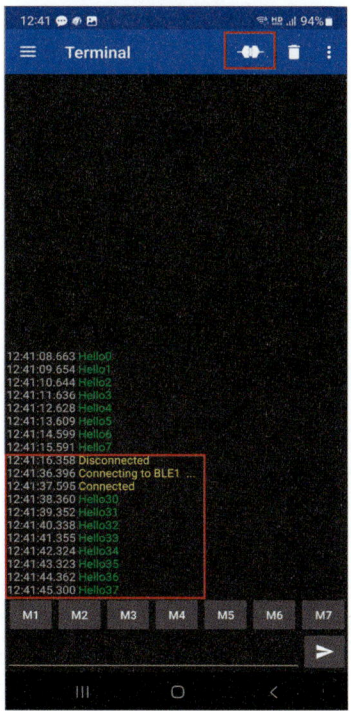

## 시리얼통신으로 데이터 수신받기

스마트폰에서 보낸 데이터를 수신받아 출력하는 코드를 작성해봅니다.

**2-6-2.시리얼_블루투스.py**

```python
01  import time
02  from machine import UART,Timer
03  from fpioa_manager import fm
04
05  fm.register(7, fm.fpioa.UART1_RX, force=True)
06  fm.register(6, fm.fpioa.UART1_TX, force=True)
07
08  uart = UART(UART.UART1, 115200, read_buf_len=4096)
09
10  while True:
11      try:
12          if uart.any():
13              text=uart.read()
14              in_text = text.decode('utf-8')
15              print(text.decode('utf-8'))
16      except:
17          pass
```

### 코드 설명

**12**: uart.any() 함수를 사용하여 시리얼 데이터가 있는지 확인합니다.
**13**: 시리얼 데이터를 읽고(uart.read()), UTF-8 인코딩을 사용하여 문자열로 디코딩합니다. 그리고 읽은 내용을 변수 in_text에 저장합니다.
**14**: 디코딩된 텍스트를 표준 출력으로 출력합니다.

[▶Start] 버튼을 클릭하여 코드를 실행합니다.
[Serial Blutooth Terminal] 앱에서 hi를 전송합니다.

인공지능 카메라는 hi를 잘 수신받아 터미널에 출력하였습니다.

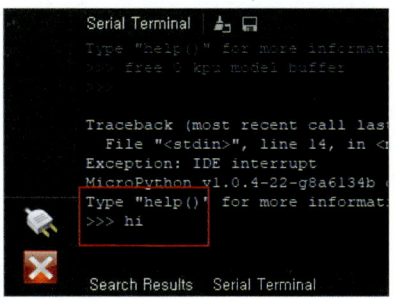

## 블루투스 모듈 이름 변경하기

블루투스 통신모듈은 AI명령어를 통한 이름을 변경할 수 있습니다. 같은 공간에 많은 HM-10통신 모듈이 있다면 동일한 이름일 경우 연결하기 어렵기 때문에 다음의 코드를 이용하여 이름을 변경합니다.

2-6-3.시리얼_블루투스.py

```python
import time
from machine import UART,Timer
from fpioa_manager import fm

fm.register(7, fm.fpioa.UART1_RX, force=True)
fm.register(6, fm.fpioa.UART1_TX, force=True)

uart = UART(UART.UART1, 115200, read_buf_len=4096)

change_name ="daduino"

while True:
    uart.write('AT+NAME'+change_name+"\r\n")
    time.sleep(2.0)
    
    try:
        if uart.any():
            text=uart.read()
            in_text = text.decode('utf-8')
            print(in_text)
            if "OK"in in_text:
                break
    except:
        pass

print("이름 변경이 완료되었습니다")
```

> **코드 설명**
>
> **10**: Bluetooth 장치의 변경할 이름을 변수 change_name에 저장합니다.
> **13**: UART를 통해 AT 명령을 사용하여 Bluetooth 장치의 이름을 변경합니다. "AT+NAME" 명령을 사용하고, 변경할 이름은 change_name 변수에서 가져옵니다. \r\n은 명령을 종료하기 위한 줄 바꿈 문자입니다.
> **21**: 만약 텍스트에 "OK" 문자열이 포함되어 있다면 ("OK" in in_text), 루프를 탈출합니다.

[▶Start] 버튼을 클릭하여 코드를 실행합니다.

이름 변경이 정상적으로 되었다면 "이름 변경이 완료되었습니다"의 글자가 출력되고 코드는 종료됩니다.

- HM-10 통신모듈의 경우 동일하게 생겼더라도 생산하는 다양한 공장이 있습니다. 모듈이 생산된 공장에 따라 AT명령어가 다를 수 있으니 책에서 사용된 모듈과 같은 모듈인지 확인하고 사용합니다.

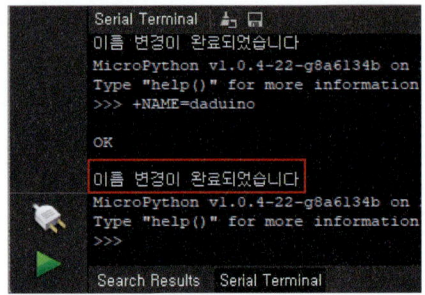

[Serial Blutooth Terminal] 앱에서 다시 블루투스 모듈을 검색하면 변경된 이름으로 보여집니다. 바로 적용되지 않는다면 자동차의 전원을 껐다가 다시 켜고 앱도 다시 실행합니다.

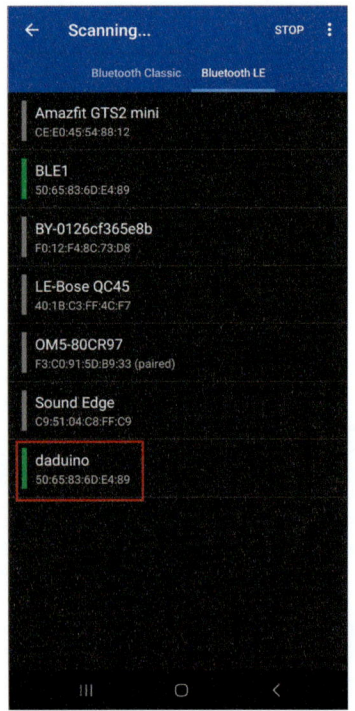

## 시리얼 블루투스 통신으로 LED 제어하기

스마트폰에서 데이터를 수신받아서 수신받은 데이터가 ON이면 LED를 켜고 OFF이면 LED를 끄는 코드를 작성해봅니다.

**2-6-4.시리얼_블루투스.py**

```python
import time
from machine import UART,Timer
from fpioa_manager import fm
from maix import GPIO, utils

#시리얼통신 설정
fm.register(7, fm.fpioa.UART1_RX, force=True)
fm.register(6, fm.fpioa.UART1_TX, force=True)

uart = UART(UART.UART1, 115200, read_buf_len=4096)

#LED핀 설정
fm.register(11, fm.fpioa.GPIO0, force=True)
fm.register(15, fm.fpioa.GPIO1, force=True)

led_1 = GPIO(GPIO.GPIO0, GPIO.OUT)
led_2 = GPIO(GPIO.GPIO1, GPIO.OUT)

while True:
    try:
        if uart.any():
            text=uart.read()
            in_text = text.decode('utf-8')
            if "on"in in_text:
                print("led on")
                led_1.value(1)
                led_2.value(1)
            elif "off"in in_text:
                print("led off")
                led_1.value(0)
                led_2.value(0)

    except:
        pass
```

### 코드 설명

| | |
|---|---|
| 22 | 시리얼 데이터를 읽고(uart.read()), UTF-8 인코딩을 사용하여 문자열로 디코딩합니다. 그리고 읽은 내용을 변수 in_text에 저장합니다. |
| 24~32 | 수신된 문자열을 확인하여 "on"인 경우 LED를 켜고, "off"인 경우 LED를 끕니다. 이에 따라 LED 상태를 변경하고 상태 메시지를 출력합니다. |

[▶Start] 버튼을 클릭하여 코드를 실행합니다.

[Serial Blutooth Terminal] 앱에서 on, off를 전송합니다.

on을 수신받았을 경우 자동차의 led가 켜지고 off를 수신받았을 경우 자동차의 led가 꺼집니다.
터미널에서도 수신받은 값의 확인이 가능합니다.

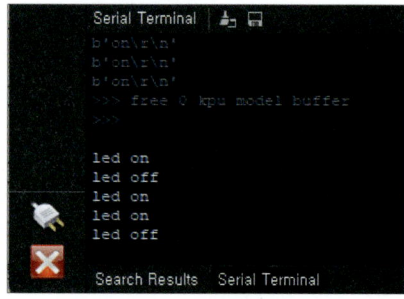

# 02-7

# 블루투스 조종 자동차 만들기

블루투스 통신으로 수신받은 데이터에 따라서 자동차를 움직여 무선으로 조종되는 자동차를 만들어 봅니다.

## 시리얼통신 데이터 수신받기

스마트폰에서부터 데이터를 수신받아 그 값을 출력하는 코드를 작성해봅니다.

**2-7-1.블루투스조종_자동차.py**

```python
import time
from machine import UART,Timer
from fpioa_manager import fm
from maix import GPIO, utils

#시리얼통신 설정
fm.register(7, fm.fpioa.UART1_RX, force=True)
fm.register(6, fm.fpioa.UART1_TX, force=True)

uart = UART(UART.UART1, 115200, read_buf_len=4096)

while True:
    try:
        if uart.any():
            text=uart.read()
            in_text = text.decode('utf-8')
            print(in_text)

    except:
        pass
```

**코드 설명**

**14:** uart.any() 함수를 사용하여 시리얼 데이터가 있는지 확인합니다.
**15:** 시리얼 데이터를 읽고(uart.read()), UTF-8 인코딩을 사용하여 문자열로 디코딩합니다. 그리고 읽은 내용을 변수 in_text에 저장합니다.
**17:** 디코딩된 텍스트를 표준 출력으로 출력합니다.

[▶Start] 버튼을 클릭하여 코드를 실행합니다.
[Serial Blutooth Terminal] 앱에서 hello를 전송합니다.

hello를 잘 수신받아 출력하였습니다.

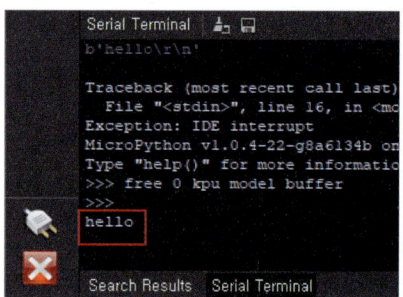

## 시리얼통신 데이터 수신받아 조건식 만들기

수신받은 데이터에 따라서 조건식을 만들어 처리하는 코드를 작성해봅니다.

2-7-2.블루투스조종_자동차.py

```
01  import time
02  from machine import UART,Timer
03  from fpioa_manager import fm
04  from maix import GPIO, utils
05
06  #시리얼통신 설정
07  fm.register(7, fm.fpioa.UART1_RX, force=True)
08  fm.register(6, fm.fpioa.UART1_TX, force=True)
09
```

```python
10      uart = UART(UART.UART1, 115200, read_buf_len=4096)
11
12
13      while True:
14          try:
15              if uart.any():
16                  text=uart.read()
17                  in_text = text.decode('utf-8')
18                  if "f"in in_text:
19                      print("car go")
20                  elif "b"in in_text:
21                      print("car back")
22                  elif "l"in in_text:
23                      print("car left")
24                  elif "r"in in_text:
25                      print("car right")
26                  elif "s"in in_text:
27                      print("car stop")
28
29          except:
30              pass
```

| 코드 설명 |
| --- |
| **15** : uart.any() 함수를 사용하여 시리얼 데이터가 있는지 확인합니다. |
| **16** : 시리얼 데이터를 읽고(uart.read()), UTF-8 인코딩을 사용하여 문자열로 디코딩합니다. 그리고 읽은 내용을 변수 in_text에 저장합니다. |
| **18-27** : 수신된 문자열을 확인하여 각각 "f" (car go), "b" (car back), "l" (car left), "r" (car left), "s" (stop)에 대한 동작을 수행하고 해당 동작을 출력합니다. |

[▶Start] 버튼을 클릭하여 코드를 실행합니다. [Serial Blutooth Terminal] 앱에서 f,b,l,r,s를 전송합니다.

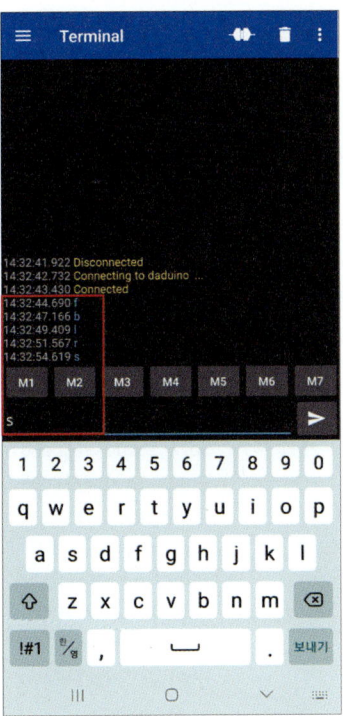

각각 문자열을 입력받았을 때 조건식을 출력하였습니다.

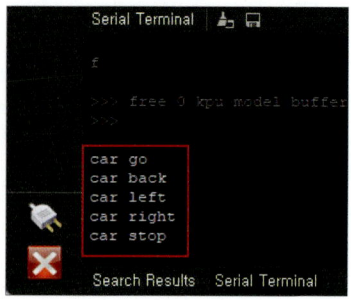

## 자동차 조종코드 추가하여 완성하기

실제 자동차를 움직이는 코드를 추가하여 자동차를 조종하는 코드를 작성해 완성해봅니다.

2-7-3.블루투스조종_자동차.py

```python
import time
from machine import UART,Timer,PWM
from fpioa_manager import fm
from maix import GPIO, utils

#시리얼통신 설정
fm.register(7, fm.fpioa.UART1_RX, force=True)
fm.register(6, fm.fpioa.UART1_TX, force=True)

uart = UART(UART.UART1, 115200, read_buf_len=4096)

#모터 설정
tim0 = Timer(Timer.TIMER0, Timer.CHANNEL0, mode=Timer.MODE_PWM)
tim1 = Timer(Timer.TIMER0, Timer.CHANNEL1, mode=Timer.MODE_PWM)
tim2 = Timer(Timer.TIMER0, Timer.CHANNEL2, mode=Timer.MODE_PWM)
tim3 = Timer(Timer.TIMER0, Timer.CHANNEL3, mode=Timer.MODE_PWM)

left_ia = PWM(tim0, freq=2000, duty=0, pin=13)
left_ib = PWM(tim1, freq=2000, duty=0, pin=19)
right_ia = PWM(tim2, freq=2000, duty=0, pin=10)
right_ib = PWM(tim3, freq=2000, duty=0, pin=17)

def car_go(speed):
    left_ia.duty(0)
    left_ib.duty(speed)
    right_ia.duty(speed)
    right_ib.duty(0)

def car_back(speed):
    left_ia.duty(speed)
    left_ib.duty(0)
    right_ia.duty(0)
```

```python
33         right_ib.duty(speed)
34
35 def car_left(speed):
36     left_ia.duty(speed)
37     left_ib.duty(0)
38     right_ia.duty(speed)
39     right_ib.duty(0)
40
41 def car_right(speed):
42     left_ia.duty(0)
43     left_ib.duty(speed)
44     right_ia.duty(0)
45     right_ib.duty(speed)
46
47 car_go(0)
48
49 while True:
50     try:
51         if uart.any():
52             text=uart.read()
53             in_text = text.decode('utf-8')
54             if "f"in in_text:
55                 #print("car go")
56                 car_go(50)
57             elif "b"in in_text:
58                 #print("car back")
59                 car_back(50)
60             elif "l"in in_text:
61                 #print("car left")
62                 car_left(50)
63             elif "r"in in_text:
64                 #print("car right")
65                 car_right(50)
66             elif "s"in in_text:
67                 #print("car stop")
68                 car_go(0)
69
70     except:
71         pass
```

> **코드 설명**
>
> **23~45**: 자동차의 동작을 제어하기 위한 함수들을 정의합니다. car_go, car_back, car_left, car_right 함수가 각각 전진, 후진, 좌회전, 우회전 동작을 수행합니다.
> **54~68**: 수신된 문자열을 확인하여 "f" (전진), "b" (후진), "l" (좌회전), "r" (우회전), "s" (정지)에 대한 동작을 수행하고 해당 동작을 함수를 호출하여 모터를 제어합니다.

인공지능 카메라가 전원이 켜진 후 바로 동작할 수 있도록 코드를 업로드합니다. 업로드된 코드는 인공지능 카메라가 부팅된 다음 바로 실행됩니다.

[Tools] –> [Save open script to CanMV Cam (as main.py)]를 클릭합니다.

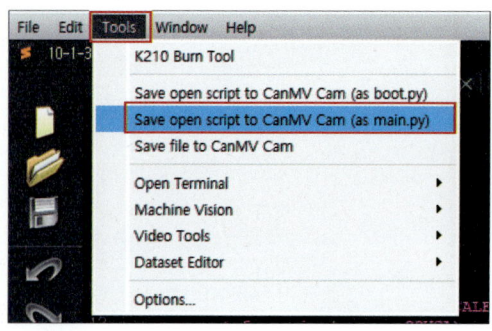

[No]를 선택합니다. 공백을 탭으로 변경하는 옵션으로 공백으로 사용하여도 무방합니다. 탭으로 변경시 업로드시 잦은 오류로 인해 변경하지 않고 사용합니다. 공백의 경우에도 가끔 업로드시 오류가 발생합니다. 오류 발생시에는 인공지능 카메라의 연결을 끊고 다시 연결한 다음 진행합니다.

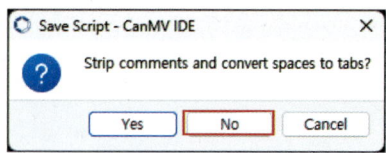

업로드가 완료되었습니다. USB케이블을 분리합니다.

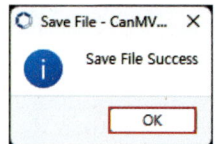

자동차의 전원을 [ON]으로 한 다음 차동차를 조종합니다.
 f,b,l,r,s를 그때그때 입력하여 조종해도 되나 매번 글을 입력하고 전송 버튼을 누르기에는 자동차를 조종하기 힘듭니다. [Serial Blutooth Terminal] 앱에서는 자주 사용하는 문자를 등록하는 기능이 있습니다. M1 부분을 꾹 눌러 버튼 설정으로 이동합니다.

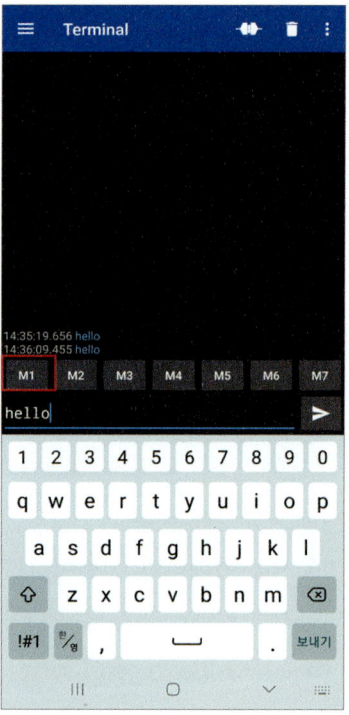

Name을 go로 변경합니다. Value는 f로 변경합니다. Name은 앱에서 보여주는 이름이고 Value는 실제 전송되는 값입니다.

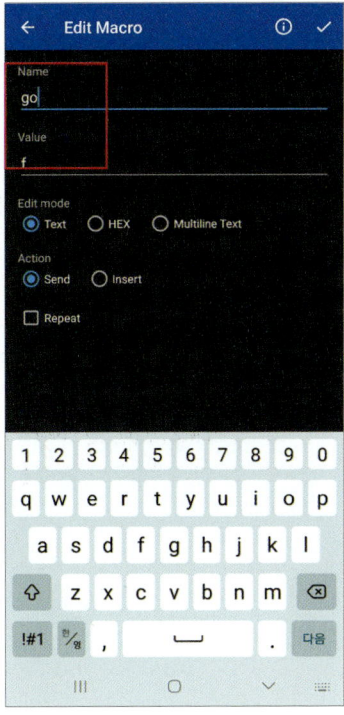

go, back, left, right, stop을 모두 변경합니다. go는 f, back은 b, left는 l, right는 r, stop은 s입니다. go는 forward의 약자로 하였습니다. 버튼을 눌러 바로바로 자동차의 조종이 가능합니다.

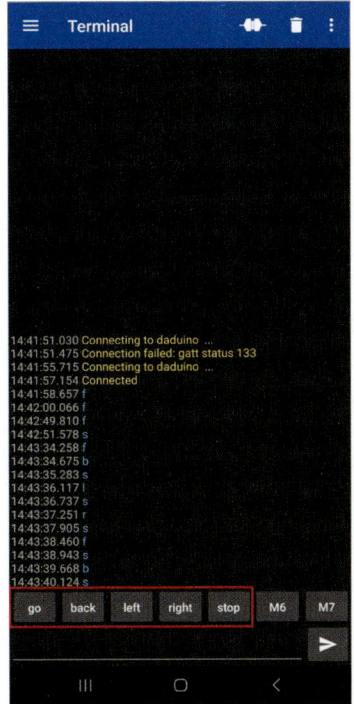

# CHAPTER 03

# 추가 기능 다루기

## 03-1

# 파일 읽고 쓰기

파일을 읽고 쓰는 방법에 대해서 알아봅니다. SD카드와 인공지능 카메라의 내부 FLASH메모리의 파일을 읽고 쓸 수 있습니다.

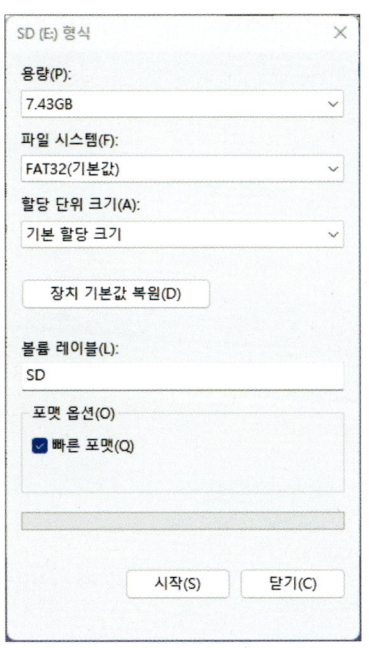

SD카드는 fat32로 포맷하여 사용하며 이름은 SD로 지정합니다. 다른포맷 또는 다른 이름일 경우 sd를 인식하지 못할 수 있습니다.

## 폴더 확인하기

SD카드와 인공지능 카메라의 내부 FLASH의 내용을 확인하는 코드를 작성해봅니다.

**3-1-1.파일 읽고 쓰기.py**

```python
import os

# 폴더 경로 설정
folder_path ="/sd"

# 폴더 내용 확인
try:
    folder_contents = os.listdir(folder_path)
    print("SD카드:")
    print("="*50)
    for item in folder_contents:
        print(item)
    print("="*50)
except OSError as e:
    print("폴더를 열 수 없습니다.", e)


# 폴더 경로 설정
folder_path ="/flash"

# 폴더 내용 확인
try:
    folder_contents = os.listdir(folder_path)
    print("flash:")
    print("="*50)
    for item in folder_contents:
        print(item)
    print("="*50)
except OSError as e:
    print("폴더를 열 수 없습니다.", e)
```

**코드 설명**

01: os 라이브러리를 불러옵니다.
04: folder_path 변수에 SD 카드 경로를 설정합니다.
07: 예외 처리를 사용하여 폴더 내용을 확인합니다.
08: os.listdir() 함수를 사용하여 folder_path의 내용을 가져와서 folder_contents 변수에 저장합니다.
09: "SD카드:"를 출력합니다.
11: 반복문을 사용하여 SD 카드 내의 각 항목을 출력합니다.
14: 예외가 발생하면 폴더를 열 수 없다는 메시지와 에러 메시지를 출력합니다.
19: folder_path 변수를 플래시 메모리 경로로 설정합니다.
22: 예외 처리를 사용하여 플래시 메모리 내용을 확인합니다.
23: os.listdir() 함수를 사용하여 folder_path의 내용을 가져와서 folder_contents 변수에 저장합니다.
24: "flash:"를 출력합니다.
26: 반복문을 사용하여 플래시 메모리 내의 각 항목을 출력합니다.
29: 예외가 발생하면 폴더를 열 수 없다는 메시지와 에러 메시지를 출력합니다.

[▶Start] 버튼을 클릭하여 코드를 실행합니다.

SD카드의 폴더 내용과, flash의 폴더 내용을 확인할 수 있습니다. flash는 [인공지능 카메라]의 내부 공간입니다.

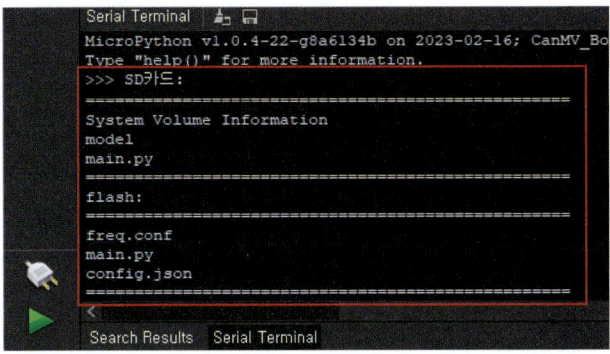

## 파일에 쓰기

SD카드에 test.txt 파일을 생성하고 글자를 쓰는 코드를 작성해봅니다.

3-1-2.파일 읽고 쓰기.py

```
01  import os
02
03  # 파일 이름 및 경로 설정
04  file_name ="test.txt"
05  file_path ="/sd/"+ file_name
06
07  content ="Everything will be fine"
08
09  with open(file_path, "w") as f:
10      f.write(content)
11
12  print("쓰기를 완료하였습니다")
```

코드 설명

07: content 변수에 문자열 "Everything will be fine"을 설정합니다.
09: with 문을 사용하여 파일을 열고 ("w" 모드로 열어서 쓰기 모드), 파일 객체를 f로 지정합니다.
10: 파일 객체 f를 사용하여 content 내용을 파일에 씁니다.

[▶Start] 버튼을 클릭하여 코드를 실행합니다.

sd카드에 text.txt 파일에 Everything will be fine의 내용으로 파일을 생성하고 작성하였습니다.

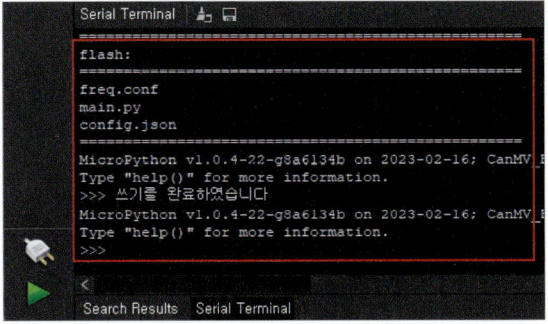

## 파일 내용 확인하기

sd카드의 test.txt 파일의 내용을 읽어 출력하는 코드를 작성해봅니다.

**3-1-3.파일 읽고 쓰기.py**

```python
01  import os
02
03  # 파일 이름 및 경로 설정
04  file_name ="test.txt"
05  file_path ="/sd/"+ file_name
06
07  # 파일 열기 및 내용 읽기
08  try:
09      with open(file_path, "r") as file:
10          file_contents =file.read()
11          print("파일 내용:")
12          print("="*50)
13          print(file_contents)
14          print("="*50)
15  except OSError as e:
16      print("파일을 열 수 없습니다.", e)
```

**코드 설명**

05: file_path 변수에 SD 카드 내의 파일 경로를 설정합니다. 즉, "/sd/test.txt"가 됩니다.
10: 파일 객체 file을 사용하여 파일 내용을 읽어와 file_contents 변수에 저장합니다.
13: 파일 내용을 출력합니다.

[▶Start] 버튼을 클릭하여 코드를 실행합니다.

sd카드에 text.txt 파일의 내용을 읽어 출력하였습니다.

```
Serial Terminal
=========================================
MicroPython v1.0.4-22-g8a6134b on 2023-02-16; CanMV_
Type "help()" for more information.
>>> 쓰기를 완료하였습니다
MicroPython v1.0.4-22-g8a6134b on 2023-02-16; CanMV_
Type "help()" for more information.
>>> 파일 내용:
=========================================
Everything will be fine
=========================================
MicroPython v1.0.4-22-g8a6134b on 2023-02-16; CanMV_
Type "help()" for more information.
>>>
<
Search Results    Serial Terminal
```

## 폴더 생성하고 확인하기

SD카드에 hello 폴더를 생성하는 코드를 작성합니다. 폴더를 생성하는 방법을 알아봅니다.

**3-1-4.파일 읽고 쓰기.py**

```python
01  import os
02
03  # 새로운 폴더 생성
04  folder_name ="hello"
05  folder_path ="/sd/"+ folder_name
06
07  try:
08      os.mkdir(folder_path)
09  except:
10      pass
11
12
13  # 폴더 내용 확인
14  folder_path ="/sd"
15
16  try:
17      folder_contents = os.listdir(folder_path)
18      print("SD카드:")
19      print("="*50)
20      for item in folder_contents:
21          print(item)
22      print("="*50)
23  except OSError as e:
24      print("폴더를 열 수 없습니다.", e)
```

**코드 설명**

04: folder_name 변수에 폴더 이름 "hello"를 설정합니다.
05: folder_path 변수에 SD 카드 내의 새 폴더 경로를 설정합니다. 즉, "/sd/hello"가 됩니다.
08: os.mkdir() 함수를 사용하여 folder_path 경로에 폴더를 생성합니다.

[▶Start] 버튼을 클릭하여 코드를 실행합니다.

sd카드에 hello 폴더가 생성되었습니다. 폴더를 생성하는 방법을 알아보았습니다.

# 03-2

# LCD에 출력하기

인공지능 카메라의 LCD에 글자, 이미지 등을 출력하는 방법에 대해서 알아봅니다.

## LCD에 글자 출력하기

LCD에 글자를 출력해봅니다. 다양한 위치에 글자를 출력합니다.

**3-2-1.LCD에 출력하기.py**

```python
01  import lcd, time
02
03  lcd.init()
04
05  lcd.clear(lcd.RED)
06
07  lcd.draw_string(30, 30, "hello", lcd.WHITE, lcd.RED)
08  time.sleep(1)
09
10  lcd.draw_string(30, 60, "daduino", lcd.WHITE, lcd.RED)
11  time.sleep(1)
12
13  lcd.rotation(3)
14  lcd.draw_string(30, 60, "good", lcd.WHITE, lcd.RED)
15  time.sleep(1)
```

**코드 설명**

**01:** lcd와 time 라이브러리를 가져옵니다.
**03:** LCD 디스플레이를 초기화합니다.
**05:** LCD 디스플레이를 빨간색으로 지웁니다.
**07:** (30, 30) 위치에 "hello"라는 흰색 텍스트를 빨간색 배경 위에 표시합니다.
**08:** 1초 동안 대기합니다.
**10:** (30, 60) 위치에 "daduino"라는 흰색 텍스트를 빨간색 배경 위에 표시합니다.
**11:** 1초 동안 대기합니다.
**13:** 디스플레이의 화면을 3번 회전시킵니다. (90도 반시계 방향 회전)
**14:** (30, 60) 위치에 "good"이라는 흰색 텍스트를 빨간색 배경 위에 표시합니다.
**15:** 1초 동안 대기합니다.

[▶Start] 버튼을 클릭하여 코드를 실행합니다. LCD에 글자를 출력하였습니다.

## 이미지 객체를 생성하고 글자 크기 변경하기

image 라이브러리를 이용해 이미지 객체를 생성하고 글자를 출력해봅니다. 이미지 객체를 생성하면 글자 크기, 색상 등 더 다양한 기능을 활용할 수 있습니다.

3-2-2.LCD에 출력하기.py

```python
import lcd, time
import image

lcd.init()

img = image.Image()

img.clear()

img.draw_string(30, 20, "hello",color=(0,255,0),scale=3)
img.draw_string(30, 60, "ai",color=(0,255,0),scale=2)
img.draw_string(30, 100, "happy",color=(0,255,0),scale=5)
lcd.display(img)
```

코드 설명

02: image 라이브러리를 가져옵니다.
04: LCD 디스플레이를 초기화합니다.
06: img 변수를 생성하고, 빈 이미지를 만듭니다.
08: 이미지를 지웁니다.
10: (30, 20) 위치에 "hello"라는 텍스트를 녹색 (RGB 값이 0, 255, 0)으로 표시하고 글자 크기를 3배로 확대합니다.
11: (30, 60) 위치에 "ai"라는 텍스트를 녹색으로 표시하고 글자 크기를 2배로 확대합니다.
12: (30, 100) 위치에 "happy"라는 텍스트를 녹색으로 표시하고 글자 크기를 5배로 확대합니다.
13: LCD 디스플레이에 이미지를 표시합니다.

[▶Start] 버튼을 클릭하여 코드를 실행합니다.

이미지 객체를 생성하고 다양한 기능을 추가할 수 있습니다. 글자의 크기를 변경하여 이미지에 글자를 그리고 출력하였습니다.

## 도형 그리기

이미지 객체를 이용하여 도형을 그리는 방법을 알아봅니다.

### 3-2-3.LCD에 출력하기.py

```
01   import lcd, time
02   import image
03
04   lcd.init()
05
06   img = image.Image()
07
08   img.clear()
09
10   img.draw_rectangle((0,0,50,50), fill=True, color=(30,255,30))
11   img.draw_string(60, 100, "hello", scale=4)
12   img.draw_rectangle((120,120,30,30))
13   img.draw_circle((150,140, 80))
14   img.draw_cross((200,40))
15   img.draw_arrow((200,200,20,200), color=(236,36,36))
16   lcd.display(img)
```

### 코드 설명

**10:** (0, 0)부터 (50, 50)까지의 사각형을 그리고, 내부를 채우며 녹색(RGB 값이 30, 255, 30)으로 채웁니다.
**11:** (60, 100) 위치에 "hello"라는 텍스트를 글자 크기를 4배로 표시합니다.
**12:** (120, 120) 위치에서 시작하는 크기가 30x30인 사각형을 그립니다.
**13:** (150, 140)을 중심으로 반지름이 80인 원을 그립니다.
**14:** (200, 40)에 십자가를 그립니다.
**15:** (200, 200)을 시작으로 길이가 200인 화살표를 그리고 빨간색으로 표시합니다.
**16:** LCD 디스플레이에 이미지를 표시합니다.

[▶Start] 버튼을 클릭하여 코드를 실행합니다.

이미지 객체에서는 도형을 그리는 기능을 제공합니다. 기능을 이용하여 도형을 그리고 LCD에 출력하였습니다.

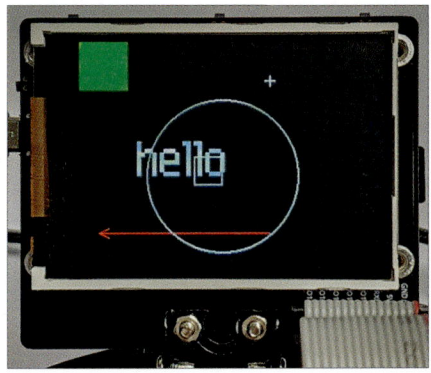

## 한글 출력하기

한글을 출력하기 위해서는 폰트가 SD카드 상에 있어야 합니다.

제공자료는 책 전용 게시판 또는 저자가 운영하는 블로그에서 다운로드 받을 수 있습니다.

- 앤써북 이 책의 전용 게시판 : https://cafe.naver.com/answerbook/6497
- 저자가 운영하는 블로그 https://munjjac.tistory.com/14

인공지능 카메라의 SD를 제거한다음 USB리더기를 이용해 PC와 연결합니다.

제공자료에서 [SD카드] 폴더의 font 폴더를 SD카드에 복사합니다.

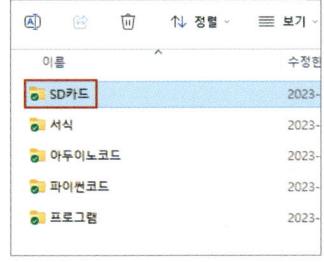

[font] 폴더를 복사합니다.

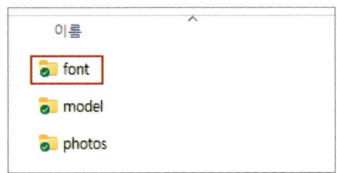

SD카드에 font 폴더를 복사합니다.

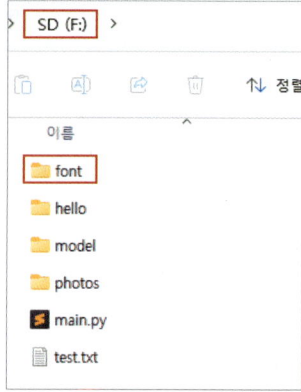

font 폴더에 아래와 같은 폰트가 복사되어 있어야 한글의 출력이 가능합니다.

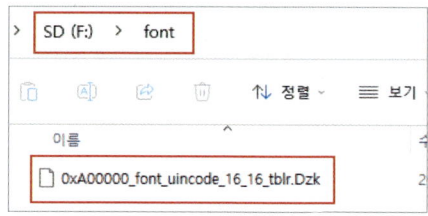

폰트를 불러와 한글을 출력하는 코드를 만들어봅니다.

### 3-2-4.LCD에 출력하기.py

```python
import lcd, time
import image

lcd.init()

img = image.Image()

img.clear()

image.font_load(image.UTF8, 16, 16, '/sd/font/0xA00000_font_uincode_16_16_tblr.Dzk')

img.draw_string(20, 30, b'hello', scale=1, color=(255,255,255), x_spacing=2, mono_space=0)

img.draw_string(20, 60, b'안녕하세요.', scale=1.2, color=(255,255,0), x_spacing=2, mono_space=1)

image.font_free()

lcd.display(img)
```

| 코드 설명 |
| --- |
| 10: /sd/font/0xA00000_font_uincode_16_16_tblr.Dzk 경로의 폰트 파일을 로드합니다. 이 폰트는 유니코드 16x16 글자를 지원합니다.
12: (20, 30) 위치에 "hello"라는 텍스트를 흰색 (RGB 값이 255, 255, 255)으로 표시하고 글자 크기를 1배로 표시합니다. 글자 사이 간격을 2로 설정하며, 모노 스페이스 글꼴이 아님을 지정합니다.
14: (20, 60) 위치에 "안녕하세요."라는 한글 텍스트를 노란색 (RGB 값이 255, 255, 0)으로 표시하고 글자 크기를 1.2배로 표시합니다. 글자 사이 간격을 2로 설정하며, 모노 스페이스 글꼴임을 지정합니다. |

[▶Start] 버튼을 클릭하여 코드를 실행합니다.

영어와 한글을 출력하였습니다. 이 폰트는 유니코드 16x16 글자를 지원합니다

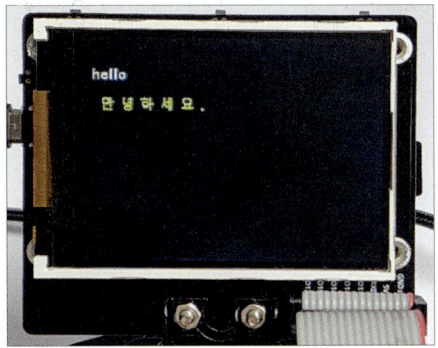

## 사진 출력하기

사진을 출력하기 위해서는 sd카드에 photos 폴더에 사진들이 복사되어 있어야 합니다.

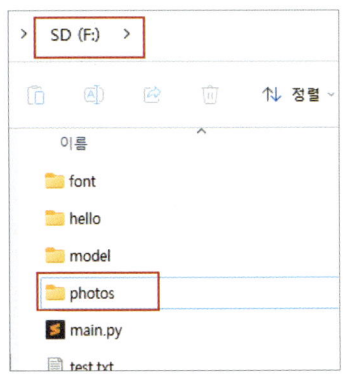

sd카드의 photos 폴더에 아래와 같이 p1.jpg, p2.jpg, p3.jpg 사진파일이 있습니다.

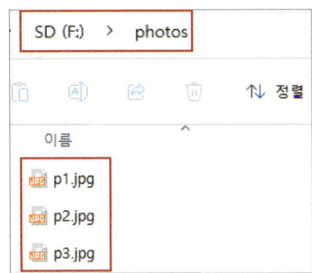

사진의 크기는 320x240픽셀입니다. 사진 사이즈를 인공지능 카메라에서 변경할 경우 메모리 부족으로 인해 변경되지 않습니다. 사진 사이즈는 윈도우에서 변경한 다음 SD카드에 넣어줍니다.

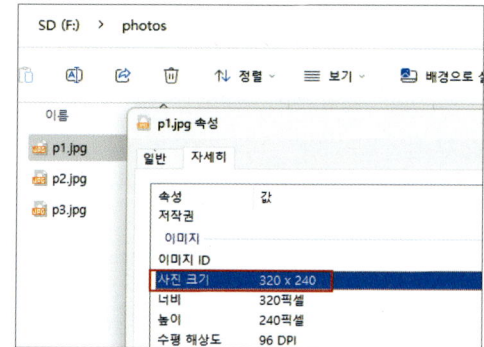

[알씨] 등 이미지 뷰어에서 이미지 크기 변경하기를 통해 이미지의 크기를 변경할 수 있습니다.

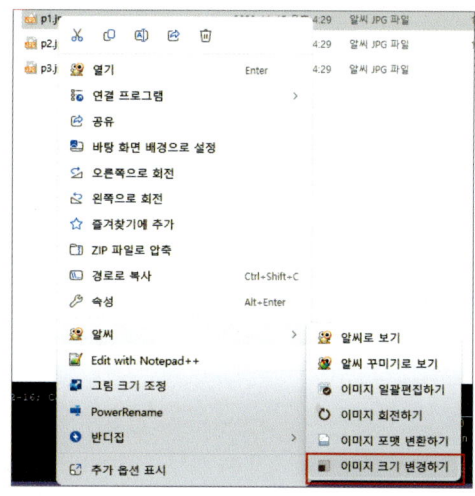

이미지의 크기를 320x240픽셀로 조절합니다.

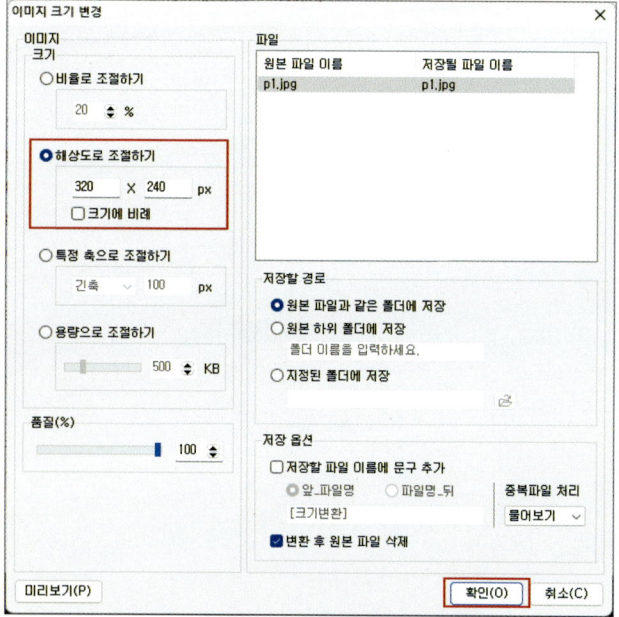

LCD에 이미지를 출력하는 코드를 작성합니다.

### 3-2-5.LCD에 출력하기.py

```
01    import lcd, time
02    import image
03
04    lcd.init()
05
06    img = image.Image()
07
08    img.clear()
09
10    img.draw_image(image.Image("/sd/photos/p1.jpg"), 0, 0)
11
12    lcd.display(img)
```

### 코드 설명

**10:** /sd/photos/p1.jpg 경로에서 이미지를 로드하고 (0, 0) 위치에 해당 이미지를 표시합니다.
**12:** LCD 디스플레이에 이미지를 표시합니다.

[▶Start] 버튼을 클릭하여 코드를 실행합니다.

이미지가 LCD에 출력되었습니다.

## 전자액자 만들기

전자액자를 만들기 위해서 sd카드의 photos 폴더에 이미지들이 저장되어 있어야 합니다.

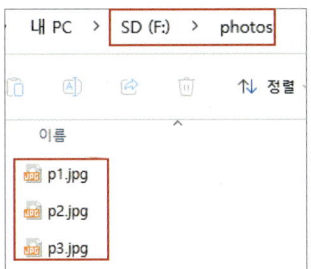

sd카드의 photos 폴더의 이미지들을 순차적으로 LCD에 출력하여 전자액자를 만들어봅니다.

**3-2-6.LCD에 출력하기.py**

```python
import lcd, time
import image
import os

lcd.init()
img = image.Image()
img.clear()

# 폴더 경로 설정
folder_path ="/sd/photos"
folder_contents = os.listdir(folder_path)

while True:
  for item in folder_contents:
      print(item)

      img.draw_image(image.Image(folder_path +"/"+item), 0, 0)
      lcd.display(img)

      time.sleep(5.0)
```

**코드 설명**

**10**: 이미지 파일들이 있는 폴더 경로를 설정합니다.
**11**: 폴더 내의 모든 항목을 리스트로 가져옵니다.
**13**: 무한 루프를 시작합니다.
**14**: 폴더 내의 모든 항목을 반복하면서 처리합니다.
**15**: 각 항목을 출력합니다.
**17**: 현재 항목에 대한 이미지를 읽어와서 화면에 그립니다.
**18**: LCD에 이미지를 표시합니다.
**19**: 5초 동안 대기합니다. (time.sleep(5.0))

[▶Start] 버튼을 클릭하여 코드를 실행합니다.

5초마다 sd카드의 photos 폴더의 이미지들을 한 장씩 보여줍니다. 전자액자를 완성하였습니다.

## 03-3

# 카메라 영상받기

인공지능 카메라의 영상을 받아 출력하는 코드를 만들어봅니다.

## 카메라 영상 받기

카메라의 영상을 받아 출력하는 코드를 작성해봅니다. 출력의 결과는 LCD와 CanMV IDE에 표시됩니다.

3-3-1.카메라 영상받기.py

```python
import sensor, lcd
import time

try:
    sensor.reset()
except Exception as e:
    raise Exception("센서에러: {}".format(e))

sensor.set_pixformat(sensor.RGB565)
sensor.set_framesize(sensor.QVGA)
sensor.run(1)
sensor.skip_frames()
lcd.init(freq=15000000)
fps_clock = time.clock()

while(True):
    fps_clock.tick()
    lcd.display(sensor.snapshot())
    print(fps_clock.fps())
```

| 코드 설명 |
|---|
| 01: sensor와 lcd 라이브러리를 가져옵니다.<br>02: time 라이브러리를 가져옵니다.<br>04: try 블록을 시작합니다.<br>05: 센서를 재설정합니다.<br>06: 예외가 발생하면 해당 예외를 출력합니다.<br>09: 센서의 이미지 포맷을 RGB565로 설정합니다.<br>10: 센서의 프레임 크기를 QVGA로 설정합니다.<br>11: 센서를 실행합니다.<br>12: 첫 번째 프레임을 건너뜁니다.<br>13: LCD 초기화를 수행하며 주파수를 15000000으로 설정합니다.<br>14: FPS(프레임 속도)를 계산하기 위한 fps_clock를 초기화합니다.<br>16: 무한 루프를 시작합니다.<br>17: fps_clock를 사용하여 프레임 속도를 측정합니다.<br>18: 센서에서 스냅샷을 캡처하고 LCD 화면에 표시합니다.<br>19: 현재 프레임 속도를 출력합니다. |

[▶Start] 버튼을 클릭하여 코드를 실행합니다.

이미지가 출력되었으나 뒤집혀서 출력되었습니다. 카메라가 물리적으로 반대로 연결되어 있어 영상이 반대로 나옵니다. 소프트웨어로 이미지를 뒤집을 수 있으니 걱정하지 않아도 됩니다. 터미널에는 출력되는 프레임이 표시됩니다.

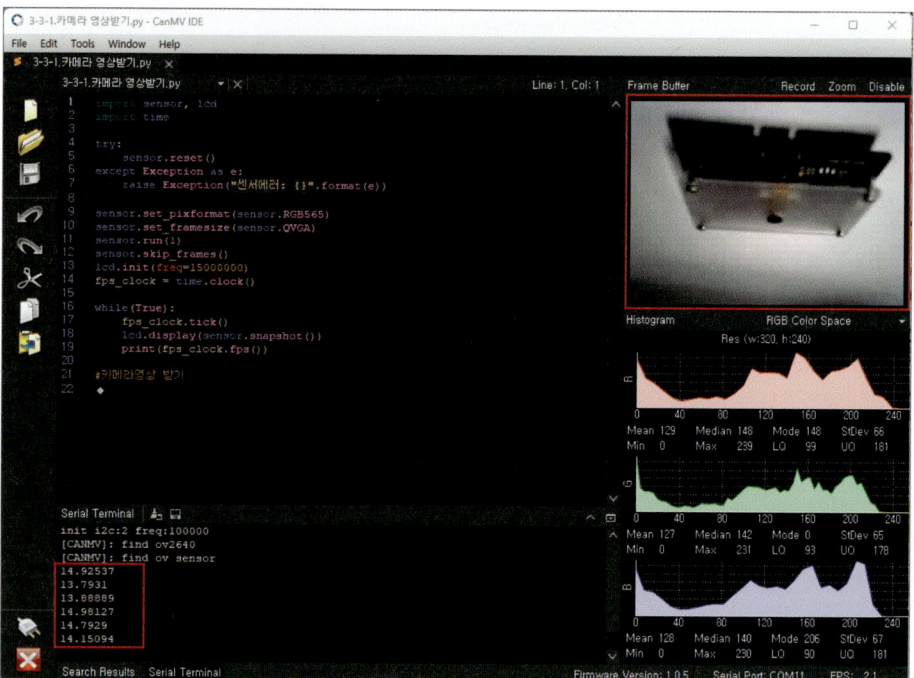

LCD에도 카메라의 영상이 보여집니다.

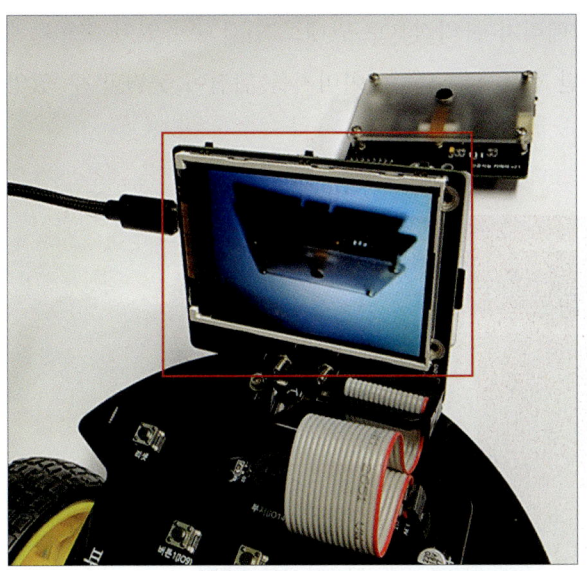

## 카메라 영상 뒤집기

카메라의 영상을 뒤집어 정상적으로 보여주는 코드를 만들어봅니다.

3-3-2.카메라 영상받기.py

```python
import sensor, lcd
import time

try:
    sensor.reset()
except Exception as e:
    raise Exception("센서에러: {}".format(e))
sensor.set_vflip(1)
sensor.set_pixformat(sensor.RGB565)
sensor.set_framesize(sensor.QVGA)
sensor.run(1)
sensor.skip_frames()
lcd.init(freq=15000000)
fps_clock = time.clock()

while(True):
    fps_clock.tick()
    lcd.display(sensor.snapshot())
    print(fps_clock.fps())
```

코드 설명

**08**: 센서의 수직 뒤집기 설정을 활성화합니다.

[▶Start] 버튼을 클릭하여 코드를 실행합니다.

카메라의 영상이 보이는대로 출력되었습니다. 카메라가 물리적으로 반대로 연결되어 있어 소프트웨어로 뒤집어야 정상적인 이미지로 출력됩니다. 단 한 줄의 코드로 이미지를 뒤집어 출력할 수 있었습니다.

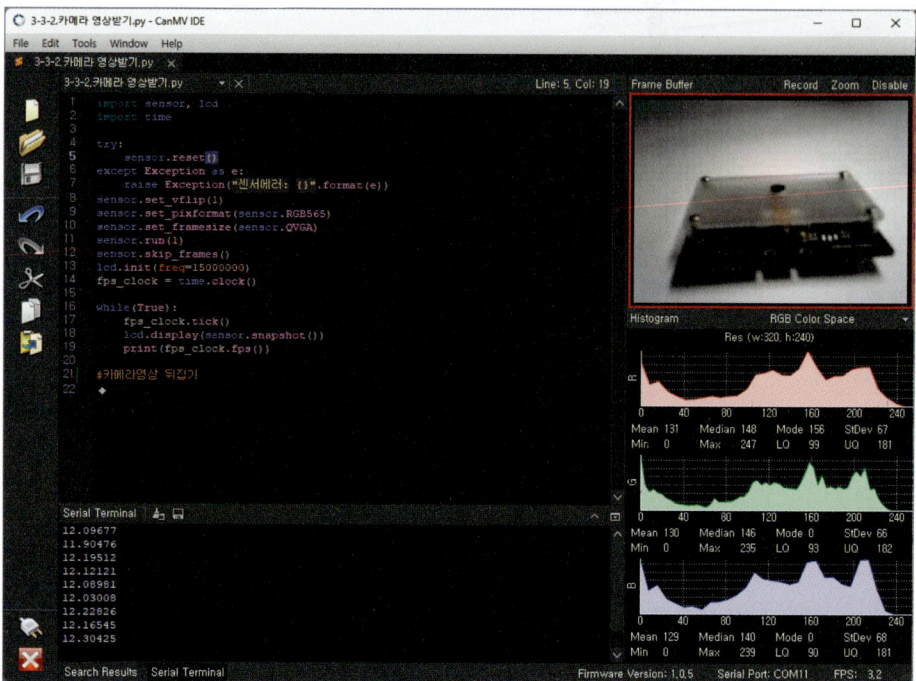

## LCD에 FPS 표시하기

LCD에 카메라 영상의 프레임 수를 표시하는 코드를 작성합니다.

3-3-2.카메라 영상받기.py

```
01  import sensor, lcd
02  import time
03
04  try:
05      sensor.reset()
06  except Exception as e:
07      raise Exception("센서에러: {}".format(e))
08  sensor.set_vflip(1)
09  sensor.set_pixformat(sensor.RGB565)
10  sensor.set_framesize(sensor.QVGA)
11  sensor.run(1)
12  sensor.skip_frames()
13  lcd.init(freq=15000000)
14  fps_clock = time.clock()
```

```
15
16      fps_string ="0"
17      while(True):
18          fps_clock.tick()
19          img = sensor.snapshot()
20          img.draw_rectangle(0,210,100,30, color=(0, 255, 0), fill=True)
21          img.draw_string(5, 215, fps_string,color=(0,0,0),scale=1.5)
22          lcd.display(img)
23          fps_string =str(fps_clock.fps())
```

> **코드 설명**
>
> **18**: fps_clock를 사용하여 프레임 속도를 측정합니다.
> **20**: 이미지에 초록색 사각형을 그립니다.
> **21**: 이미지에 FPS 문자열을 그립니다

[▶Start] 버튼을 클릭하여 코드를 실행합니다.

카메라로 영상을 받고 이미지에 글자를 추가적으로 작성하여 LCD에 출력하였습니다. 받은 이미지를 수정하거나 글자, 도형 등의 추가가 가능합니다.

## 버튼을 누르면 사진 저장하기

버튼을 누르면 SD카드의 myphoto 폴더에 사진을 저장하는 코드를 만들어봅니다.

> **3-3-4.카메라 영상받기.py**

```
01    import sensor, lcd
02    import time
03    from maix import GPIO
04    from fpioa_manager import fm
05    import os
06
07    #카메라, LCD초기화
```

```
08    try:
09        sensor.reset()
10    except Exception as e:
11        raise Exception("센서에러: {}".format(e))
12    sensor.set_vflip(1)
13    sensor.set_pixformat(sensor.RGB565)
14    sensor.set_framesize(sensor.QVGA)
15    sensor.run(1)
16    sensor.skip_frames()
17    lcd.init(freq=15000000)
18    fps_clock = time.clock()
19
20    #폴더 생성
21    folder_path ="/sd/myphoto"
22    try:
23        os.mkdir(folder_path)
24    except:
25        pass
26
27    #버튼초기화
28    fm.register(12, fm.fpioa.GPIO0, force=True)
29
30    button = GPIO(GPIO.GPIO0, GPIO.IN, GPIO.PULL_UP)
31
32    cnt =0
33    while(True):
34        img = sensor.snapshot()
35
36        if button.value() ==0:
37            img.save(folder_path+"/"+str(cnt)+".jpg")
38            cnt = cnt +1
39            img.draw_string(50, 120, "save picture",color=(0,255,0),scale=3)
40            lcd.display(img)
41            time.sleep(2.0)
42        lcd.display(img)
43
44    #버튼을 누르면 사진 저장하기
```

### 코드 설명

**36**: 버튼이 눌렸을 때, 이미지를 저장하고 번호를 증가시킵니다.
**37**: 이미지를 지정된 경로에 저장합니다.
**39**: 이미지에 "save picture" 메시지를 그립니다.

[▶Start] 버튼을 클릭하여 코드를 실행합니다.

버튼2(IO12) 버튼을 누르면 사진이 저장됩니다. LCD에 save picture 문구가 2초동안 표시되고 sd 카드의 myphoto 폴더에 cnt변수의 0.jpg부터 숫자가 늘어나면서 저장됩니다.

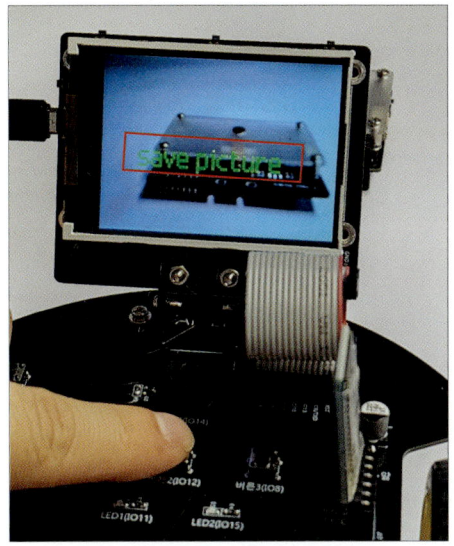

## 저장된 사진 확인하기

저장된 사진을 확인하는 코드를 작성합니다. 버튼1(IO9)를 누르면 이전 사진을 보여주고 버튼3(IO8)을 누르면 다음 사진을 보여줍니다.

### 3-3-5.카메라 영상받기.py

```
01   import lcd, time
02   import image
03   import os
04   from maix import GPIO
05   from fpioa_manager import fm
06
07   lcd.init()
08   img = image.Image()
09   img.clear()
10
11
12   # 폴더 경로 설정
13   folder_path ="/sd/myphoto"
14   folder_contents = os.listdir(folder_path)
15   print("="*50)
16   print(folder_contents)
17   print("="*50)
18
```

```
19    #버튼초기화
20    fm.register(9, fm.fpioa.GPIO0, force=True)
21    fm.register(8, fm.fpioa.GPIO2, force=True)
22
23    button_left = GPIO(GPIO.GPIO0, GPIO.IN, GPIO.PULL_UP)
24    button_right = GPIO(GPIO.GPIO2, GPIO.IN, GPIO.PULL_UP)
25
26
27    img.draw_image(image.Image(folder_path +"/"+ folder_contents[0]), 0, 0)
28    img.draw_string(10, 10, str(folder_contents[0]),color=(0,255,0),scale=1)
29    lcd.display(img)
30
31    pic_number =0
32    max_length =len(folder_contents)
33    while(True):
34        if button_left.value() ==0:
35            if pic_number >0:
36                pic_number = pic_number -1
37                img.draw_image(image.Image(folder_path +"/"+ folder_contents[pic_number]), 0, 0)
38                img.draw_string(10, 10, str(folder_contents[pic_number]),color=(0,255,0),scale=1)
39                lcd.display(img)
40        if button_right.value() ==0:
41            if pic_number < max_length-1:
42                pic_number = pic_number +1
43                img.draw_image(image.Image(folder_path +"/"+ folder_contents[pic_number]), 0, 0)
44                img.draw_string(10, 10, str(folder_contents[pic_number]),color=(0,255,0),scale=1)
45                lcd.display(img)
46
47    #저장된 사진 확인하기
```

> **코드 설명**
>
> **34**: 좌측 버튼이 눌렸을 때, 이전 이미지를 표시합니다.
> **40**: 우측 버튼이 눌렸을 때, 다음 이미지를 표시합니다.

[▶Start] 버튼을 클릭하여 코드를 실행합니다.

sd카드의 myphoto 폴더에 저장된 사진들의 이름을 확인할 수 있습니다.

```
Serial Terminal
    File "<stdin>", line 40, in <module>
Exception: IDE interrupt
MicroPython v1.0.4-22-g8a6134b on 2023-02-16; CanMV_Board with kendryte-
Type "help()" for more information.
>>> free 0 kpu model buffer
>>>
=============================================
['0.jpg', '1.jpg', '2.jpg', '3.jpg', '4.jpg', '5.jpg']
=============================================
```

버튼1(IO9)는 왼쪽 버튼, 버튼3(IO8)은 오른쪽 버튼입니다. 왼쪽 오른쪽 버튼을 눌러 사진을 변경할 수 있습니다.

# CHAPTER 04

# 영상 처리하기

## 04-1

# 색상 검출하기

카메라로 촬영되는 이미지에서 색상을 검출하는 방법을 알아봅니다.

## 색상 검출하기

빨간색, 녹색, 파란색의 임계값을 설정하고 이미지에서 그 임계값을 넘었을 경우에 터미널에 찾아 출력하는 코드를 작성합니다.

**4-1-1.색상 검출하기.py**

```
01    import sensor, image, time
02    import lcd
03
04    thresholds = [(30, 100, 15, 127, 15, 127), # 일반적인_빨간색_임계값
05                  (0, 80, -70, -10, -0, 30), # 일반적인_녹색_임계값
06                  (0, 30, 0, 64, -128, -20)] # 일반적인_파란색_임계값
07
08    #카메라 초기화
09    sensor.reset()
10    sensor.set_vflip(1)
11    sensor.set_pixformat(sensor.RGB565)
12    sensor.set_framesize(sensor.QVGA)
13    sensor.skip_frames(time =2000)
14
15    # LCD 디스플레이 초기화
16    lcd.init()
17
18    while(True):
19        img = sensor.snapshot()
20        for blob in img.find_blobs(thresholds, pixels_threshold=100, area_threshold=100, merge=True):
21            print(blob)
22        lcd.display(img)
```

**코드 설명**

**04**: 세 가지 색상 (빨간색, 녹색, 파란색)에 대한 임계값을 설정합니다.
**20**: 이미지에서 설정된 임계값을 사용하여 물체 덩어리 (blob)를 찾습니다. 이때, 픽셀 수와 면적에 대한 임계값도 설정됩니다.
**21**: 감지된 물체 덩어리 정보를 출력합니다.

[▶Start] 버튼을 클릭하여 코드를 실행합니다.

빨간색을 검출하였습니다. 터미널 영역에 검출된 내용의 출력이 되었습니다.

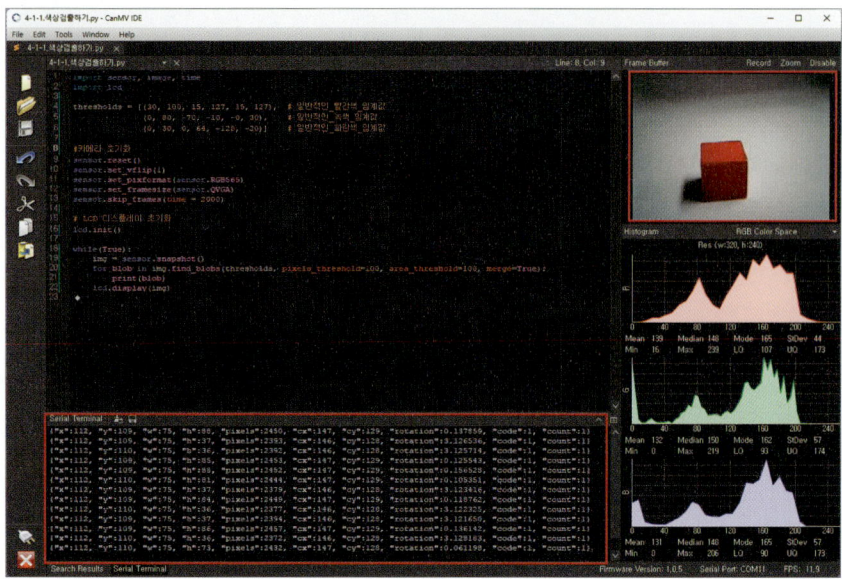

찾은 객체의 x,y는 시작 좌표이고 w,h는 너비 높이로 크기입니다. cx,cy는 중심점의 좌표입니다. code:1 은빨간색입니다. code:2는 녹색, code:4는 파란색입니다.

{"x":136, "y":112, "w":79, "h":38, "pixels":2510, "cx":172, "cy":131, "rotation":0.013413, "code":1, "count":1}

녹색을 찾았을 때 출력되는 결과입니다.

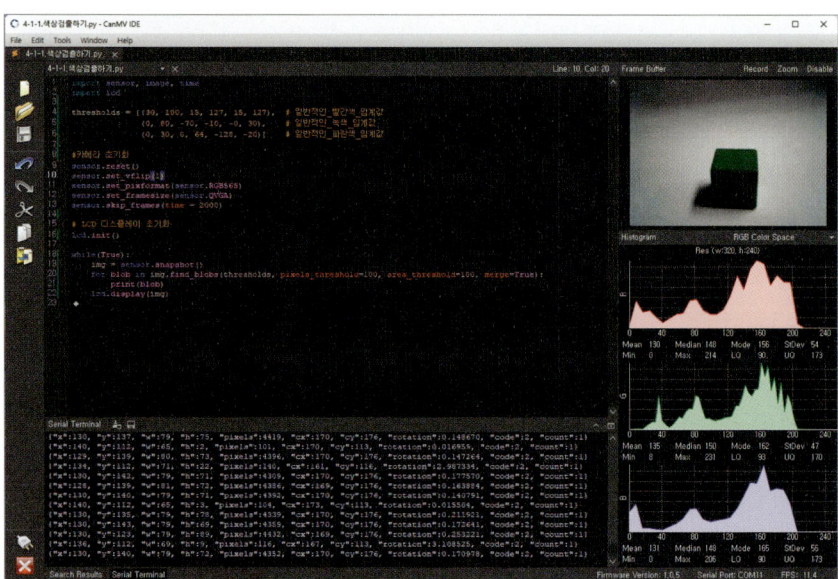

{"x":130, "y":129, "w":79, "h":83, "pixels":4440, "cx":169, "cy":176, "rotation":0.207490, "code":2, "count":1}

파란색을 찾았을 때 출력되는 결과입니다.

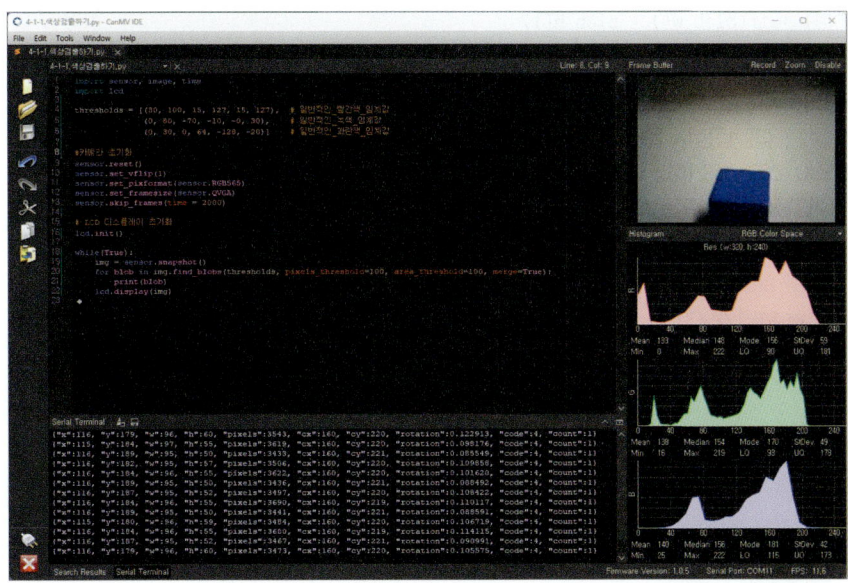

{"x":114, "y":179, "w":97, "h":60, "pixels":3473, "cx":160, "cy":220, "rotation":0.101464, "code":4, "count":1}

## 찾은 색상에 네모 표시하고 면적구하기

임계값을 넘어서 찾은 값에 네모 표시를 하고 면적을 구하는 코드를 작성합니다.

#### 4-1-2.색상 검출하기.py

```
01  import sensor, image, time
02  import lcd
03
04  thresholds = [(30, 100, 15, 127, 15, 127), # 일반적인_빨간색_임계값
05                (0, 80, -70, -10, -0, 30), # 일반적인_녹색_임계값
06                (0, 30, 0, 64, -128, -20)] # 일반적인_파란색_임계값
07
08  #카메라 초기화
09  sensor.reset()
10  sensor.set_vflip(1)
11  sensor.set_pixformat(sensor.RGB565)
12  sensor.set_framesize(sensor.QVGA)
13  sensor.skip_frames(time =2000)
14
15  # LCD 디스플레이 초기화
16  lcd.init()
17
18  while(True):
19      img = sensor.snapshot()
20      for blob in img.find_blobs(thresholds, pixels_threshold=100, area_threshold=100, merge=True):
21          img.draw_rectangle(blob.rect())
```

```
22            img.draw_cross(blob.cx(), blob.cy())
23            print( "면적:"+str(blob.w() * blob.h()) )
24     lcd.display(img)
```

> **코드 설명**
>
> **20**: 이미지에서 설정된 임계값을 사용하여 물체 덩어리 (blob)를 찾습니다. 이때, 픽셀 수와 면적에 대한 임계값도 설정됩니다.
> **21**: 감지된 물체 덩어리 주위에 사각형을 그립니다.
> **22**: 감지된 물체 덩어리의 중심에 십자가를 그립니다.
> **23**: 감지된 물체 덩어리의 면적을 출력합니다.

[▶Start] 버튼을 클릭하여 코드를 실행합니다.

찾은 색상에 네모 표시를 하였습니다. 손가락 등을 비추어보면 다른 색상으로 검출되는 것을 확인할 수 있습니다. 빛 때문에 카메라가 다른색상으로 인식하는 것입니다.

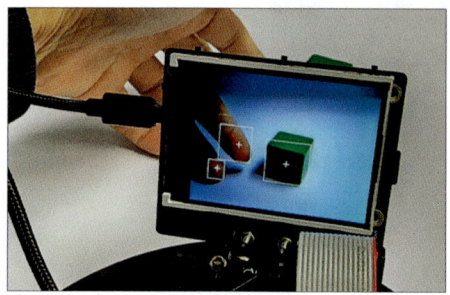

찾은 색상의 면적을 구해 출력하였습니다.

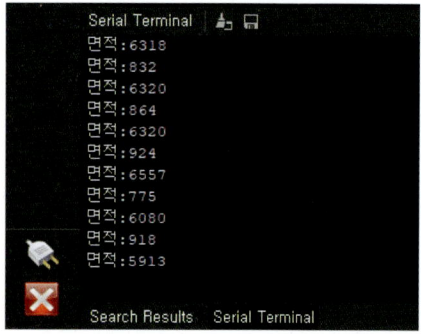

## 크기가 큰 경우만 색상 찾아 표시하기

찾은 물체의 크기에 대한 조건을 설정하여 일정크기 이상일때만 표시하는 코드를 작성합니다.

> **4-1-3.색상 검출하기.py**

```
01   import sensor, image, time
02   import lcd
03
04   thresholds = [(30, 100, 15, 127, 15, 127), # 일반적인_빨간색_임계값
```

```
05                (0, 80, -70, -10, -0, 30),   # 일반적인_녹색_임계값
06                (0, 30, 0, 64, -128, -20)]   # 일반적인_파란색_임계값
07
08    #카메라 초기화
09    sensor.reset()
10    sensor.set_vflip(1)
11    sensor.set_pixformat(sensor.RGB565)
12    sensor.set_framesize(sensor.QVGA)
13    sensor.skip_frames(time =2000)
14
15    # LCD 디스플레이 초기화
16    lcd.init()
17
18    while(True):
19        img = sensor.snapshot()
20        for blob in img.find_blobs(thresholds, pixels_threshold=100, area_threshold=100, merge=True):
21            if (blob.w() * blob.h()) >=500:  #면적이 500이상일때만
22                if blob.code() ==1: # 빨간색 코드 1
23                    img.draw_rectangle(blob.rect())
24                    img.draw_cross(blob.cx(), blob.cy())
25                    img.draw_string(blob.x() +2, blob.y() +2, "red")
26                elif blob.code() ==2: # 녹색 코드 2
27                    img.draw_rectangle(blob.rect())
28                    img.draw_cross(blob.cx(), blob.cy())
29                    img.draw_string(blob.x() +2, blob.y() +2, "green")
30                elif blob.code() ==4 : # 파란색 코드 4
31                    img.draw_rectangle(blob.rect())
32                    img.draw_cross(blob.cx(), blob.cy())
33                    img.draw_string(blob.x() +2, blob.y() +2, "blue")
34        lcd.display(img)
```

### 코드 설명

**21**   : 물체 덩어리의 면적이 500 이상인 경우에만 아래 코드를 실행합니다.
**22~34** : 물체 덩어리의 코드에 따라 빨간색, 녹색 또는 파란색으로 판별하고, 해당 색상에 맞추어 물체 주위에 사각형과 십자가를 그리고 물체의 위치에 색상 정보를 출력합니다.

[▶Start] 버튼을 클릭하여 코드를 실행합니다. 면적이 500이상인 경우에만 네모 표시를 하였고 찾은 객체에 red, blue, green으로 글자로 표시하였습니다.

## 04-2

# 빨간색을 따라가는 자동차 만들기

빨간색을 찾아 따라가는 자동차를 만들어봅니다.

## 빨간색을 찾아 정보 출력하기

빨간색만 찾아 그 정보를 출력하는 코드를 만들어봅니다.

4-2-1.빨간색을 따라가는 자동차 만들기.py

```python
01  import sensor, image, time
02  import lcd
03
04  thresholds = [(30, 100, 15, 127, 15, 127), # 일반적인_빨간색_임계값
05                (0, 80, -70, -10, -0, 30), # 일반적인_녹색_임계값
06                (0, 30, 0, 64, -128, -20)] # 일반적인_파란색_임계값
07
08  #카메라 초기화
09  sensor.reset()
10  sensor.set_vflip(1)
11  sensor.set_pixformat(sensor.RGB565)
12  sensor.set_framesize(sensor.QVGA)
13  sensor.skip_frames(time =2000)
14
15  # LCD 디스플레이 초기화
16  lcd.init()
17
18  while(True):
19      img = sensor.snapshot()
20      for blob in img.find_blobs(thresholds, pixels_threshold=100, area_threshold=100, merge=True):
21          if blob.code() ==1: # 빨간색 코드 1
22              img.draw_rectangle(blob.rect())
23              size = blob.w() * blob.h()
24              print("cx:{}, cy:{}, size:{}".format(blob.cx(),blob.cy(),size))
25      lcd.display(img)
```

| 코드 설명 |
| --- |
| 04 : 빨간색 물체에 대한 임계값을 설정합니다. |
| 20 : 이미지에서 설정된 임계값을 사용하여 빨간색 물체 덩어리 (blob)를 찾습니다. 이때, 픽셀 수와 면적에 대한 임계값도 설정됩니다. |
| 21~24 : 빨간색 물체 덩어리의 위치를 사각형으로 표시하고, 물체의 중심 좌표와 면적을 출력합니다. |

[▶Start] 버튼을 클릭하여 코드를 실행합니다.

빨간색의 객체를 검출하였습니다.

중심점의 x,y 좌표와 찾은 빨간색 물체의 크기에 대한 정보를 출력하였습니다.

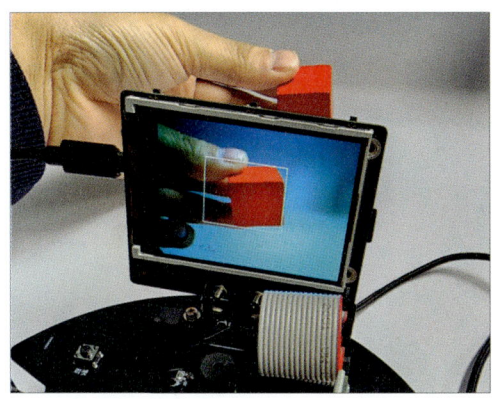

## 빨간색의 정보를 바탕으로 이동 방향 결정하기

가로 320픽셀, 세로 240픽셀의 카메라를 이용하여 영상을 받고 있습니다. 가로축의 중심인 170픽셀을 기준으로 +-20픽셀의 여유를 주고 150픽셀보다 작으면 왼쪽으로 이동하고 190픽셀보다 크면 오른쪽으로 이동하는 방향을 결정하는 조건식을 만들어 봅니다. 또한 세로 240픽셀에서 120픽셀보다 작으면 차량을 직진하도록 합니다. 찾은 객체의 중심인 cx, cy값을 토대로 자동차의 이동 방향을 결정하는 코드를 만들어봅니다.

## 4-2-2. 빨간색을 따라가는 자동차 만들기.py

```python
01   import sensor, image, time
02   import lcd
03
04   thresholds = [(30, 100, 15, 127, 15, 127), # 일반적인_빨간색_임계값
05                 (0, 80, -70, -10, -0, 30), # 일반적인_녹색_임계값
06                 (0, 30, 0, 64, -128, -20)] # 일반적인_파란색_임계값
07
08   #카메라 초기화
09   sensor.reset()
10   sensor.set_vflip(1)
11   sensor.set_pixformat(sensor.RGB565)
12   sensor.set_framesize(sensor.QVGA)
13   sensor.skip_frames(time =2000)
14
15   # LCD 디스플레이 초기화
16   lcd.init()
17
18   while(True):
19       img = sensor.snapshot()
20       for blob in img.find_blobs(thresholds, pixels_threshold=100, area_threshold=100, merge=True):
21           if blob.code() ==1: # 빨간색 코드 1
22               size = blob.w() * blob.h()
23               if size >=500:
24                   img.draw_rectangle(blob.rect())
25                   if blob.cx() <150:
26                       print("왼쪽")
27                   elif blob.cx() >190:
28                       print("오른쪽")
29                   elif blob.cy() <120:
30                       print("직진")
31       lcd.display(img)
```

### 코드 설명

**21~23** : 빨간색 물체 덩어리의 크기를 계산하고, 크기가 500 이상인 경우에만 아래 코드를 실행합니다.
**24** : 빨간색 물체 덩어리 주위에 사각형을 그립니다.
**25~28** : 물체 덩어리의 중심 좌표를 기반으로 물체의 방향을 판별하여 출력합니다.
**29~30** : 중심 좌표를 기반으로 물체의 방향을 판별하여 출력합니다.

[▶Start] 버튼을 클릭하여 코드를 실행합니다.

카메라에 빨간색 물체를 가져다 대어 자동차의 이동 방향이 올바르게 출력되는지 확인해봅니다.

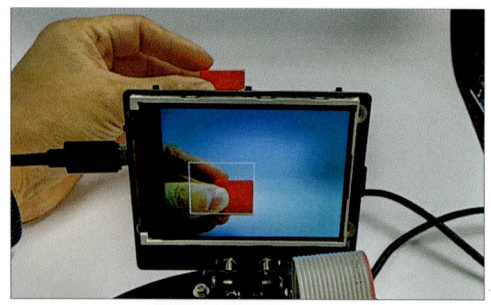

터미널에 이동 방향이 출력되었습니다.

## 빨간색으로 이동하는 자동차 만들기 완성

모터를 구동하는 코드를 추가하여 자동차를 움직여 빨간색을 따라가는 자동차를 완성합니다.

### 4-2-3.빨간색을 따라가는 자동차 만들기.py

```
01  import sensor, image, time
02  import lcd
03  import time
04  from maix import GPIO
05  from fpioa_manager import fm
06  from board import board_info
07  from machine import Timer, PWM
08
09  thresholds = [(30, 100, 15, 127, 15, 127), # 일반적인_빨간색_임계값
10                (0, 80, -70, -10, -0, 30), # 일반적인_녹색_임계값
11                (0, 30, 0, 64, -128, -20)] # 일반적인_파란색_임계값
12
13  #카메라 초기화
14  sensor.reset()
15  sensor.set_vflip(1)
16  sensor.set_pixformat(sensor.RGB565)
17  sensor.set_framesize(sensor.QVGA)
18  sensor.skip_frames(time =2000)
19
20  # LCD 디스플레이 초기화
21  lcd.init()
22
23  #모터제어핀 초기화
24  tim0 = Timer(Timer.TIMER0, Timer.CHANNEL0, mode=Timer.MODE_PWM)
25  tim1 = Timer(Timer.TIMER0, Timer.CHANNEL1, mode=Timer.MODE_PWM)
26  tim2 = Timer(Timer.TIMER0, Timer.CHANNEL2, mode=Timer.MODE_PWM)
27  tim3 = Timer(Timer.TIMER0, Timer.CHANNEL3, mode=Timer.MODE_PWM)
28
29  left_ia = PWM(tim0, freq=2000, duty=0, pin=13)
30  left_ib = PWM(tim1, freq=2000, duty=0, pin=19)
31  right_ia = PWM(tim2, freq=2000, duty=0, pin=10)
32  right_ib = PWM(tim3, freq=2000, duty=0, pin=17)
33
```

```python
34  def car_go(speed):
35      left_ia.duty(0)
36      left_ib.duty(speed)
37      right_ia.duty(speed)
38      right_ib.duty(0)
39  
40  def car_back(speed):
41      left_ia.duty(speed)
42      left_ib.duty(0)
43      right_ia.duty(0)
44      right_ib.duty(speed)
45  
46  def car_left(speed):
47      left_ia.duty(speed)
48      left_ib.duty(0)
49      right_ia.duty(speed)
50      right_ib.duty(0)
51  
52  def car_right(speed):
53      left_ia.duty(0)
54      left_ib.duty(speed)
55      right_ia.duty(0)
56      right_ib.duty(speed)
57  
58  def car_stop(tim):
59      car_go(0)
60      print("멈춤")
61  
62  tim = Timer(Timer.TIMER1, Timer.CHANNEL0, mode=Timer.MODE_PERIODIC, period=1000, callback=car_stop)
63  
64  
65  while(True):
66      img = sensor.snapshot()
67      for blob in img.find_blobs(thresholds, pixels_threshold=100, area_threshold=100, merge=True):
68          if blob.code() ==1: # 빨간색 코드 1
69              size = blob.w() * blob.h()
70              if size >=500:
71                  img.draw_rectangle(blob.rect())
72                  if blob.cx() <150:
73                      print("왼쪽")
74                      car_left(50)
75                  elif blob.cx() >190:
76                      print("오른쪽")
77                      car_right(50)
78                  elif blob.cy() <120:
79                      print("직진")
80                      car_go(50)
81      lcd.display(img)
```

| 코드 설명 |
| --- |
| 29~32 : 모터 제어 핀 초기화 및 PWM 설정입니다.
34~38 : 자동차를 전진시키는 함수 car_go() 정의입니다.
40~44 : 자동차를 후진시키는 함수 car_back() 정의입니다.
46~50 : 자동차를 좌측으로 이동시키는 함수 car_left() 정의입니다.
52~56 : 자동차를 우측으로 이동시키는 함수 car_right() 정의입니다.
58~60 : 일정 시간이 지나면 자동차를 정지시키는 함수 car_stop() 정의입니다.
62     : 타이머를 초기화하고, 일정 주기로 car_stop() 함수를 호출합니다.
73~80 : 빨간색 물체 덩어리의 중심 좌표를 기반으로 물체의 방향을 판별하여 출력하고, 해당 방향으로 자동차를 제어합니다. |

[▶Start] 버튼을 클릭하여 코드를 실행합니다.

빨간색 물체를 검출하여 검출된 방향으로 따라가는 자동차를 완성하였습니다. 카메라 앞에 빨간색 물체를 비추어 동작을 확인합니다.

아래의 링크 주소에서 동작하는 동영상을 확인할 수 있습니다.

https://youtube.com/shorts/2Aaqr6aoHl8?si=PutiZtfJSj9CIMq7

# 04-3

# 태그 검출하기

## 태그 생성하기

[CanMV IDE]에서는 AprillTag 생성을 위한 기능을 제공합니다.

[Tools] -> [Machine Vision] -> [AprilTag] -> [TAG36H11 Family]를 클릭합니다. 다른태그들도 있지만 가장 기본이 되는 TAG36H11태그가 가장 기본이 되는 태그로 최대 587개의 태그를 생성할 수 있습니다. 태그의 경우 QR코드나 바코드보다 검출속도가 빠르다는 장점이 있습니다.

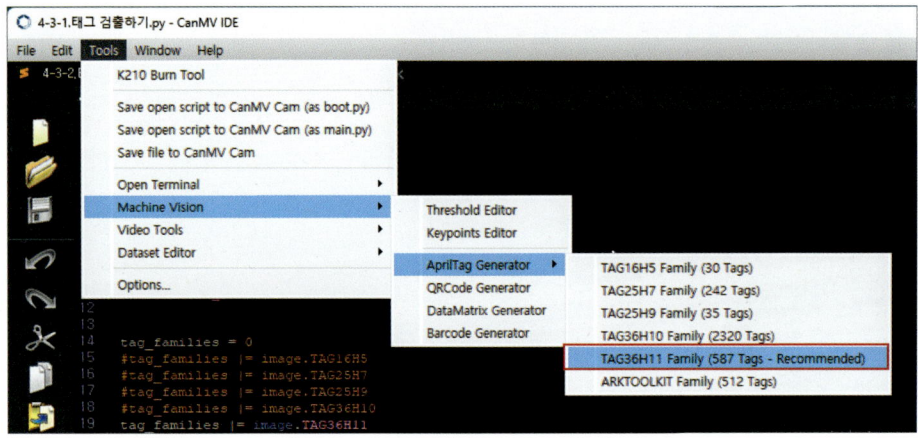

587개 모두 사용하지 않으므로 0에서부터 29까지 30개의 태크를 생성합니다. [OK]를 눌러 다음으로 진행합니다.

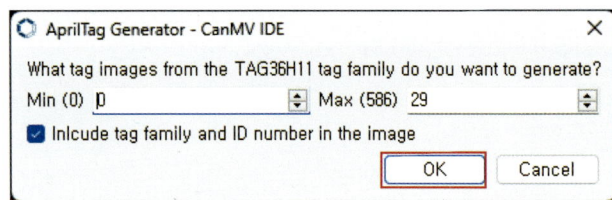

태그가 저장될 경로를 지정합니다. 다운로드 폴더에 tag 폴더로 지정하였습니다. [폴더 선택]을 클릭하여 태그가 생성됩니다.

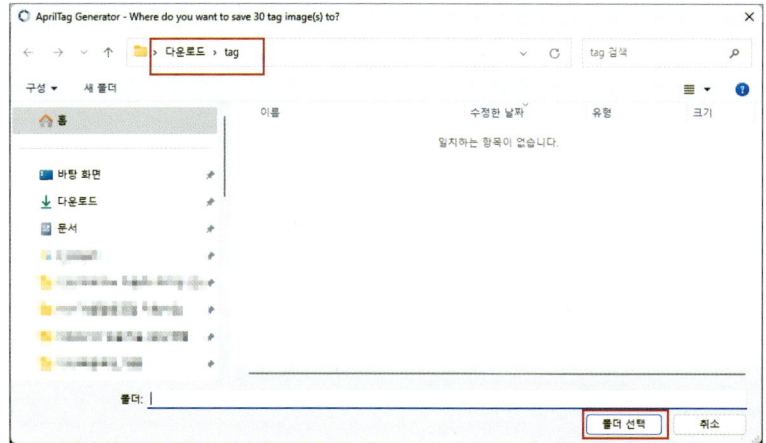

태그의 생성이 완료되었습니다.

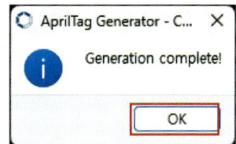

지정한 폴더에 태그가 생성되었습니다.

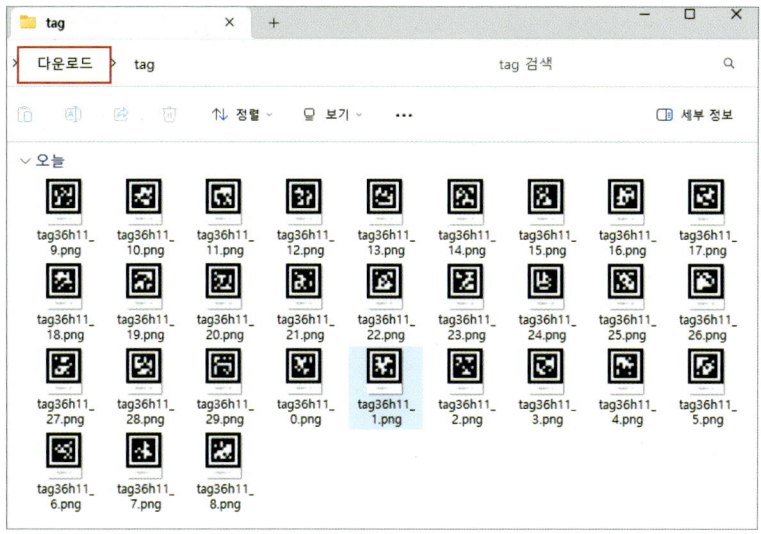

Chapter 04_영상 처리하기 149

## 태그 검출하기

AprilTag를 검출하여 해당 태그의 ID와 회전 각도를 출력하고 또한, 태그 주위에 사각형과 십자가를 그려서 시각적으로 표시하는 코드를 작성합니다.

**4-3-1.태그 검출하기.py**

```python
01  import sensor, image, time, math
02  import lcd
03
04  # LCD 디스플레이 초기화
05  lcd.init()
06
07  sensor.reset()
08  sensor.set_vflip(1)
09  sensor.set_pixformat(sensor.RGB565)
10  sensor.set_framesize(sensor.QQVGA)
11  sensor.skip_frames(time =2000)
12
13
14  tag_families =0
15  #tag_families |= image.TAG16H5
16  #tag_families |= image.TAG25H7
17  #tag_families |= image.TAG25H9
18  #tag_families |= image.TAG36H10
19  tag_families |= image.TAG36H11
20  #tag_families |= image.ARTOOLKIT
21
22  while(True):
23      img = sensor.snapshot()
24
25      for tag in img.find_apriltags(families=tag_families):
26          img.draw_rectangle(tag.rect(), color = (255, 0, 0))
27          img.draw_cross(tag.cx(), tag.cy(), color = (0, 255, 0))
28          print_args = (tag.id(), (180 * tag.rotation()) / math.pi)
29          img.draw_string(2,2, str(print_args), color=(0,128,0), scale=1)
30          print("태그ID: %d, 회전: %f" % print_args)
31
32      lcd.display(img)
```

**코드 설명**

**14~20** : AprilTag 패밀리 중 하나를 선택합니다. 여기서는 image.TAG36H11 패밀리를 사용합니다.
**25** : 이미지에서 AprilTag를 검출합니다.
**26~28** : AprilTag 주위에 사각형을 그리고 태그의 중심에 십자가를 그립니다. 또한, 태그의 ID와 회전 각도를 출력합니다.

[▶Start] 버튼을 클릭하여 코드를 실행합니다.

모니터에 생성된 태그를 비추면 태그의 검출이 가능합니다.

검출된 태그의 정보가 터미널에 출력되었습니다. 태그의 ID와 회전각도가 표시됩니다.

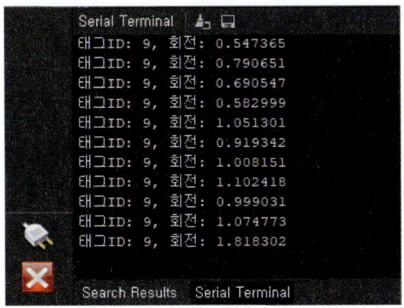

## 태그 검출하여 LED 제어하기

홀수의 태그를 검출하면 LED 1번을 켜고 짝수의 태그를 검출하면 LED 2번을 켜는 코드를 만들어봅니다.

4-3-2.태그 검출하기.py

```
01  import sensor, image, time, math
02  import lcd
03  from maix import GPIO
04  from fpioa_manager import fm
05
06  # LCD 디스플레이 초기화
07  lcd.init()
08
09  sensor.reset()
10  sensor.set_vflip(1)
```

```
11    sensor.set_pixformat(sensor.RGB565)
12    sensor.set_framesize(sensor.QQVGA)
13    sensor.skip_frames(time =2000)
14
15
16    tag_families =0
17    #tag_families |= image.TAG16H5
18    #tag_families |= image.TAG25H7
19    #tag_families |= image.TAG25H9
20    #tag_families |= image.TAG36H10
21    tag_families |= image.TAG36H11
22    #tag_families |= image.ARTOOLKIT
23
24    #LED 초기화
25    fm.register(11, fm.fpioa.GPIO0, force=True)
26    fm.register(15, fm.fpioa.GPIO1, force=True)
27
28    led_1 = GPIO(GPIO.GPIO0, GPIO.OUT)
29    led_2 = GPIO(GPIO.GPIO1, GPIO.OUT)
30
31    while(True):
32        img = sensor.snapshot()
33
34        for tag in img.find_apriltags(families=tag_families):
35            img.draw_rectangle(tag.rect(), color = (255, 0, 0))
36            img.draw_cross(tag.cx(), tag.cy(), color = (0, 255, 0))
37            print_args = (tag.id(), (180 * tag.rotation()) / math.pi)
38            img.draw_string(2,2, str(print_args), color=(0,128,0), scale=1)
39            print("태그ID: %d, 회전: %f" % print_args)
40
41            if tag.id() % 2 ==0: #짝수
42                print("짝수")
43                led_1.value(0)
44                led_2.value(1)
45            else: #홀수
46                print("홀수")
47                led_1.value(1)
48                led_2.value(0)
49
50        lcd.display(img)
```

---

**코드 설명**

**40~49**: 검출된 태그의 ID가 홀수인 경우와 짝수인 경우에 따라 LED를 제어하여 상태를 표시합니다.

[▶Start] 버튼을 클릭하여 코드를 실행합니다.
홀수의 태그 검출시 LED 1번이 켜졌습니다.

짝수의 태그를 검출시 LED 2번이 켜졌습니다.

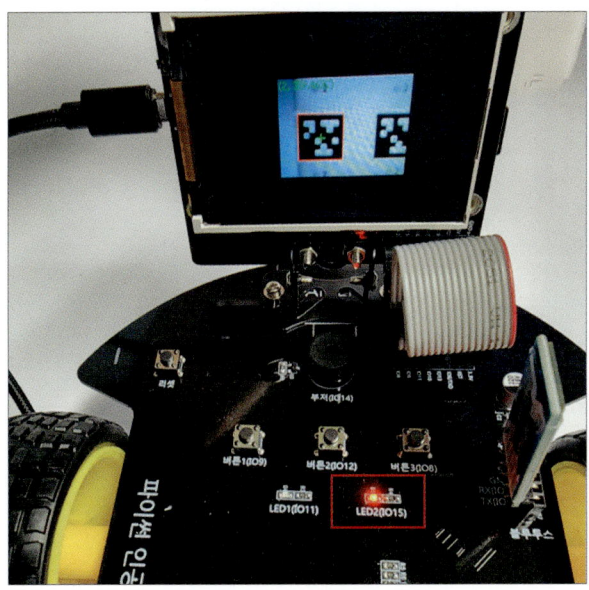

## 04-4

# 바코드 검출하기

바코드를 검출하는 방법에 대해서 알아봅니다.

## 바코드 생성하기

바코드를 생성해보도록 합니다. [Tools] -> [Machine Vision] -> [Barcode Generator]를 클릭합니다.

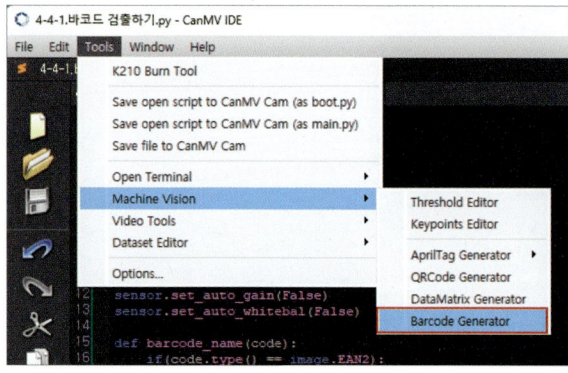

컴퓨터에서 기본 브라우저를 이용하여 barcode generator의 키워드로 구글 검색을 합니다. 아래 사이트에 접속합니다.

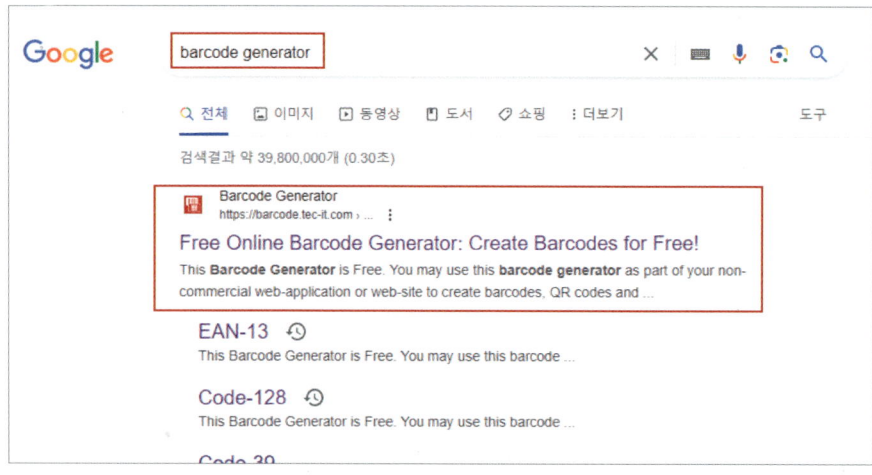

EAN8 형식으로 바코드를 생성후 생성된 이미지에서 이미지를 다른이름으로 저장..을 클릭하여 바코드 이미지를 저장합니다.

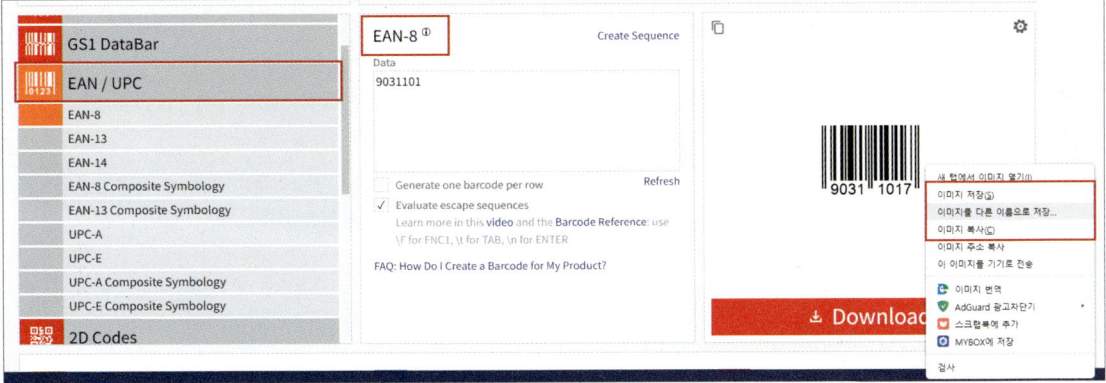

## 바코드 검출하기

바코드를 감지하고 LCD 화면에 바코드를 표시하는 프로그램을 작성해봅니다.

### 4-4-1.바코드 검출하기.py

```
01  import sensor, image, time, math
02  import lcd
03
04  # LCD 디스플레이 초기화
05  lcd.init()
06
07  sensor.reset()
08  sensor.set_vflip(1)
09  sensor.set_pixformat(sensor.GRAYSCALE)
10  sensor.set_framesize(sensor.QQVGA)
11  sensor.skip_frames(time =2000)
12  sensor.set_auto_gain(False)
13  sensor.set_auto_whitebal(False)
14
15  def barcode_name(code):
16      if(code.type() == image.EAN2):
17          return "EAN2"
18      if(code.type() == image.EAN5):
19          return "EAN5"
20      if(code.type() == image.EAN8):
21          return "EAN8"
22      if(code.type() == image.UPCE):
23          return "UPCE"
24      if(code.type() == image.ISBN10):
25          return "ISBN10"
26      if(code.type() == image.UPCA):
```

```python
27              return "UPCA"
28         if(code.type() == image.EAN13):
29              return "EAN13"
30         if(code.type() == image.ISBN13):
31              return "ISBN13"
32         if(code.type() == image.I25):
33              return "I25"
34         if(code.type() == image.DATABAR):
35              return "DATABAR"
36         if(code.type() == image.DATABAR_EXP):
37              return "DATABAR_EXP"
38         if(code.type() == image.CODABAR):
39              return "CODABAR"
40         if(code.type() == image.CODE39):
41              return "CODE39"
42         if(code.type() == image.PDF417):
43              return "PDF417"
44         if(code.type() == image.CODE93):
45              return "CODE93"
46         if(code.type() == image.CODE128):
47              return "CODE128"
48
49    while(True):
50         img = sensor.snapshot()
51
52         codes = img.find_barcodes()
53         for code in codes:
54              img.draw_rectangle(code.rect())
55              print_args = (barcode_name(code), code.payload(), (180 * code.rotation()) / math.pi, code.quality())
56              print("Barcode %s, Payload \"%s\", rotation %f (degrees), quality %d" % print_args)
57
58         lcd.display(img)
```

### 코드 설명

**15~48** : barcode_name 함수를 정의합니다. 이 함수는 바코드의 타입에 따라 바코드 이름을 반환합니다.
**50** : 센서에서 스냅샷을 캡처하여 img 변수에 저장합니다.
**52** : 이미지에서 바코드를 찾습니다.
**53~56** : 찾은 바코드를 순회하면서 각 바코드에 대한 정보를 출력하고, 화면에 바코드 경계 상자를 그립니다.

[▶Start] 버튼을 클릭하여 코드를 실행합니다.

카메라로 바코드를 비추어 검출하는지 확인합니다. 이미지의 크기가 너무 작아 검출되지 않는다면 이미지의 크기를 키워줍니다.

터미널에 검출된 바코드를 출력하였습니다. 바코드의 타입 바코드 정보 등이 출력됩니다.

## 바코드 홀수짝수 분류하기

바코드를 감지하고 그 바코드의 숫자가 짝수인지 홀수인지 판별하여 출력하는 코드를 작성해봅니다.

4-4-2.바코드 검출하기.py

```
01  import sensor, image, time, math
02  import lcd
03
04  # LCD 디스플레이 초기화
05  lcd.init()
06
07  sensor.reset()
08  sensor.set_vflip(1)
09  sensor.set_pixformat(sensor.GRAYSCALE)
10  sensor.set_framesize(sensor.QQVGA)
11  sensor.skip_frames(time =2000)
12  sensor.set_auto_gain(False)
13  sensor.set_auto_whitebal(False)
```

```python
14
15  def barcode_name(code):
16      if(code.type() == image.EAN2):
17          return "EAN2"
18      if(code.type() == image.EAN5):
19          return "EAN5"
20      if(code.type() == image.EAN8):
21          return "EAN8"
22      if(code.type() == image.UPCE):
23          return "UPCE"
24      if(code.type() == image.ISBN10):
25          return "ISBN10"
26      if(code.type() == image.UPCA):
27          return "UPCA"
28      if(code.type() == image.EAN13):
29          return "EAN13"
30      if(code.type() == image.ISBN13):
31          return "ISBN13"
32      if(code.type() == image.I25):
33          return "I25"
34      if(code.type() == image.DATABAR):
35          return "DATABAR"
36      if(code.type() == image.DATABAR_EXP):
37          return "DATABAR_EXP"
38      if(code.type() == image.CODABAR):
39          return "CODABAR"
40      if(code.type() == image.CODE39):
41          return "CODE39"
42      if(code.type() == image.PDF417):
43          return "PDF417"
44      if(code.type() == image.CODE93):
45          return "CODE93"
46      if(code.type() == image.CODE128):
47          return "CODE128"
48
49  while(True):
50      img = sensor.snapshot()
51
52      codes = img.find_barcodes()
53      for code in codes:
54          img.draw_rectangle(code.rect())
55          barcode_number =int(code.payload())
56          print(barcode_number)
57          if barcode_number % 2 ==0:
58              print("짝수")
59          else:
60              print("홀수")
61
62      lcd.display(img)
```

| 코드 설명 |
|---|
| 52 : 이미지에서 바코드를 찾습니다. |
| 53~61 : 찾은 바코드를 순회하면서 각 바코드에 대한 정보를 출력하고, 바코드의 숫자를 추출한 후 짝수인지 홀수인지 판별하여 출력합니다. |

[▶Start] 버튼을 클릭하여 코드를 실행합니다.

홀수인 바코드를 비추어봅니다.

홀수로 출력되었습니다.

# 04-5

# QR코드 검출하기

QR코드를 검출하는 장치를 만들어봅니다.

## QR코드 생성하기

[Tools] -> [Machine Vision] -> [Barcode Generator]를 클릭합니다.

QRCode Generator를 클릭하면 QRCode Generator로 구글 검색을 하지만 Barcode Generator로 검색한 사이트에서 QR코드의 생성도 제공하므로 Barcode Generator의 검색어를 사용합니다.

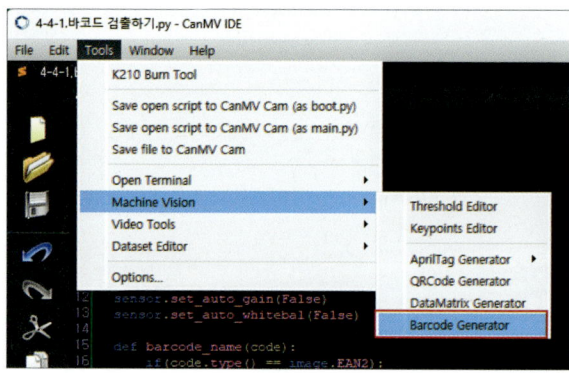

아래의 사이트에 접속합니다.

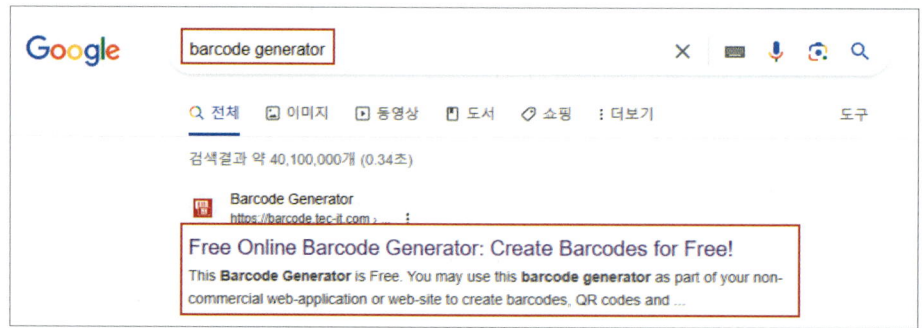

2D Codes 탭에서 QR Code를 선택한 다음 내용을 원하는 내용으로 변경합니다. 변경된 내용으로 QR코드가 생성되었습니다. 생성된 이미지는 PC로 저장한 다음 사용해도 되고 웹상에서 바로 비추어 사용해도 괜찮습니다.

## QR코드 검출하기

QR코드를 감지하고 해당 QR코드를 이미지에 표시하고 정보를 출력하는 프로그램을 작성해봅니다.

4-5-1.QR코드 검출하기.py

```python
import sensor, image, time, math
import lcd

# LCD 디스플레이 초기화
lcd.init()

sensor.reset()
sensor.set_vflip(1)
sensor.set_pixformat(sensor.GRAYSCALE)
sensor.set_framesize(sensor.QQVGA)
sensor.skip_frames(time =2000)
sensor.set_auto_gain(False)
sensor.set_auto_whitebal(False)


while(True):
    img = sensor.snapshot()
    for code in img.find_qrcodes():
        img.draw_rectangle(code.rect(), color =127)
        print(code)

        lcd.display(img)
```

| 코드 설명 |
|---|
| **17:** 센서에서 스냅샷을 캡처하여 img 변수에 저장합니다.<br>**18:** 이미지에서 QR코드를 찾습니다.<br>**19:** 찾은 QR코드에 대한 경계 상자를 그려서 표시하고, 해당 QR코드 정보를 출력합니다. |

[▶Start] 버튼을 클릭하여 코드를 실행합니다.

카메라를 QR코드에 비춥니다.

검출된 QR코드의 정보가 출력되었습니다.

QR코드로 읽은 정보의 확인이 가능합니다. payload에는 입력한 글자가 출력되었습니다.

{"x":50, "y":27, "w":68, "h":68, "payload":"hello ai", "version":1, "ecc_level":1, "mask":4, "data_type":4, "eci":0}

## QR코드에서 읽은 데이터 LCD에 표시하기

QR코드를 감지하고 해당 QR코드를 이미지에 표시하고 정보를 출력하며, 화면에 QR코드의 데이터를 표시하는 프로그램을 작성해봅니다.

**4-5-2.QR코드 검출하기.py**

```python
01  import sensor, image, time, math
02  import lcd
03
04  # LCD 디스플레이 초기화
05  lcd.init()
06
07  sensor.reset()
08  sensor.set_vflip(1)
09  sensor.set_pixformat(sensor.GRAYSCALE)
10  sensor.set_framesize(sensor.QQVGA)
11  sensor.skip_frames(time =2000)
12  sensor.set_auto_gain(False)
13  sensor.set_auto_whitebal(False)
14
15  qr_data =""
16  while(True):
17      img = sensor.snapshot()
18      for code in img.find_qrcodes():
19          img.draw_rectangle(code.rect(), color =127)
20          qr_data = code.payload()
21          print(qr_data)
22      img.draw_string(10, 20, qr_data,color=(255,255,255),scale=1)
23      lcd.display(img)
```

**코드 설명**

**19:** 찾은 QR코드에 대한 경계 상자를 그려서 표시하고, 해당 QR코드의 데이터를 qr_data 변수에 저장합니다.
**21:** QR코드의 데이터를 출력합니다.
**22:** 이미지에 QR코드의 데이터를 흰색으로 표시합니다.

[▶Start] 버튼을 클릭하여 코드를 실행합니다. LCD에 QR코드에서 읽은 데이터를 출력하였습니다.

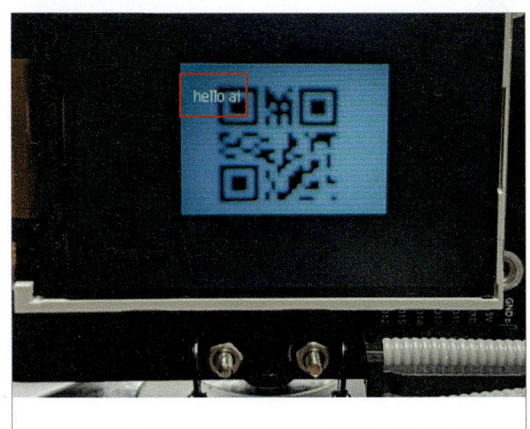

## 04-6

# 라인 검출하기

이미지에서 검정색 라인을 검출하여 그 정보를 출력하는 방법에 대해서 알아봅니다.

제공자료는 책 전용 게시판 또는 저자가 운영하는 블로그에서 다운로드 받을 수 있습니다.

- 앤써북 이 책의 전용 게시판 : https://cafe.naver.com/answerbook/6497
- 저자가 운영하는 블로그 https://munjjac.tistory.com/14

[서식] 폴더에 [1.라인트레이서 트랙.pptx] 파일을 열어 트랙을 확인할 수 있습니다. 출력하여 사용합니다.

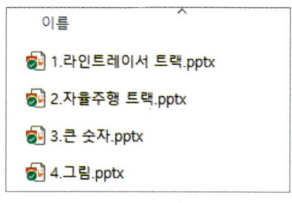

다음과 같이 라인이 그려져있어 출력하여 사용가능합니다.

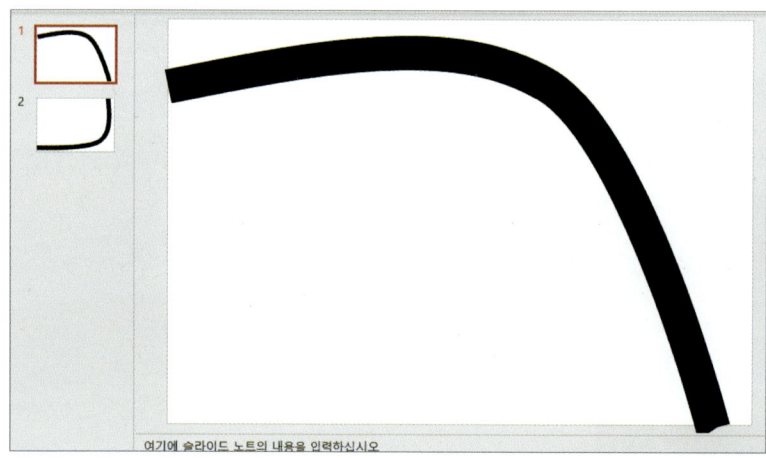

파워포인트의 인쇄시에는 [슬라이드] 옵션에서 [용지에 맞게 크기 조절]을 해제한 다음 인쇄하면 원래의 사이즈로 인쇄가 가능합니다.

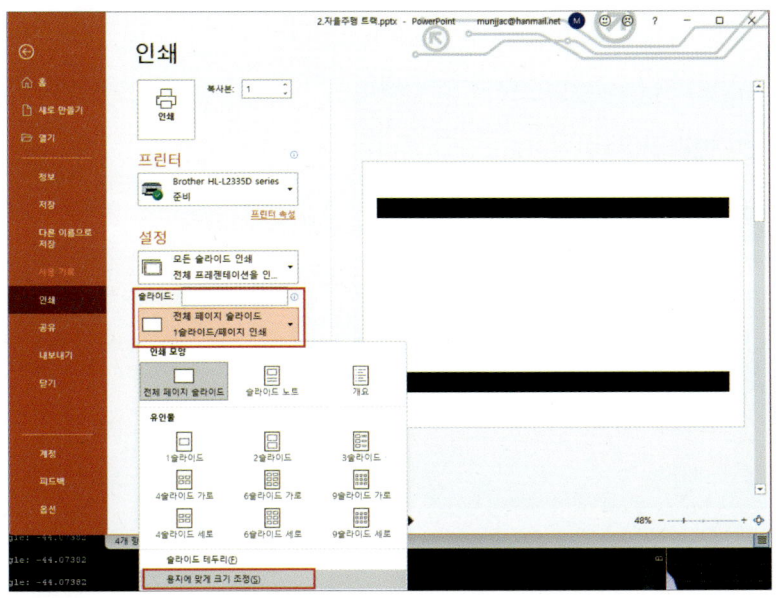

라인을 검출하기 위해서는 카메라를 바닥을 바라보도록 조정합니다.

카메가의 각도를 고정하는 옆면의 볼트 2개를 푼다음 각도를 조절하고 다시 볼트를 조여 고정시킵니다.

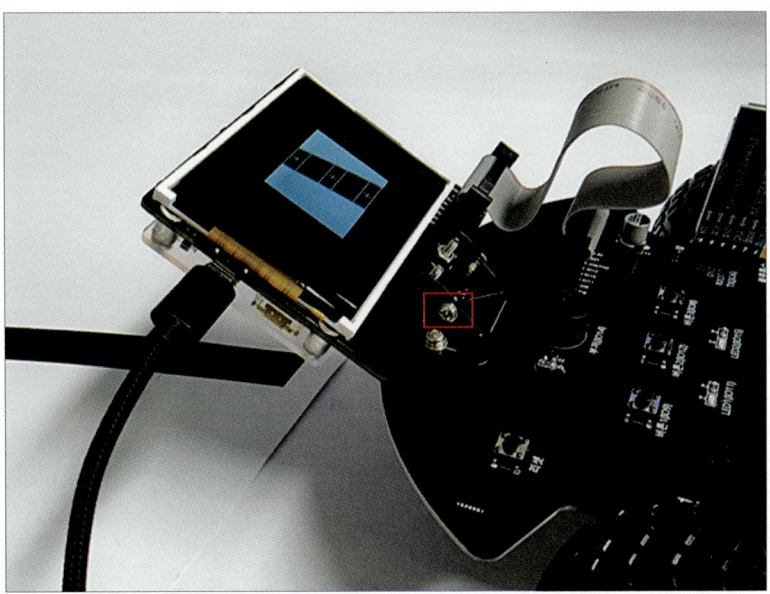

## 영상에서 검은색 라인 찾기

이미지에서 검은 선을 추적하고, 특정 관심 영역(ROIs)에서 가장 큰 덩어리(블롭)를 찾아 표시하는 프로그램을 작성해봅니다.

**4-6-1.라인 검출.py**

```python
import sensor, image, time, math, lcd

# 검은 선을 추적합니다. (흰색 선을 추적하려면 [(128, 255)]를 사용합니다.)
GRAYSCALE_THRESHOLD = [(0, 64)]

ROIS = [
        (0, 100, 160, 20, 0.7),
        (0, 50, 160, 20, 0.3),
        (0, 0, 160, 20, 0.1)
    ]

weight_sum =0
for r in ROIS:
    weight_sum += r[4]

#카메라 초기화
sensor.reset()
sensor.set_vflip(1)
sensor.set_pixformat(sensor.GRAYSCALE)
sensor.set_framesize(sensor.QQVGA)
sensor.skip_frames(time=2000)

# LCD 디스플레이 초기화
lcd.init()

while(True):
    img = sensor.snapshot()

    centroid_sum =0
    for r in ROIS:
        blobs = img.find_blobs(GRAYSCALE_THRESHOLD, roi=r[0:4], merge=True)
        if blobs:
            largest_blob = max(blobs, key=lambda b: b.pixels())
            img.draw_rectangle(largest_blob.rect())
            img.draw_cross(largest_blob.cx(),largest_blob.cy())
            print(blobs)

    lcd.display(img)
```

**코드 설명**

**29** : centroid_sum 변수를 초기화합니다.

**30~37** : ROIS 내의 각 관심 영역에서 블롭을 찾아내고, 가장 큰 블롭을 선택하여 해당 블롭의 사각형과 중심에 십자 모양을 그리고 블롭 정보를 출력합니다.

[▶Start] 버튼을 클릭하여 코드를 실행합니다.

검은색 라인을 찾아 이미지에 표시하였습니다. 검은색의 크기와 중앙을 찾아 표시하였습니다.

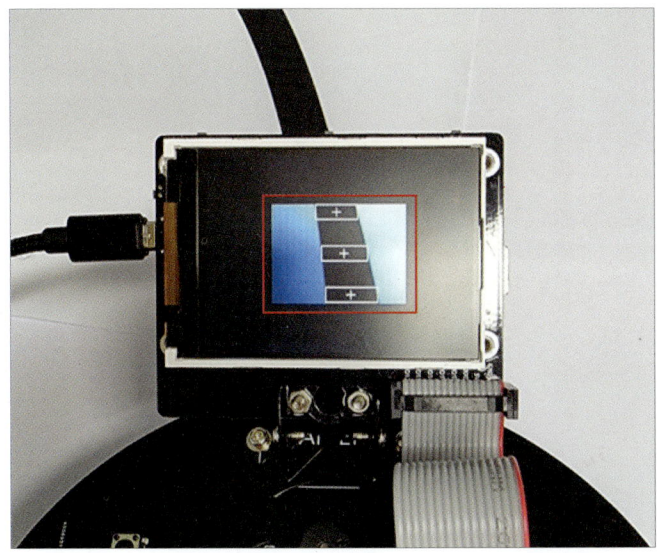

찾은 검은색 선의 결과를 터미널에 출력하였습니다.

찾은 검은색 선의 좌표와 크기, 픽셀, 중앙, 회전각도 등을 확인할 수 있습니다.

[{"x":22, "y":50, "w":59, "h":19, "pixels":1133, "cx":50, "cy":59, "rotation":0.025316, "code":1, "count":1}]

## 검색은 라인의 중심 구하기

이미지에서 검은 선을 추적하고, 여러 관심 영역(ROIs)에서 가장 큰 덩어리(블롭)를 찾아 선의 중심 위치를 계산하여 출력하는 프로그램을 작성해봅니다.

### 4-6-2.라인 검출.py

```python
01  import sensor, image, time, math, lcd
02
03  # 검은 선을 추적합니다. (흰색 선을 추적하려면 [(128, 255)]를 사용합니다.)
04  GRAYSCALE_THRESHOLD = [(0, 64)]
05
06  ROIS = [
07          (0, 100, 160, 20, 0.7),
08          (0, 50, 160, 20, 0.3),
09          (0, 0, 160, 20, 0.1)
10         ]
11
12  weight_sum =0
13  for r in ROIS:
14      weight_sum += r[4]
15
16  #카메라 초기화
17  sensor.reset()
18  sensor.set_vflip(1)
19  sensor.set_pixformat(sensor.GRAYSCALE)
20  sensor.set_framesize(sensor.QQVGA)
21  sensor.skip_frames(time=2000)
22
23  # LCD 디스플레이 초기화
24  lcd.init()
25
26  while(True):
27      img = sensor.snapshot()
28
29      centroid_sum =0
30      for r in ROIS:
31          blobs = img.find_blobs(GRAYSCALE_THRESHOLD, roi=r[0:4], merge=True)
32          if blobs:
33              largest_blob = max(blobs, key=lambda b: b.pixels())
34              img.draw_rectangle(largest_blob.rect())
35              img.draw_cross(largest_blob.cx(),largest_blob.cy())
36              #print(blobs)
37              centroid_sum += largest_blob.cx() * r[4] # r[4]는 ROI 가중치입니다.
38
39      center_pos = (centroid_sum / weight_sum) # 선의 중심을 결정합니다.
40      print("center_pos:",center_pos)
41
42      lcd.display(img)
```

| 코드 설명 |
|---|
| 30~37 : ROIS 내의 각 관심 영역에서 블롭을 찾아내고, 가장 큰 블롭을 선택하여 해당 블롭의 사각형과 중심에 십자 모양을 그리고 블롭 정보를 출력합니다. 선의 중심을 계산하는 데 사용되는 변수인 centroid_sum도 업데이트됩니다. |
| 39 : center_pos 변수에 선의 중심 위치를 계산합니다. |
| 40 : 선의 중심 위치를 출력합니다. |

[▶Start] 버튼을 클릭하여 코드를 실행합니다.

선의 위치를 다양하게 이동해봅니다. 중심이 변하는 것을 확인할 수 있습니다.

선의 중심을 찾아 출력하였습니다.

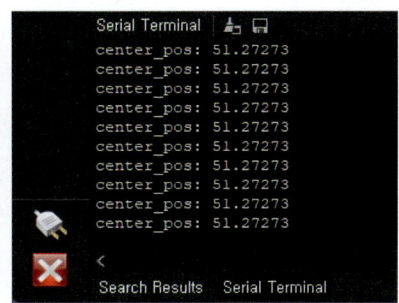

## 각도 구하기

이미지에서 검은 선을 추적하고, 여러 관심 영역(ROIs)에서 가장 큰 덩어리(블롭)를 찾아 선의 중심 위치를 계산하고 해당 선의 기울기 각도를 출력하는 프로그램을 작성해봅니다.

**4-6-3.라인 검출.py**

```python
import sensor, image, time, math, lcd

# 검은 선을 추적합니다. (흰색 선을 추적하려면 [(128, 255)]를 사용합니다.)
GRAYSCALE_THRESHOLD = [(0, 64)]

ROIS = [
    (0, 100, 160, 20, 0.7),
    (0, 50, 160, 20, 0.3),
    (0, 0, 160, 20, 0.1)
    ]

weight_sum =0
for r in ROIS:
    weight_sum += r[4]

#카메라 초기화
sensor.reset()
sensor.set_vflip(1)
```

```python
19      sensor.set_pixformat(sensor.GRAYSCALE)
20      sensor.set_framesize(sensor.QQVGA)
21      sensor.skip_frames(time=2000)
22
23      # LCD 디스플레이 초기화
24      lcd.init()
25
26      while(True):
27          img = sensor.snapshot()
28
29          centroid_sum =0
30
31          for r in ROIS:
32              blobs = img.find_blobs(GRAYSCALE_THRESHOLD, roi=r[0:4], merge=True)
33              if blobs:
34                  largest_blob = max(blobs, key=lambda b: b.pixels())
35                  img.draw_rectangle(largest_blob.rect())
36                  img.draw_cross(largest_blob.cx(),largest_blob.cy())
37                  #print(blobs)
38                  centroid_sum += largest_blob.cx() * r[4] # r[4]는 ROI 가중치입니다.
39
40          center_pos = (centroid_sum / weight_sum) # 선의 중심을 결정합니다.
41          #print("center_pos:",center_pos)
42
43          # 각도 계산. 80과 60은 이미지 폭과 높이의 절반입니다. 이미지 크기는 QQVGA 160x120입니다.
44          deflection_angle =0
45          deflection_angle =-math.atan((center_pos-80)/60)
46
47          # 계산된 라디안 값을 각도로 변환합니다.
48          deflection_angle = math.degrees(deflection_angle)
49          print("deflection_angle:", deflection_angle)
50
51          lcd.display(img)
```

### 코드 설명

**31~38** : ROIS 내의 각 관심 영역에서 블롭을 찾아내고, 가장 큰 블롭을 선택하여 해당 블롭의 사각형과 중심에 십자 모양을 그리고 블롭 정보를 출력합니다. 선의 중심을 계산하는 데 사용되는 변수인 centroid_sum도 업데이트됩니다.

**40** : center_pos 변수에 선의 중심 위치를 계산합니다.

**44~48** : deflection_angle 변수를 계산하여 선의 기울기 각도를 라디안 단위로 표현합니다.

**48** : 계산된 라디안 값을 각도로 변환하여 출력합니다.

[▶Start] 버튼을 클릭하여 코드를 실행합니다. 선의 각도를 구해 출력하였습니다.

화면에 중앙에 선이 위치하였을 때는 0도 부근에서 각도가 변합니다.

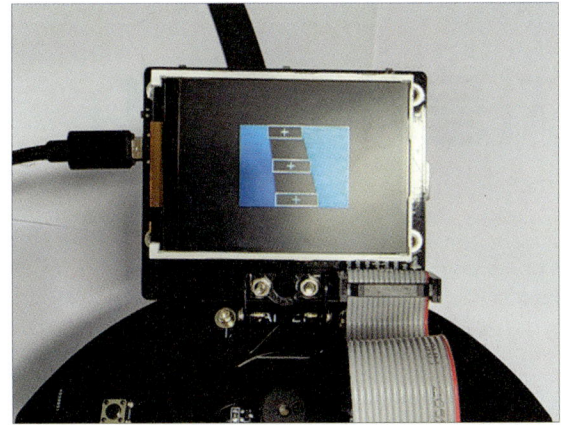
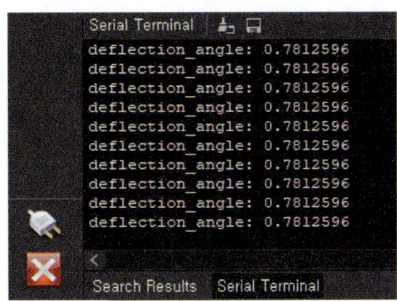

화면의 오른쪽에 선이 위치하였을 때는 -각도로 각도가 작아졌습니다.

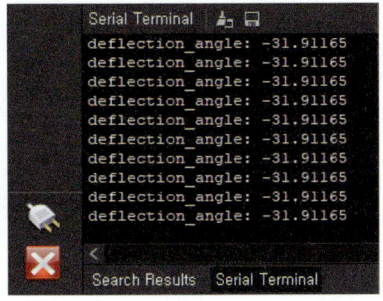

화면의 왼쪽에 선이 위치하였을 때는 +각도로 각도가 커졌습니다.

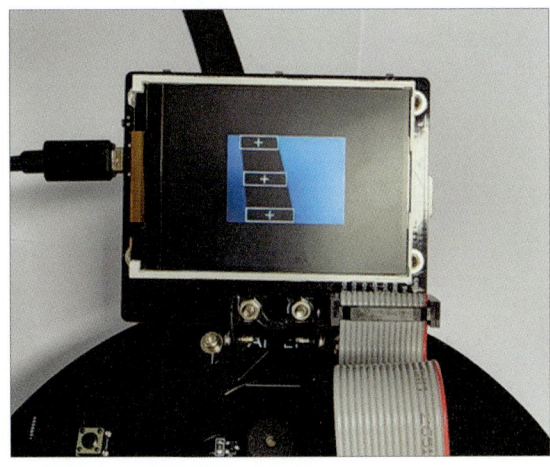
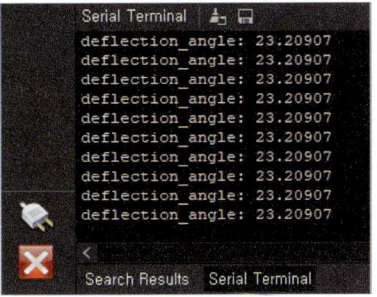

이미지에서 검은색 선을 검출하여 따라가는 라인트레이서 자동차를 만들어봅니다.

# 04-7

# 라인트레이서 자동차 만들기

라인을 검출하기 위해서는 카메라를 바닥을 바라보도록 조정합니다.

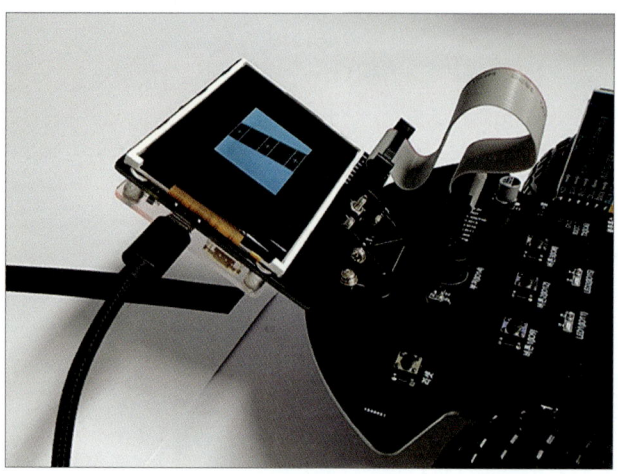

각도를 바탕으로 이동 방향 결정하기

**4-7-1.라인트레이서 자동차 만들기.py**

```
01  import sensor, image, time, math, lcd
02
03  # 검은 선을 추적합니다. (흰색 선을 추적하려면 [(128, 255)]를 사용합니다.)
04  GRAYSCALE_THRESHOLD = [(0, 64)]
05
06  ROIS = [
07          (0, 100, 160, 20, 0.7),
08          (0, 50, 160, 20, 0.3),
09          (0, 0, 160, 20, 0.1)
10         ]
11
12  weight_sum =0
13  for r in ROIS:
14      weight_sum += r[4]
15
```

```python
16  #카메라 초기화
17  sensor.reset()
18  sensor.set_vflip(1)
19  sensor.set_pixformat(sensor.GRAYSCALE)
20  sensor.set_framesize(sensor.QQVGA)
21  sensor.skip_frames(time=2000)
22
23  # LCD 디스플레이 초기화
24  lcd.init()
25
26  while(True):
27      img = sensor.snapshot()
28
29      centroid_sum =0
30
31      for r in ROIS:
32          blobs = img.find_blobs(GRAYSCALE_THRESHOLD, roi=r[0:4], merge=True)
33          if blobs:
34              largest_blob = max(blobs, key=lambda b: b.pixels())
35              img.draw_rectangle(largest_blob.rect())
36              img.draw_cross(largest_blob.cx(),largest_blob.cy())
37              #print(blobs)
38              centroid_sum += largest_blob.cx() * r[4] # r[4]는 ROI 가중치입니다.
39
40      center_pos = (centroid_sum / weight_sum) # 선의 중심을 결정합니다.
41      #print("center_pos:",center_pos)
42
43      # 각도 계산. 80과 60은 이미지 폭과 높이의 절반입니다. 이미지 크기는 QQVGA 160x120입니다.
44      deflection_angle =0
45      deflection_angle =-math.atan((center_pos-80)/60)
46
47      # 계산된 라디안 값을 각도로 변환합니다.
48      deflection_angle = math.degrees(deflection_angle)
49      #print("deflection_angle:", deflection_angle)
50      print("angle:", deflection_angle ,end=" ")
51      if deflection_angle >=10:
52          print("left")
53      elif deflection_angle <=-10:
54          print("right")
55      else:
56          print("go")
57
58      lcd.display(img)
```

> **코드 설명**
>
> **50~56**: 계산된 각도를 바탕으로 선의 방향을 출력합니다. left, right, go 중 하나가 출력됩니다.

[▶Start] 버튼을 클릭하여 코드를 실행합니다.

중앙에 위치하였을 때 각도는 0도 부근이며 go를 출력합니다.

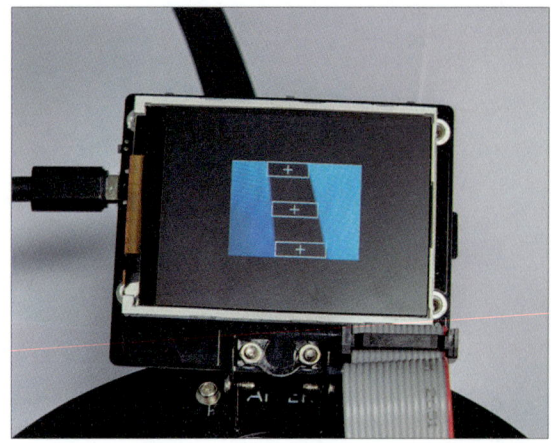
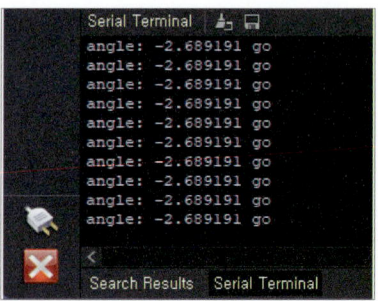

차선이 왼쪽에 있을 때는 각도가 +로 커지며 자동차를 왼쪽으로 이동하기 위해서 left를 출력합니다.

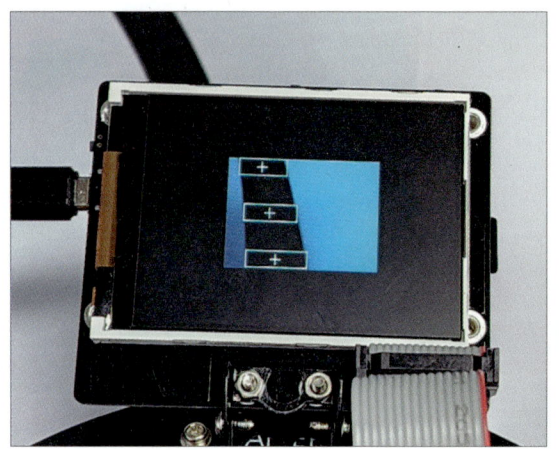

차선이 오른쪽 있을 때는 각도가 -로 작아지며 자동차를 오른쪽 이동하기 위해서 right를 출력합니다.

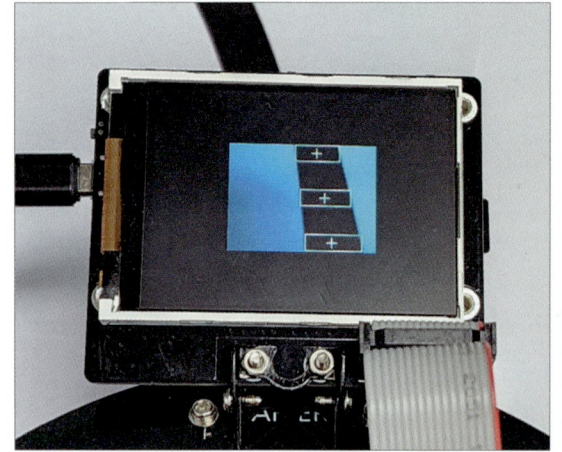
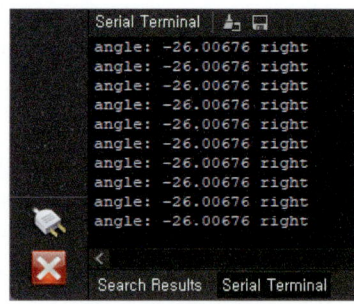

## 자동차를 움직여 라인트레이서 완성

검은 선을 추적하여 선의 위치를 감지하고 그에 따라 자동차의 움직임을 제어하는 프로그램을 완성하여 라인트레이서 자동차를 완성합니다.

**4-7-2.라인트레이서 자동차 만들기.py**

```python
import sensor, image, time, math, lcd
from machine import Timer,PWM

#모터 핀 설정
tim0 = Timer(Timer.TIMER0, Timer.CHANNEL0, mode=Timer.MODE_PWM)
tim1 = Timer(Timer.TIMER0, Timer.CHANNEL1, mode=Timer.MODE_PWM)
tim2 = Timer(Timer.TIMER0, Timer.CHANNEL2, mode=Timer.MODE_PWM)
tim3 = Timer(Timer.TIMER0, Timer.CHANNEL3, mode=Timer.MODE_PWM)

l_motor_ib = PWM(tim0, freq=1000, duty=0, pin=19)
l_motor_ia = PWM(tim1, freq=1000, duty=0, pin=13)
r_motor_ib = PWM(tim2, freq=1000, duty=0, pin=17)
r_motor_ia = PWM(tim3, freq=1000, duty=0, pin=10)

#자동차 이동 함수 정의
def car_go(speed):
    r_motor_ib.duty(0)
    r_motor_ia.duty(speed)

    l_motor_ib.duty(speed)
    l_motor_ia.duty(0)


def car_back(speed):
    r_motor_ib.duty(speed)
    r_motor_ia.duty(0)

    l_motor_ib.duty(0)
    l_motor_ia.duty(speed)


def car_left(speed):
    r_motor_ib.duty(0)
    r_motor_ia.duty(speed)

    l_motor_ib.duty(0)
    l_motor_ia.duty(0)


def car_right(speed):
    r_motor_ib.duty(0)
    r_motor_ia.duty(0)

    l_motor_ib.duty(speed)
    l_motor_ia.duty(0)


def car_turn_left(speed):
```

```python
045        r_motor_ib.duty(0)
046        r_motor_ia.duty(speed)
047
048        l_motor_ib.duty(0)
049        l_motor_ia.duty(speed)
050
051    def car_turn_right(speed):
052        r_motor_ib.duty(speed)
053        r_motor_ia.duty(0)
054
055        l_motor_ib.duty(speed)
056        l_motor_ia.duty(0)
057
058    # 검은 선을 추적합니다. (흰색 선을 추적하려면 [(128, 255)]를 사용합니다.)
059    GRAYSCALE_THRESHOLD = [(0, 64)]
060
061    ROIS = [
062            (0, 100, 160, 20, 0.7),
063            (0, 50, 160, 20, 0.3),
064            (0, 0, 160, 20, 0.1)
065          ]
066
067    weight_sum =0
068    for r in ROIS:
069        weight_sum += r[4]
070
071    #카메라 초기화
072    sensor.reset()
073    sensor.set_vflip(1)
074    sensor.set_pixformat(sensor.GRAYSCALE)
075    sensor.set_framesize(sensor.QQVGA)
076    sensor.skip_frames(time=2000)
077
078    # LCD 디스플레이 초기화
079    lcd.init()
080
081    while(True):
082        img = sensor.snapshot()
083
084        centroid_sum =0
085
086        for r in ROIS:
087            blobs = img.find_blobs(GRAYSCALE_THRESHOLD, roi=r[0:4], merge=True)
088            if blobs:
089                largest_blob = max(blobs, key=lambda b: b.pixels())
090                img.draw_rectangle(largest_blob.rect())
091                img.draw_cross(largest_blob.cx(),largest_blob.cy())
092                #print(blobs)
093                centroid_sum += largest_blob.cx() * r[4] # r[4]는 ROI 가중치입니다.
094
```

```
095         center_pos = (centroid_sum / weight_sum) # 선의 중심을 결정합니다.
096         #print("center_pos:",center_pos)
097
098         # 각도 계산. 80과 60은 이미지 폭과 높이의 절반입니다. 이미지 크기는 QQVGA 160x120입니다.
099         deflection_angle =0
100         deflection_angle =-math.atan((center_pos-80)/60)
101
102         # 계산된 라디안 값을 각도로 변환합니다.
103         deflection_angle = math.degrees(deflection_angle)
104         #print("deflection_angle:", deflection_angle)
105         if deflection_angle >=10:
106             print("left")
107             img.draw_string(10, 10, "left",color=(255,255,255),scale=2)
108             car_left(40)
109         elif deflection_angle <=-10:
110             print("right")
111             img.draw_string(10, 10, "right",color=(255,255,255),scale=2)
112             car_right(40)
113         else:
114             print("go")
115             img.draw_string(10, 10, "go",color=(255,255,255),scale=2)
116             car_go(40)
117
118         lcd.display(img)
```

### 코드 설명

**004~013**: 모터 핀 설정을 위해 PWM(Pulse Width Modulation)을 사용하는 코드입니다. 네 개의 모터 핀(l_motor_ib, l_motor_ia, r_motor_ib, r_motor_ia)을 초기화하고 설정합니다.

**015~057**: 자동차를 제어하기 위한 함수들을 정의합니다. car_go, car_back, car_left, car_right, car_turn_left, car_turn_right 함수는 각각 전진, 후진, 좌회전, 우회전, 좌회전 회전, 우회전 회전을 수행하도록 모터 핀을 제어합니다.

**081~117**: 무한 루프를 시작합니다. 카메라에서 스냅샷을 캡처하고, 관심 영역에서 검은 선을 추적하여 선의 중심을 계산합니다. 그리고 해당 중심에 따라 자동차의 움직임을 제어합니다. 검출된 선의 중심 위치를 기반으로 좌회전, 우회전 또는 전진을 결정하고 LCD에 방향을 표시하며 모터 핀을 제어하여 자동차를 조작합니다.

인공지능 카메라가 전원이 켜진 후 바로 동작할 수 있도록 코드를 업로드합니다. 업로드된 코드는 인공지능 카메라가 부팅된 다음 바로 실행됩니다.

[Tools] -> [Save open script to CanMV Cam (as main.py)]를 클릭합니다.

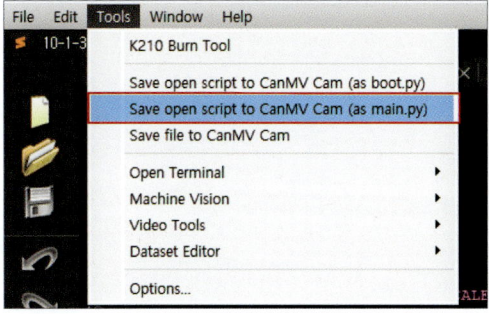

[No]를 선택합니다. 공백을 탭으로 변경하는 옵션으로 공백으로 사용하여도 무방합니다. 탭으로 변경시 업로드시 잦은 오류로 인해 변경하지 않고 사용합니다. 공백의 경우에도 가끔 업로드시 오류가 발생합니다. 오류 발생시에는 인공지능 카메라의 연결을 끊고 다시 연결한 다음 진행합니다.

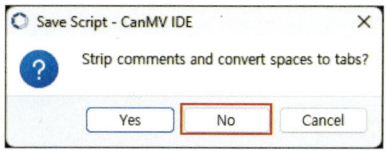

업로드가 완료되었습니다. USB케이블을 분리합니다.

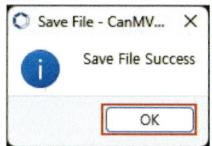

USB케이블을 분리한 다음 전원 스위치를 [ON]으로 합니다. [인공지능 카메라]는 부팅이 완료 후 main.py 코드를 실행하므로 라인트레이서 코드가 실행됩니다.

아래와 같이 트랙위에 자동차를 위치한 다음 동작시킵니다.

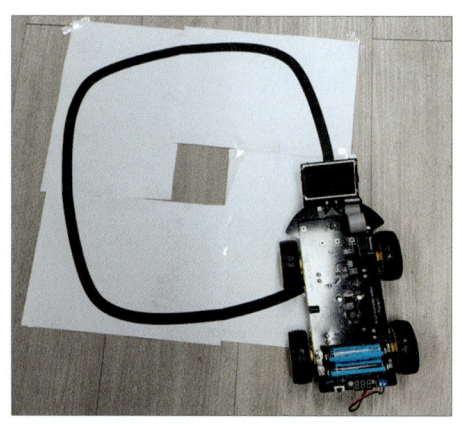

직진할 때입니다.

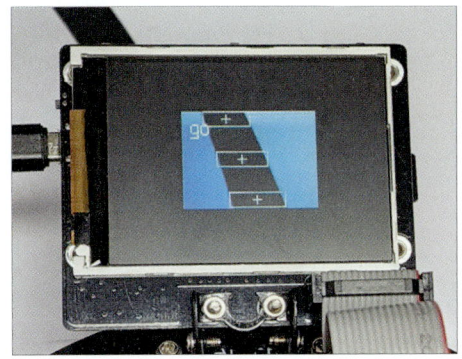

왼쪽으로 이동할 때입니다.

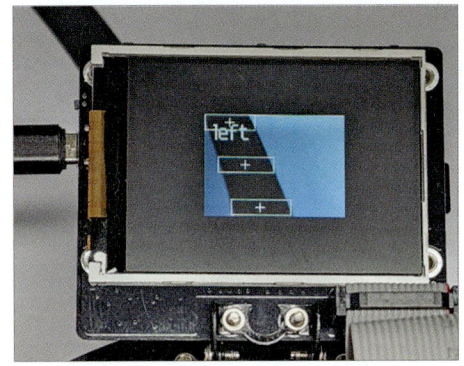

오른쪽으로 이동할 때입니다.

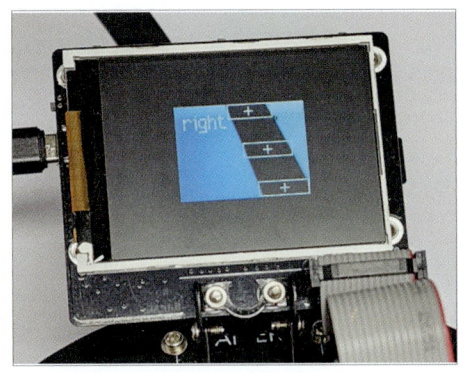

아래의 링크 주소에서 동작하는 동영상을 확인할 수 있습니다.

https://youtube.com/shorts/Ylqqq_WAJt0?si=eFtCxjytIF5Bc-1h

# CHAPTER 05

# 이미지 처리하기

## 05-1

# 이미지필터 사용하기

다양한 이미지 필터를 사용하여 이미지처리를 해보도록 합니다.

### 이미지반전 필터 사용하기

이미지반전 필터를 사용하여 이미지의 색상을 반전시켜봅니다.

**5-1-1.이미지필터 사용하기.py**

```python
01   import sensor, image, time, lcd
02
03   sensor.reset()
04   sensor.set_vflip(1)
05   sensor.set_pixformat(sensor.RGB565)
06   sensor.set_framesize(sensor.QVGA)
07   sensor.skip_frames(time =2000)
08
09   lcd.init()
10
11   clock = time.clock()
12
13   while(True):
14       clock.tick()
15       img = sensor.snapshot().negate()
16       lcd.display(img)
17       print(clock.fps())
```

**코드 설명**

**15**: 센서로부터 스냅샷을 캡처하고, 이미지를 부정(색상 반전)합니다.

[▶Start] 버튼을 클릭하여 코드를 실행합니다.

이미지반전 필터를 사용하여 반전된 이미지가 출력되었습니다.

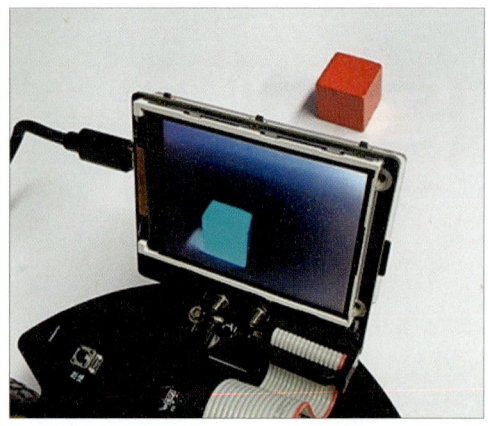

반전 이미지입니다.

fps: 초당 프레임이 출력되었습니다. 1초에 12~13프레임 가량 처리합니다.

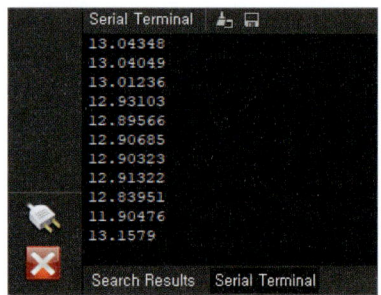

## 이미지 크기 줄여서 속도 높이기

이미지의 크기를 줄여서 속도를 높여서 처리해보도록 합니다.

**5-1-2.이미지필터 사용하기.py**

```python
import sensor, image, time, lcd

sensor.reset()
sensor.set_vflip(1)
sensor.set_pixformat(sensor.RGB565)
#sensor.set_framesize(sensor.QVGA)
sensor.set_framesize(sensor.QQVGA)
sensor.skip_frames(time =2000)

lcd.init()

clock = time.clock()

while(True):
    clock.tick()
    img = sensor.snapshot().negate()
    lcd.display(img)
    print(clock.fps())
```

**코드 설명**

**07**: 프레임 크기를 QQVGA로 설정합니다.

[▶Start] 버튼을 클릭하여 코드를 실행합니다.

이미지의 크기가 QQVGA 사이즈로 변경되었습니다.

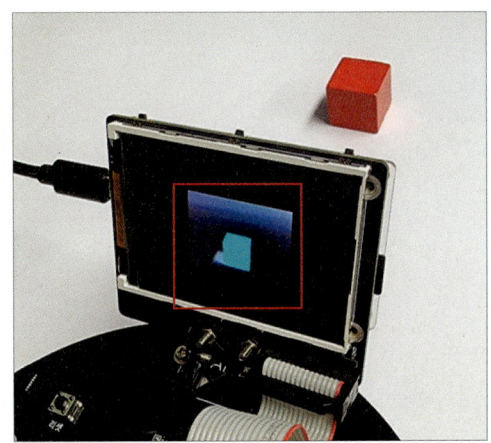

약 20프레임의 처리속도를 보입니다. 이미지 처리속도가 높여졌습니다.

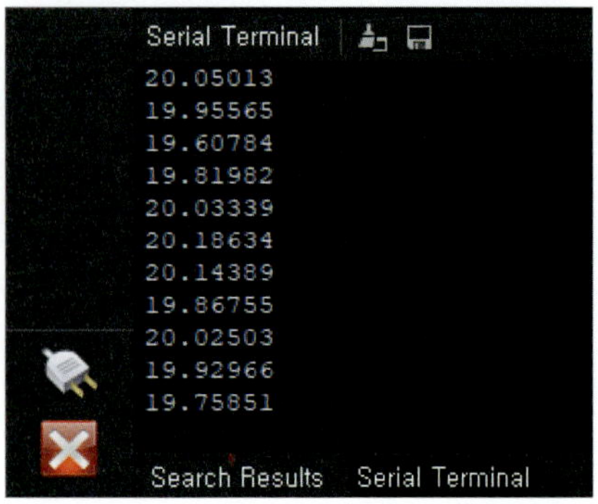

## 컬러 이미지에서 빛제거필터 사용하기

컬러 이미지에서 빛을 제거하는 필터를 사용해보도록 합니다.

**5-1-3.이미지필터 사용하기.py**

```
01  import sensor, image, time, lcd
02
03  sensor.reset()
04  sensor.set_vflip(1)
05  sensor.set_pixformat(sensor.RGB565)
06  sensor.set_framesize(sensor.QQVGA)
07  sensor.skip_frames(time =2000)
08
09  lcd.init()
10
11  clock = time.clock()
12
13  thresholds = (90, 100, -128, 127, -128, 127)
14
15  while(True):
16      clock.tick()
17
18      img = sensor.snapshot().binary([thresholds], invert=False, zero=True)
19      lcd.display(img)
20
21      print(clock.fps())
```

**코드 설명**

**13:** 이진화를 위한 임계값(thresholds)을 설정합니다.
**18:** 센서로부터 스냅샷을 캡처하고, 이진화된 이미지를 생성합니다.

[▶Start] 버튼을 클릭하여 코드를 실행합니다.

컬러 이미지에서 밝은 부분을 빛으로 인식하여 검정색으로 필터처리하였습니다.

## 흑백 이미지에서 빛제거필터 사용하기

흑백 이미지에서 빛제거필터를 사용해보도록 합니다.

**5-1-4.이미지필터 사용하기.py**

```python
import sensor, image, time, lcd

sensor.reset()
sensor.set_vflip(1)
sensor.set_pixformat(sensor.GRAYSCALE)
sensor.set_framesize(sensor.QQVGA)
sensor.skip_frames(time =2000)

lcd.init()

clock = time.clock()

thresholds = (220, 255)

while(True):
    clock.tick()

    img = sensor.snapshot().binary([thresholds], invert=False, zero=True)
    lcd.display(img)

    print(clock.fps())
```

### 코드 설명

**05:** 이미지 포맷을 GRAYSCALE로 설정합니다 (흑백 이미지).
**13:** 이진화를 위한 임계값(thresholds)을 설정합니다.
**18:** 센서로부터 스냅샷을 캡처하고, 이진화된 이미지를 생성합니다.

[▶Start] 버튼을 클릭하여 코드를 실행합니다.

흑백 밝은 부분을 빛으로 인식하여 검정색으로 필터처리하였습니다.

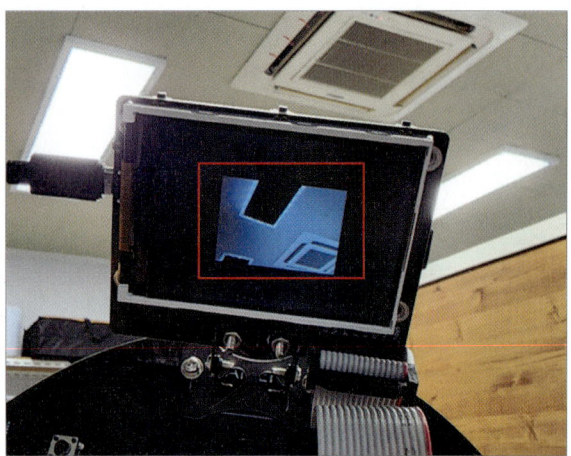

## 렌즈필터 사용하기

가운데의 이미지를 확장하는 렌즈필터를 적용해보도록 합니다.

**5-1-5.이미지필터 사용하기.py**

```python
01   import sensor, image, time, lcd
02
03   sensor.reset()
04   sensor.set_vflip(1)
05   sensor.set_pixformat(sensor.RGB565)
06   sensor.set_framesize(sensor.QVGA)
07   sensor.skip_frames(time =2000)
08
09   lcd.init()
10
11   clock = time.clock()
12
13   while(True):
14       clock.tick()
15
16       img = sensor.snapshot().lens_corr(strength =3, zoom =1.0)
17       lcd.display(img)
18
19       print(clock.fps())
```

| 코드 설명 |
| --- |
| 16: 센서로부터 스냅샷을 캡처하고, 렌즈 보정을 적용합니다. |

[▶Start] 버튼을 클릭하여 코드를 실행합니다.

이미지가 가운데로 모이는 렌지효과 필터를 적용하였습니다.

## 카툰필터 사용하기

이미지에 카툰효과를 주는 카툰필터를 사용해보도록 합니다.

**5-1-6.이미지필터 사용하기.py**

```
01   import sensor, image, time, lcd
02
03   sensor.reset()
04   sensor.set_vflip(1)
05   sensor.set_pixformat(sensor.RGB565)
06   sensor.set_framesize(sensor.QVGA)
07   sensor.skip_frames(time =2000)
08
09   lcd.init()
10
11   clock = time.clock()
12
13   while(True):
14       clock.tick()
15
16       img = sensor.snapshot().cartoon(seed_threshold=0.2, floating_thresholds=0.1)
17       lcd.display(img)
18
19       print(clock.fps())
```

| 코드 설명 |
| --- |
| 16: 센서로부터 스냅샷을 캡처하고, 카툰 스타일 필터를 적용합니다. |

[▶Start] 버튼을 클릭하여 코드를 실행합니다. 카툰필터를 적용하였습니다.

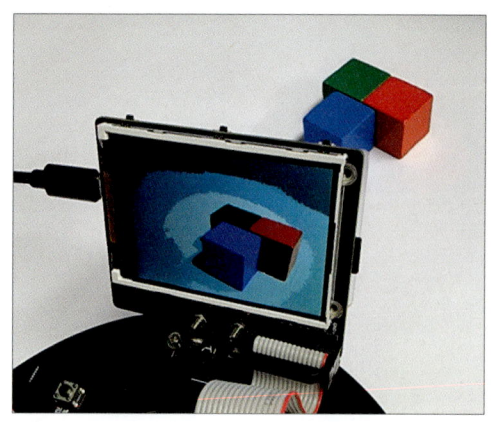

이미지의 색상을 강조하여 만화처럼 보이도록 필터처리하였습니다.

## 05-2

# 카메라 설정

카메라를 설정하는 방법을 알아봅니다.

## 오토게인 설정

오토게인을 설정하고 카메라로부터 영상을 읽어와 화면에 표시하면서 프레임 속도, 게인(Gain), 노출 시간(Exposure)을 출력하는 코드를 작성합니다.

**5-2-1.카메라설정.py**

```python
import sensor, image, time, lcd

sensor.reset()
sensor.set_vflip(1)
sensor.set_pixformat(sensor.RGB565)
sensor.set_framesize(sensor.QVGA)

sensor.set_auto_gain(True, gain_db_ceiling =16.0)

sensor.skip_frames(time =2000)

lcd.init()

clock = time.clock()

while(True):
    clock.tick()

    img = sensor.snapshot()
    lcd.display(img)

    print("FPS %f, Gain %f dB, Exposure %d us" % \
        (clock.fps(), sensor.get_gain_db(), sensor.get_exposure_us()))
```

**코드 설명**

**08:** 자동 게인 설정을 활성화하고 최대 게인 값을 16.0 dB로 설정합니다.
**22:** 현재 프레임 속도, 게인(Gain), 노출 시간(Exposure)을 출력합니다.

[▶Start] 버튼을 클릭하여 코드를 실행합니다.
카메라인 GAIN값이 자동으로 설정되었습니다.

자동으로 설정된 Gain의 확인이 가능합니다.

## 수동게인 설정

게인을 수동으로 설정해보도록 합니다.

**5-2-2.카메라설정.py**

```python
import sensor, image, time, lcd

GAIN_DB =1

sensor.reset()
sensor.set_vflip(1)
sensor.set_pixformat(sensor.RGB565)
sensor.set_framesize(sensor.QVGA)
sensor.skip_frames(time =2000)

sensor.set_auto_exposure(False)
sensor.set_auto_whitebal(False)
```

```
13      sensor.skip_frames(time =500)
14      sensor.set_auto_gain(False, gain_db = GAIN_DB)
15
16      lcd.init()
17
18      clock = time.clock()
19
20      while(True):
21          clock.tick()
22
23          img = sensor.snapshot()
24          lcd.display(img)
25
26          print(clock.fps())
```

| 코드 설명 |
| --- |
| **14**: 자동 게인 설정을 비활성화하고, GAIN_DB 값을 게인으로 실징합니다. |

[▶Start] 버튼을 클릭하여 코드를 실행합니다.

각 게인에 따른 이미지의 차이를 확인합니다. 특별한 목적이 아닌 이상 오토게인으로 사용합니다.

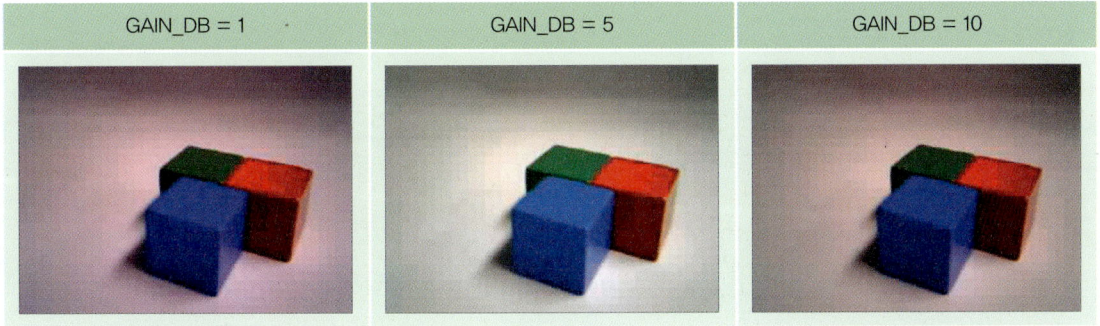

Gain을 높이면 이미지를 더 잘 받아드릴 수 있으나 노이즈도 같이 늘어나기 때문에 적당한 Gain값을 사용해야 합니다.

## 노출시간 수동조절

노출시간을 수동으로 조절해보도록 합니다.

**5-2-3.카메라설정.py**

```
01   import sensor, image, time, lcd
02
03   EXPOSURE_us =50000  # 30000 ~ 1000000
04
05   sensor.reset()
```

```
06      sensor.set_vflip(1)
07      sensor.set_pixformat(sensor.RGB565)
08      sensor.set_framesize(sensor.QVGA)
09      sensor.skip_frames(time =2000)
10
11
12      sensor.set_auto_gain(False)
13      sensor.set_auto_whitebal(False)
14      sensor.skip_frames(time =500)
15
16      sensor.set_auto_exposure(False,exposure_us = EXPOSURE_us)
17
18      lcd.init()
19
20      clock = time.clock()
21
22      while(True):
23          clock.tick()
24
25          img = sensor.snapshot()
26          lcd.display(img)
27
28          print(clock.fps())
```

**코드 설명**

**16**: 자동 노출 설정을 비활성화하고, EXPOSURE_us 값을 노출 시간으로 설정합니다.

[▶Start] 버튼을 클릭하여 코드를 실행합니다.

노출시간에 따른 이미지의 차이입니다. 너무 짧을 경우 빛을 받아들이는 시간이 적어 정상적인 형태가 되지 않습니다.

## 05-3

# 이미지 검출하기

이미지에서 다양한 특징을 검출하는 방법에 대해서 알아봅니다.

### 엣지검출

윤곽선을 검출하는 엣지검출 코드를 작성해보도록 합니다.

**5-3-1.이미지 검출하기.py**

```python
import sensor, image, time, lcd

sensor.reset()
sensor.set_vflip(1)
sensor.set_pixformat(sensor.GRAYSCALE)
sensor.set_framesize(sensor.QQVGA)
sensor.skip_frames(time =2000)

lcd.init()

clock = time.clock() # Tracks FPS.
while(True):
    clock.tick()

    img = sensor.snapshot()
    img.find_edges(image.EDGE_SIMPLE, threshold=(20, 255))
    lcd.display(img)

    print(clock.fps())
```

| 코드 설명 |
| --- |
| 16: 이미지에서 간단한 엣지를 찾아내고, 임계값 범위를 설정합니다. |

[▶Start] 버튼을 클릭하여 코드를 실행합니다. 이미지에서 윤곽을 찾아 윤관석만 표시하였습니다.

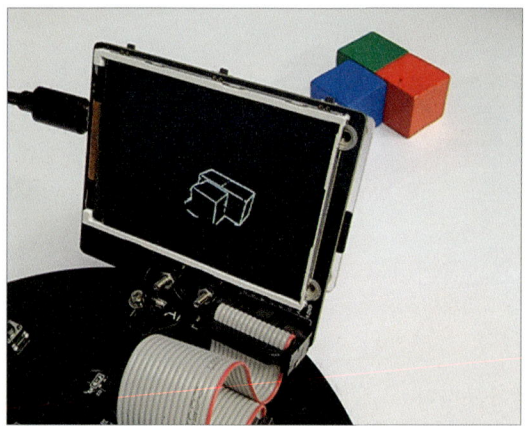

윤곽선을 찾아 표시한 이미지입니다.

## 이미지에서 원 찾기

이미지에서 원을 찾아 표시해보도록 합니다.

**5-3-2.이미지 검출하기.py**

```
01  import sensor, image, time, lcd
02
03  sensor.reset()
04  sensor.set_vflip(1)
05  sensor.set_pixformat(sensor.RGB565) # grayscale is faster
06  sensor.set_framesize(sensor.QQVGA)
07  sensor.skip_frames(time =2000)
08
09  lcd.init()
10
11  clock = time.clock()
12  while(True):
13      clock.tick()
14
15      img = sensor.snapshot().lens_corr(1.8)
16      for c in img.find_circles(threshold =2000, x_margin =10, y_margin =10, r_margin =10,
17              r_min =2, r_max =100, r_step =2):
18          img.draw_circle(c.x(), c.y(), c.r(), color = (255, 0, 0))
```

```
19              print(c)
20
21         lcd.display(img)
22
23         print("FPS %f" % clock.fps())
```

> **코드 설명**
>
> **16:** 이미지에서 원을 찾아내는데 필요한 파라미터들을 설정합니다.
> **17:** 원을 찾아내고, 찾은 원 주위에 원을 그려줍니다.

[▶Start] 버튼을 클릭하여 코드를 실행합니다.

이미지에서 원을 찾아 LCD에 표시하였습니다.

## 이미지에서 선 찾기

이미지에서 선을 찾아 표시해보도록 합니다.

> **5-3-3.이미지 검출하기.py**

```
01    import sensor, image, time, lcd
02
03    enable_lens_corr =False
04
05    sensor.reset()
06    sensor.set_vflip(1)
07    sensor.set_pixformat(sensor.RGB565)
08    sensor.set_framesize(sensor.QQVGA)
09    sensor.skip_frames(time =2000)
10
```

```
11      lcd.init()
12
13      clock = time.clock()
14
15      min_degree =0
16      max_degree =179
17
18      while(True):
19          clock.tick()
20          img = sensor.snapshot()
21          if enable_lens_corr: img.lens_corr(1.8)
22
23          for l in img.find_lines(threshold =1000, theta_margin =25, rho_margin =25):
24              if (min_degree <= l.theta()) and (l.theta() <= max_degree):
25                  img.draw_line(l.line(), color = (255, 0, 0))
26          lcd.display(img)
27          print("FPS %f" % clock.fps())
```

### 코드 설명

**23**: 이미지에서 선을 찾아내는데 필요한 파라미터들을 설정합니다.
**24**: 최소 및 최대 각도 범위 내에 있는 선만을 고려하여 선을 그립니다.

[▶Start] 버튼을 클릭하여 코드를 실행합니다.

이미지에서 선을 찾아 LCD에 표시하였습니다.

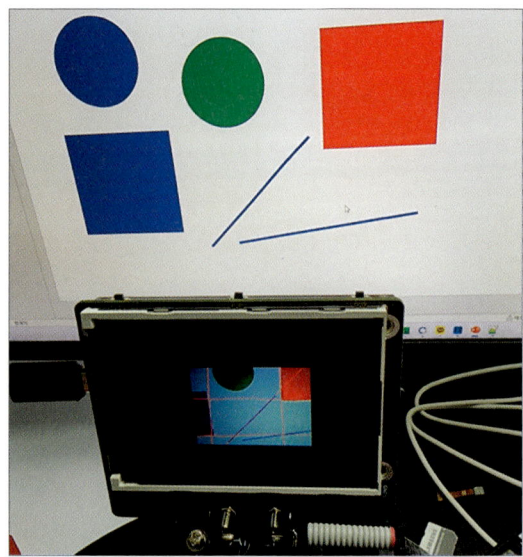

# 이미지에서 사각형 찾기

이미지에서 사각형을 찾아 표시해보도록 합니다.

### 5-3-4.이미지 검출하기.py

```python
import sensor, image, time, lcd

sensor.reset()
sensor.set_vflip(1)
sensor.set_pixformat(sensor.RGB565)
sensor.set_framesize(sensor.QQVGA)
sensor.skip_frames(time =2000)

lcd.init()

clock = time.clock()
while(True):
    clock.tick()

    img = sensor.snapshot()
    for r in img.find_rects(threshold =10000):
        img.draw_rectangle(r.rect(), color = (255, 0, 0))
        for p in r.corners(): img.draw_circle(p[0], p[1], 5, color = (0, 255, 0))
        print(r)
    lcd.display(img)

    print("FPS %f" % clock.fps())
```

### 코드 설명

**16:** 이미지에서 사각형을 찾아내는데 필요한 파라미터들을 설정합니다.
**17:** 찾은 사각형 주위에 빨간색 사각형을 그리고, 사각형의 꼭지점을 녹색 원으로 표시합니다.
**19:** 검출된 사각형의 정보를 출력합니다.

[▶Start] 버튼을 클릭하여 코드를 실행합니다.

이미지에서 사각형을 찾아 LCD에 표시하였습니다.

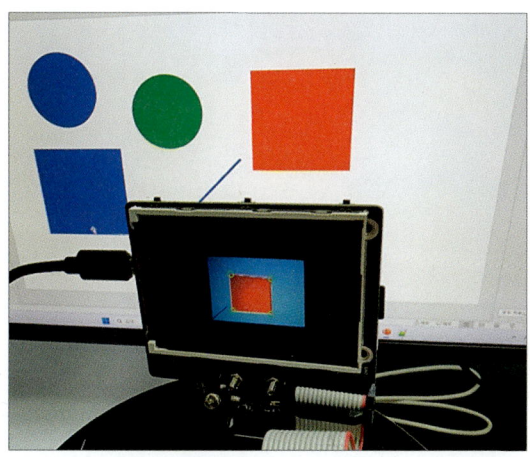

# CHAPTER 06

# 인공지능 실습하기

## 06-1

# 숫자 검출하기

이미지에서 숫자를 검출하는 인공지능을 활용해봅니다.

제공자료는 책 전용 게시판 또는 저자가 운영하는 블로그에서 다운로드 받을 수 있습니다.

- 앤써북 이 책의 전용 게시판 : https://cafe.naver.com/answerbook/6497
- 저자가 운영하는 블로그 https://munjjac.tistory.com/14

SD카드의 model 폴더에 [uint8_mnist_cnn_model.kmodel]이 있어야 합니다.

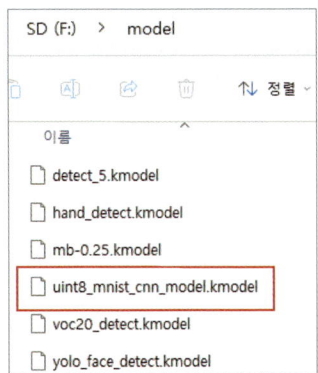

## 이미지에서 숫자 검출하기

학습된 인공지능 모델을 사용하여 숫자 인식을 수행하며 결과를 LCD에 표시하는 코드를 작성해봅니다.

6-1-1.숫자 검출하기.py

```
01  import sensor, image, time, lcd
02  from maix import KPU
03  import gc
04  gc.collect()
05
06  sensor.reset()
07  sensor.set_vflip(1)
08  sensor.set_pixformat(sensor.GRAYSCALE)
09  sensor.set_framesize(sensor.QQVGA)
10  sensor.skip_frames(time =500)
```

```python
11
12      lcd.init()
13
14      #인공지능 모델 불러오기
15      kpu = KPU()
16      kpu.load_kmodel("/sd/model/uint8_mnist_cnn_model.kmodel")
17
18      while True:
19          gc.collect()
20          img = sensor.snapshot() # 촬영하여 이미지 가져오기
21          img_mnist=img.to_grayscale(1) # 이미지를 회색조로 변환
22          img_mnist=img_mnist.resize(112,112) # 이미지 크기를 112x112로 조정
23          img_mnist.invert() # 이미지 반전
24          img_mnist.strech_char(1) # 이미지 전처리
25          img_mnist.pix_to_ai() # 이미지를 AI 연산에 필요한 r8g8b8 형식으로 변환
26
27          # 입력 이미지에 KPU 연산을 수행하고 결과를 얻습니다.
28          out = kpu.run_with_output(img_mnist, getlist=True)
29          max_mnist = max(out)
30          index_mnist = out.index(max_mnist)
31          score = KPU.sigmoid(max_mnist)
32          display_str ="number: {} ,score: {}".format(index_mnist,score)
33          print(display_str)
34          img.draw_string(4,3,display_str,color=(0,0,0),scale=1)
35          lcd.display(img)
36
37      # 생성한 KPU 객체 초기화 및 모델 메모리 해제
38      kpu.deinit()
```

### 코드 설명

**02**: KPU 모듈을 가져옵니다.
**03**: 메모리 관리를 위해 가비지 컬렉션을 수행합니다.
**15**: KPU 모델을 로드합니다.
**19**: 가비지 컬렉션을 실행하여 메모리를 정리합니다.
**20**: 이미지 센서에서 스냅샷을 캡처합니다.
**21**: 이미지를 회색조로 변환합니다.
**22**: 이미지 크기를 112x112로 조정합니다.
**23**: 이미지를 반전시킵니다.
**24**: 이미지를 전처리합니다.
**25**: 이미지를 AI 연산에 필요한 형식으로 변환합니다.
**27**: KPU 모델을 사용하여 입력 이미지에 대한 연산을 수행하고 결과를 가져옵니다.
**28**: 결과 리스트를 가져옵니다.
**29**: 결과 중 가장 큰 값을 찾습니다.
**30**: 최대값의 인덱스를 가져옵니다.
**31**: 점수를 계산합니다.
**32**: 결과를 문자열로 포맷합니다.
**33**: 결과를 출력합니다.
**34**: 이미지 위에 결과 문자열을 그립니다.
**35**: LCD에 이미지를 표시합니다.
**37**: KPU 객체를 초기화하고 모델 메모리를 해제합니다.

[▶Start] 버튼을 클릭하여 코드를 실행합니다.

이미지에서 숫자를 검출하였습니다. score는 검출된 객체의 점수입니다. 1.0이 만점입니다.

터미널에 검출된 객체와 점수가 출력되었습니다.

## 조건식 추가하여 성능 높이기

이미지를 AI 모델을 사용하여 숫자 인식하고, 결과를 디스플레이에 표시하는 코드입니다. 결과를 표시할 때, 인식된 숫자와 점수를 표시하며, 점수가 일정 값 이상일 때만 결과를 표시하는 코드를 작성합니다.

### 6-1-2.숫자 검출하기.py

```python
01  import sensor, image, time, lcd
02  from maix import KPU
03  import gc
04  gc.collect()
05
06  sensor.reset()
07  sensor.set_vflip(1)
08  sensor.set_pixformat(sensor.GRAYSCALE)
09  sensor.set_framesize(sensor.QQVGA)
10  sensor.skip_frames(time =500)
11
12  lcd.init()
13
14  #인공지능 모델 불러오기
15  kpu = KPU()
16  kpu.load_kmodel("/sd/model/uint8_mnist_cnn_model.kmodel")
17
18  while True:
19      gc.collect()
20      img = sensor.snapshot() # 촬영하여 이미지 가져오기
21      img_mnist=img.to_grayscale(1) # 이미지를 회색조로 변환
22      img_mnist=img_mnist.resize(112,112) # 이미지 크기를 112x112로 조정
23      img_mnist.invert() # 이미지 반전
24      img_mnist.strech_char(1) # 이미지 전처리
25      img_mnist.pix_to_ai() # 이미지를 AI 연산에 필요한 r8g8b8 형식으로 변환
26
27      # 입력 이미지에 KPU 연산을 수행하고 결과를 얻습니다.
28      out = kpu.run_with_output(img_mnist, getlist=True)
29      max_mnist = max(out)
30      index_mnist = out.index(max_mnist)
31      score = KPU.sigmoid(max_mnist)
32      if score >=0.99999:
33          display_str ="number: {} ,score: {}".format(index_mnist,score)
34      else:
35          display_str ="None"
36      print(display_str)
37      img.draw_string(4,3,display_str,color=(0,0,0),scale=1)
38      lcd.display(img)
39
40      # 생성한 KPU 객체 초기화 및 모델 메모리 해제
41      kpu.deinit()
```

#### 코드 설명

**29**: 결과 중 가장 큰 값을 찾습니다.
**30**: 최대값의 인덱스를 가져옵니다.
**31**: 점수를 계산합니다.
**32**: 점수가 0.99999 이상인 경우에만 결과를 표시합니다.

[▶Start] 버튼을 클릭하여 코드를 실행합니다.

score가 0.99999 이상일 때만 검출된 숫자를 표시합니다.

검출되지 않았을 때는 None으로 표시합니다.

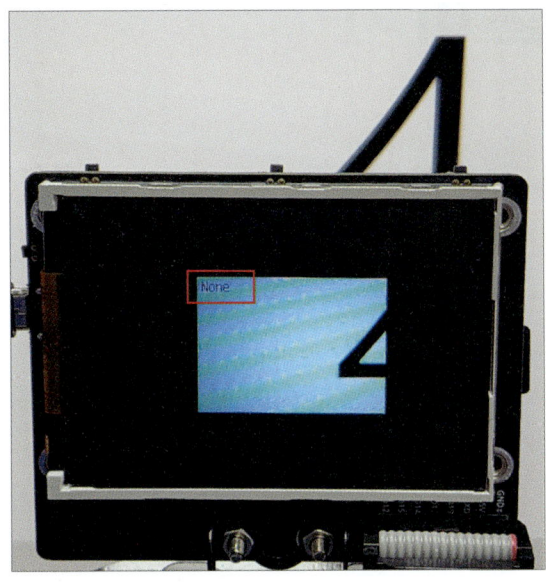

Score가 0.9999이상일 때 즉 검출되었을 때 lcd에 표시합니다.

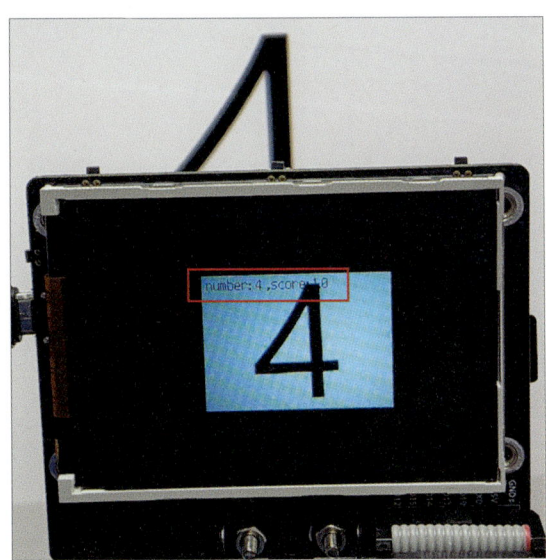

## 06-2

# 객체 검출하기

미리학습된 다양한 객체를 검출하는 인공지능을 활용해봅니다.

제공자료는 책 전용 게시판 또는 저자가 운영하는 블로그에서 다운로드 받을 수 있습니다.

- 앤써북 이 책의 전용 게시판 : https://cafe.naver.com/answerbook/6497
- 저자가 운영하는 블로그 https://munjjac.tistory.com/14

SD카드의 model 폴더에 [voc20_detect.kmodel]이 있어야 합니다.

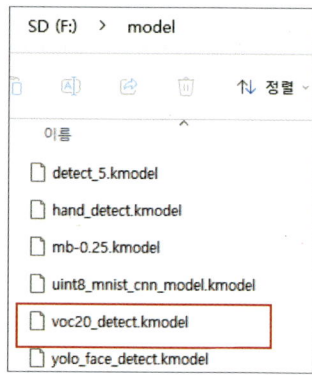

### 검출한 객체 출력하기

YOLO (You Only Look Once) 알고리즘을 사용하여 객체 감지를 수행하는 프로그램을 작성해봅니다.

6-2-1.객체 검출하기.py

```python
import sensor, image, time, lcd
from maix import KPU
import gc
gc.collect() # 메모리 해제

lcd.init()
sensor.reset()
sensor.set_vflip(1)
sensor.set_pixformat(sensor.RGB565)
```

```python
10     sensor.set_framesize(sensor.QVGA)
11     sensor.skip_frames(time =1000)
12     clock = time.clock()
13
14
15     od_img = image.Image(size=(320,256)) # 320x256 크기의 이미지 객체 초기화
16
17     # 객체 이름 및 앵커 정의
18     obj_name = ("aeroplane",
19                 "bicycle",
20                 "bird",
21                 "boat",
22                 "bottle",
23                 "bus",
24                 "car",
25                 "cat",
26                 "chair",
27                 "cow",
28                 "diningtable",
29                 "dog","horse",
30                 "motorbike",
31                 "person",
32                 "pottedplant",
33                 "sheep","sofa",
34                 "train",
35                 "tvmonitor")
36     anchor = (1.3221, 1.73145, 3.19275, 4.00944, 5.05587, 8.09892, 9.47112, 4.84053, 11.2364, 10.0071)
37
38     # 모델 로드
39     kpu = KPU()
40     kpu.load_kmodel("/sd/model/voc20_detect.kmodel")
41
42     # YOLO2 초기화
43     kpu.init_yolo2(anchor, anchor_num=5, img_w=320, img_h=240, net_w=320 , net_h=256 ,layer_w=10 ,layer_h=8, threshold=0.5, nms_value=0.2, classes=20)
44
45
46     while True:
47         clock.tick() # 프레임 속도 계산 업데이트
48         img = sensor.snapshot() # 촬영하여 이미지 가져오기
49         od_img.draw_image(img, 0,0) # 이미지를 od_img 이미지의 (0,0) 위치에 그립니다.
50         od_img.pix_to_ai() # rgb565 이미지를 AI 연산에 필요한 r8g8b8 형식으로 변환
51         kpu.run_with_output(od_img) # 입력 이미지에 KPU 연산 수행
52         dect = kpu.regionlayer_yolo2() # YOLO2 후 처리
53         fps = clock.fps() # FPS 가져오기
54         print(dect)
```

```
55
56        lcd.display(img)
57
58        gc.collect()
59
60    # KPU 객체 초기화 및 모델 메모리 해제
61    kpu.deinit()
```

| 코드 설명 |
| --- |
| **15**: 320x256 크기의 이미지 객체 od_img를 초기화합니다.<br>**39**: KPU 객체를 생성합니다.<br>**40**: YOLO2 모델을 로드합니다.<br>**43**: YOLO2 초기화를 수행합니다.<br>**49**: od_img 이미지에 캡처한 이미지를 그립니다.<br>**50**: 이미지를 AI 연산에 필요한 형식으로 변환합니다.<br>**51**: KPU 연산을 실행합니다.<br>**52**: YOLO2 후처리를 수행하고 결과를 dect 변수에 저장합니다.<br>**53**: FPS (프레임 프로세싱 속도)를 계산하고 가져옵니다.<br>**54**: 객체 감지 결과를 출력합니다.<br>**56**: LCD에 캡처한 이미지를 표시합니다. |

[▶Start] 버튼을 클릭하여 코드를 실행합니다.

검출할 객체를 카메라에 비추어봅니다.

터미널에 검출한 객체의 정보가 출력되었습니다.

## 검출한 객체 표시하기

이미지에 인식된 객체를 사각형 박스와 함께 표시하는 프로그램을 작성해봅니다.

6-2-2.객체 검출하기.py

```
01  import sensor, image, time, lcd
02  from maix import KPU
03  import gc
04  gc.collect() # 메모리 해제
05
06  lcd.init()
07  sensor.reset()
08  sensor.set_vflip(1)
09  sensor.set_pixformat(sensor.RGB565)
10  sensor.set_framesize(sensor.QVGA)
11  sensor.skip_frames(time =1000)
12  clock = time.clock()
13
14
15  od_img = image.Image(size=(320,256)) # 320x256 크기의 이미지 객체 초기화
16
17  # 객체 이름 및 앵커 정의
18  obj_name = ("aeroplane",
19             "bicycle",
20             "bird",
21             "boat",
22             "bottle",
23             "bus",
24             "car",
25             "cat",
26             "chair",
27             "cow",
28             "diningtable",
29             "dog","horse",
30             "motorbike",
31             "person",
```

```
32                "pottedplant",
33                "sheep","sofa",
34                "train",
35                "tvmonitor")
36     anchor = (1.3221, 1.73145, 3.19275, 4.00944, 5.05587, 8.09892, 9.47112, 4.84053, 11.2364, 10.0071)
37
38     # 모델 로드
39     kpu = KPU()
40     kpu.load_kmodel("/sd/model/voc20_detect.kmodel")
41
42     # YOLO2 초기화
43     kpu.init_yolo2(anchor, anchor_num=5, img_w=320, img_h=240, net_w=320 , net_h=256 ,layer_w=10
,layer_h=8, threshold=0.5, nms_value=0.2, classes=20)
44
45
46     while True:
47         clock.tick() # 프레임 속도 계산 업데이트
48         img = sensor.snapshot() # 촬영하여 이미지 가져오기
49         od_img.draw_image(img, 0,0) # 이미지를 od_img 이미지의 (0,0) 위치에 그립니다.
50         od_img.pix_to_ai() # rgb565 이미지를 AI 연산에 필요한 r8g8b8 형식으로 변환
51         kpu.run_with_output(od_img) # 입력 이미지에 KPU 연산 수행
52         dect = kpu.regionlayer_yolo2() # YOLO2 후 처리
53         fps = clock.fps() # FPS 가져오기
54
55         # 박스 그리기 및 객체 클래스 표시
56         if len(dect) >0:
57             print("dect:",dect)
58             for l in dect :
59                 img.draw_rectangle(l[0],l[1],l[2],l[3], color=(0, 255, 0))
60                 img.draw_string(l[0],l[1], obj_name[l[4]], color=(0, 255, 0), scale=1.5)
61
62         img.draw_string(0, 0, "%2.1ffps" %(fps), color=(0, 60, 128), scale=1.0)
63         lcd.display(img)
64         gc.collect()
65
66     # KPU 객체 초기화 및 모델 메모리 해제
67     kpu.deinit()
```

**코드 설명**

**56~61**: 인식된 객체에 대한 정보를 표시합니다.

[▶Start] 버튼을 클릭하여 코드를 실행합니다.

검출한 객체의 정보를 바탕으로 LCD에 검출된 내용을 표시하였습니다.

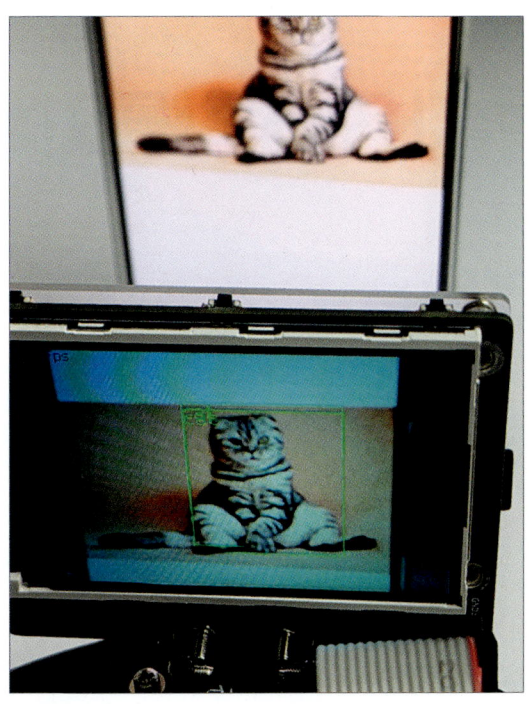

### 인공지능 모델 프로그램시 주의사항

아래와 같이 인공지능 모델을 불러올 때 메모리 할당에 관한 에러 메시지가 나타날 때가 있습니다.

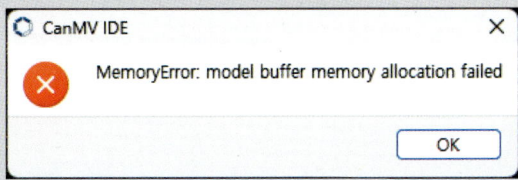

kpu.deinit()을 통해 정상적으로 메모리를 해제해야 하는데 코드의 에러가 발생하였을 경우 해제하지 못하고 코드가 멈추는 경우가 있습니다. 그럴 때 인공지능 카메라는 더 이상 저장할 공간이 없어서 발생하는 에러로 해결 방법으로는 인공지능 카메라를 리셋한 다음 다시 실행하여야 합니다.

자동차의 리셋버튼을 눌러 물리적으로 리셋을 통해 인공지능 카메라를 초기화 한 다음 다시 연결 후 사용합니다.

## 06-3

# 고양이를 따라가는 자동차 만들기

고양이의 객체를 검출하고 검출되면 고양이를 따라가는 자동차를 만들어봅니다.

제공자료는 책 전용 게시판 또는 저자가 운영하는 블로그에서 다운로드 받을 수 있습니다.

- 앤써북 이 책의 전용 게시판 : https://cafe.naver.com/answerbook/6497
- 저자가 운영하는 블로그 https://munjjac.tistory.com/14

SD카드의 model 폴더에 [voc20_detect.kmodel]이 있어야 합니다.

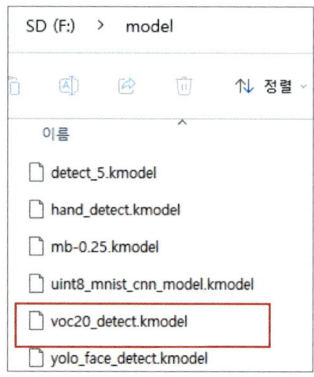

### 찾은 고양이의 중심좌표 구하기

 YOLO (You Only Look Once) 알고리즘을 사용하여 객체 감지를 수행하고, 특정 객체인 "cat"만을 감지하고 중심좌표를 출력하는 코드를 작성해봅니다.

**6-3-1.고양이를 따라가는 자동차 만들기.py**

```python
import sensor, image, time, lcd
from maix import KPU
import gc
gc.collect() # 메모리 해제

lcd.init()
sensor.reset()
```

```
08      sensor.set_vflip(1)
09      sensor.set_pixformat(sensor.RGB565)
10      sensor.set_framesize(sensor.QVGA)
11      sensor.skip_frames(time =1000)
12      clock = time.clock()
13
14      od_img = image.Image(size=(320,256)) # 320x256 크기의 이미지 객체 초기화
15
16      # 객체 이름 및 앵커 정의
17      obj_name = ("aeroplane",
18                  "bicycle",
19                  "bird",
20                  "boat",
21                  "bottle",
22                  "bus",
23                  "car",
24                  "cat",
25                  "chair",
26                  "cow",
27                  "diningtable",
28                  "dog","horse",
29                  "motorbike",
30                  "person",
31                  "pottedplant",
32                  "sheep","sofa",
33                  "train",
34                  "tvmonitor")
35      anchor = (1.3221, 1.73145, 3.19275, 4.00944, 5.05587, 8.09892, 9.47112, 4.84053, 11.2364,
10.0071)
36
37      # 모델 로드
38      kpu = KPU()
39      kpu.load_kmodel("/sd/model/voc20_detect.kmodel")
40
41      # YOLO2 초기화
42      kpu.init_yolo2(anchor, anchor_num=5, img_w=320, img_h=240, net_w=320 , net_h=256 ,layer_w=10
,layer_h=8, threshold=0.5, nms_value=0.2, classes=20)
43
44
45      while True:
46          clock.tick() # 프레임 속도 계산 업데이트
47          img = sensor.snapshot() # 촬영하여 이미지 가져오기
48          od_img.draw_image(img, 0,0) # 이미지를 od_img 이미지의 (0,0) 위치에 그립니다.
49          od_img.pix_to_ai() # rgb565 이미지를 AI 연산에 필요한 r8g8b8 형식으로 변환
50          kpu.run_with_output(od_img) # 입력 이미지에 KPU 연산 수행
51          dect = kpu.regionlayer_yolo2() # YOLO2 후 처리
52          fps = clock.fps() # FPS 가져오기
```

```
53
54          # 박스 그리기 및 객체 클래스 표시
55          if len(dect) >0:
56
57              for l in dect :
58                  if obj_name[l[4]] =="cat":
59                      img.draw_rectangle(l[0],l[1],l[2],l[3], color=(0, 255, 0))
60                      img.draw_string(l[0],l[1], obj_name[l[4]], color=(0, 255, 0), scale=1.5)
61                      x =int(l[0]+l[2]/2)
62                      y =int(l[1]+l[3]/2)
63                      img.draw_cross(x,y)
64                      print("x:{} y:{}".format(x,y))
65              img.draw_string(0, 0, "%2.1ffps" %(fps), color=(0, 60, 128), scale=1.0)
66              lcd.display(img)
67              gc.collect()
68
69          # KPU 객체 초기화 및 모델 메모리 해제
70          kpu.deinit()
```

#### 코드 설명

**55**   : 인식된 객체 중 "cat"을 찾고, 해당 객체에 대해 사각형 박스와 클래스 이름을 그립니다.
**61~62** : 객체 중심 좌표를 계산하고 표시합니다.

[▶Start] 버튼을 클릭하여 코드를 실행합니다.

고양이를 찾았을 때의 좌표를 터미널에 출력합니다.

중앙에 위치하였을 때는 x좌표가 160 정도입니다. 카메라의 크기가 320으로 중앙인 160정도입니다.

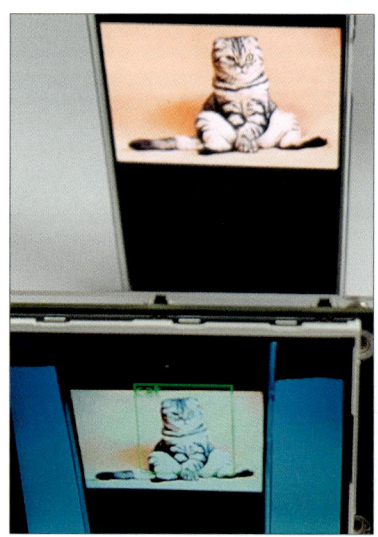

카메라의 왼쪽에 검출하였을 때 x값은 작아집니다.

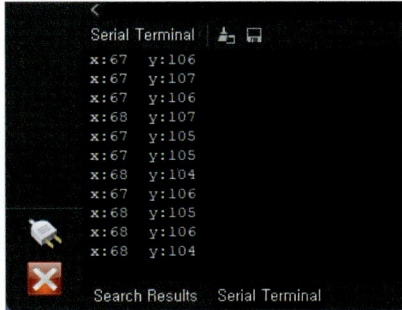

카메라의 오른쪽에 검출하였을 때 x값은 커집니다.

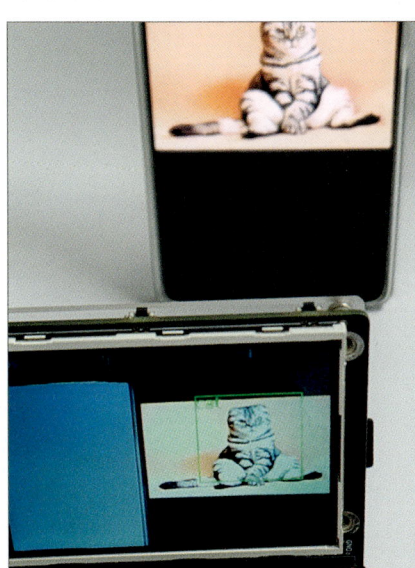
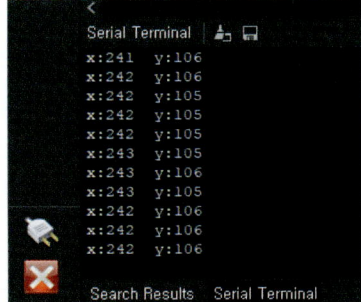

## 고양이를 따라가는 자동차 만들기

고양이의 중심좌표에 따라서 자동차를 움직여 고양이를 따라가는 자동차를 완성해보도록 합니다.

6-3-2.고양이를 따라가는 자동차 만들기.py

```
001  import sensor, image, time, lcd
002  from maix import KPU
003  from maix import GPIO
004  from fpioa_manager import fm
005  from board import board_info
```

```
006     from machine import Timer, PWM
007
008     import gc
009     gc.collect() # 메모리 해제
010
011     lcd.init()
012     sensor.reset()
013     sensor.set_vflip(1)
014     sensor.set_pixformat(sensor.RGB565)
015     sensor.set_framesize(sensor.QVGA)
016     sensor.skip_frames(time =1000)
017     clock = time.clock()
018
019     od_img = image.Image(size=(320,256)) # 320x256 크기의 이미지 객체 초기화
020
021     # 객체 이름 및 앵커 정의
022     obj_name = ("aeroplane",
023                 "bicycle",
024                 "bird",
025                 "boat",
026                 "bottle",
027                 "bus",
028                 "car",
029                 "cat",
030                 "chair",
031                 "cow",
032                 "diningtable",
033                 "dog","horse",
034                 "motorbike",
035                 "person",
036                 "pottedplant",
037                 "sheep","sofa",
038                 "train",
039                 "tvmonitor")
040     anchor = (1.3221, 1.73145, 3.19275, 4.00944, 5.05587, 8.09892, 9.47112, 4.84053, 11.2364, 10.0071)
041
042     # 모델 로드
043     kpu = KPU()
044     kpu.load_kmodel("/sd/model/voc20_detect.kmodel")
045
046     # YOLO2 초기화
047     kpu.init_yolo2(anchor, anchor_num=5, img_w=320, img_h=240, net_w=320 , net_h=256 ,layer_w=10 ,layer_h=8, threshold=0.5, nms_value=0.2, classes=20)
048
049
050     #모터제어핀 초기화
051     tim0 = Timer(Timer.TIMER0, Timer.CHANNEL0, mode=Timer.MODE_PWM)
052     tim1 = Timer(Timer.TIMER0, Timer.CHANNEL1, mode=Timer.MODE_PWM)
053     tim2 = Timer(Timer.TIMER0, Timer.CHANNEL2, mode=Timer.MODE_PWM)
054     tim3 = Timer(Timer.TIMER0, Timer.CHANNEL3, mode=Timer.MODE_PWM)
```

```
055
056     left_ia = PWM(tim0, freq=2000, duty=0, pin=13)
057     left_ib = PWM(tim1, freq=2000, duty=0, pin=19)
058     right_ia = PWM(tim2, freq=2000, duty=0, pin=10)
059     right_ib = PWM(tim3, freq=2000, duty=0, pin=17)
060
061     def car_go(speed):
062         left_ia.duty(0)
063         left_ib.duty(speed)
064         right_ia.duty(speed)
065         right_ib.duty(0)
066
067     def car_back(speed):
068         left_ia.duty(speed)
069         left_ib.duty(0)
070         right_ia.duty(0)
071         right_ib.duty(speed)
072
073     def car_left(speed):
074         left_ia.duty(speed)
075         left_ib.duty(0)
076         right_ia.duty(speed)
077         right_ib.duty(0)
078
079     def car_right(speed):
080         left_ia.duty(0)
081         left_ib.duty(speed)
082         right_ia.duty(0)
083         right_ib.duty(speed)
084
085     def car_stop(tim):
086         car_go(0)
087         print("멈춤")
088
089     tim = Timer(Timer.TIMER1, Timer.CHANNEL0, mode=Timer.MODE_PERIODIC, period=500, callback=car_stop)
090
091
092     while True:
093         clock.tick() # 프레임 속도 계산 업데이트
094         img = sensor.snapshot() # 촬영하여 이미지 가져오기
095         od_img.draw_image(img, 0,0) # 이미지를 od_img 이미지의 (0,0) 위치에 그립니다.
096         od_img.pix_to_ai() # rgb565 이미지를 AI 연산에 필요한 r8g8b8 형식으로 변환
097         kpu.run_with_output(od_img) # 입력 이미지에 KPU 연산 수행
098         dect = kpu.regionlayer_yolo2() # YOLO2 후 처리
099         fps = clock.fps() # FPS 가져오기
100
101         # 박스 그리기 및 객체 클래스 표시
102         if len(dect) >0:
103
104             for l in dect :
105                 if obj_name[l[4]] =="cat":
```

```
106            img.draw_rectangle(l[0],l[1],l[2],l[3], color=(0, 255, 0))
107            img.draw_string(l[0],l[1], obj_name[l[4]], color=(0, 255, 0), scale=1.5)
108            x =int(l[0]+l[2]/2)
109            y =int(l[1]+l[3]/2)
110            img.draw_cross(x,y)
111            print("x:{} y:{}".format(x,y))
112            if x <100:
113                print("왼쪽")
114                car_left(50)
115            elif x >200:
116                print("오른쪽")
117                car_right(50)
118            else:
119                print("직진")
120                car_go(50)
121
122        img.draw_string(0, 0, "%2.1ffps" %(fps), color=(0, 60, 128), scale=1.0)
123        lcd.display(img)
124        gc.collect()
125
126    # KPU 객체 초기화 및 모델 메모리 해제
127    kpu.deinit()
```

> **코드 설명**
>
> **050~083**: 모터 제어를 위한 함수들을 정의합니다. car_go, car_back, car_left, car_right, car_stop 함수가 자동차의 다양한 동작을 제어합니다.
> **089~090**: 타이머 객체 tim을 생성하고, 일정 주기마다 car_stop 함수를 호출하여 자동차를 멈춥니다.
> **092~126**: 메인 루프입니다. 객체 감지와 자동차 제어를 수행합니다. "cat" 객체를 감지하면 객체의 중심 좌표를 기반으로 자동차를 왼쪽, 오른쪽 또는 직진으로 제어합니다.

인공지능 카메라가 전원이 켜진 후 바로 동작할 수 있도록 코드를 업로드합니다. 업로드된 코드는 인공지능 카메라가 부팅된 다음 바로 실행됩니다.

[Tools] → [Save open script to CanMV Cam (as main.py)]를 클릭합니다.

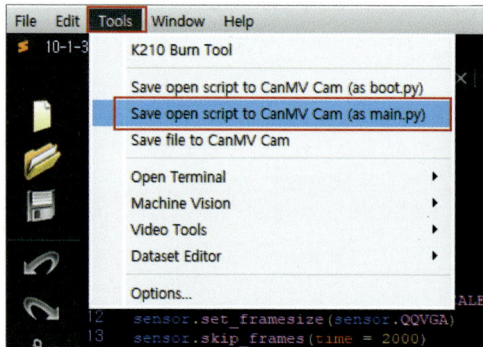

[No]를 선택합니다. 공백을 탭으로 변경하는 옵션으로 공백으로 사용하여도 무방합니다. 탭으로 변경시 업로드시 잦은 오류로 인해 변경하지 않고 사용합니다. 공백의 경우에도 가끔 업로드시 오류가 발생합니다. 오류 발생시에는 인공지능 카메라의 연결을 끊고 다시 연결한 다음 진행합니다.

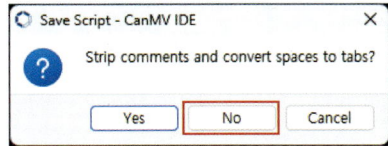

업로드가 완료되었습니다. USB케이블을 분리합니다.

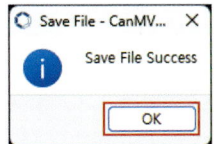

자동차의 전원을 켠 다음 진행합니다.

고양이가 왼쪽에 검출되면 자동차를 왼쪽으로 움직이고, 오른쪽에 검출되는 오른쪽으로 움직이고 중앙에 검출하면 앞으로 이동하는 고양이를 따라가는 자동차를 완성하였습니다.

아래의 링크에서 동작 영상을 확인할 수 있습니다.

https://youtube.com/shorts/cCO9LHl-raY?si=dxUJQ-lyKQ9IVClI

# 06-4

# 손을 따라 움직이는 자동차 만들기

인공지능을 활용하여 미리 학습된 손을 검출하여 손을 따라가는 자동차를 만들어봅니다.
제공자료는 책 전용 게시판 또는 저자가 운영하는 블로그에서 다운로드 받을 수 있습니다.

- 앤써북 이 책의 전용 게시판 : https://cafe.naver.com/answerbook/6497
- 저자가 운영하는 블로그 https://munjjac.tistory.com/14

SD카드의 model 폴더에 [hand_detect.kmodel]이 있어야 합니다.

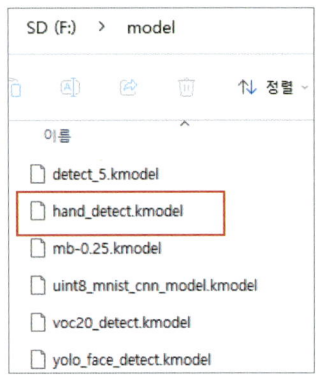

## 손 검출하기

손을 감지하고 해당 위치에 사각형을 그려주는 코드를 작성합니다.

6-4-1.손을 따라 움직이는 자동차 만들기.py

```
01  import sensor, image, time, lcd
02  from maix import KPU
03  import gc
04  gc.collect() # 메모리 해제
05
06  lcd.init()
07  sensor.reset()
08  sensor.set_vflip(1)
```

```
09    sensor.set_pixformat(sensor.RGB565)
10    sensor.set_framesize(sensor.QVGA)
11    sensor.skip_frames(time =1000)
12    clock = time.clock()
13
14    od_img = image.Image(size=(320,256))
15    anchor = (0.8125, 0.4556, 1.1328, 1.2667, 1.8594, 1.4889, 1.4844, 2.2000, 2.6484, 2.9333)
16
17    kpu = KPU()
18    kpu.load_kmodel("/sd/model/hand_detect.kmodel")
19    kpu.init_yolo2(anchor, anchor_num=5, img_w=320, img_h=240, net_w=320 , net_h=256 ,layer_w=10 ,layer_h=8, threshold=0.7, nms_value=0.3, classes=1)
20
21    while True:
22        gc.collect()
23        clock.tick()
24        img = sensor.snapshot()
25        od_img.draw_image(img, 0,0)
26        od_img.pix_to_ai()
27        kpu.run_with_output(od_img)
28        dect = kpu.regionlayer_yolo2()
29        fps = clock.fps()
30
31        if len(dect) >0:
32            print("dect:",dect)
33            for l in dect:
34                img.draw_rectangle(l[0],l[1],l[2],l[3], color=(0, 255, 0))
35
36        img.draw_string(0, 0, "%2.1ffps" %(fps), color=(0, 60, 128), scale=2.0)
37        lcd.display(img)
38
39    kpu.deinit()
```

### 코드 설명

| | |
|---|---|
| 27 | : KPU를 사용하여 입력 이미지에 대한 객체 감지를 수행합니다. |
| 28 | : YOLO2 후처리를 수행하고 결과를 dect 변수에 저장합니다. |
| 31~34 | : 감지된 손의 위치에 대한 정보가 있으면, 해당 위치에 초록색 사각형을 그립니다. |

[▶ Start] 버튼을 클릭하여 코드를 실행합니다.

검출한 손의 위치를 네모로 표시합니다.

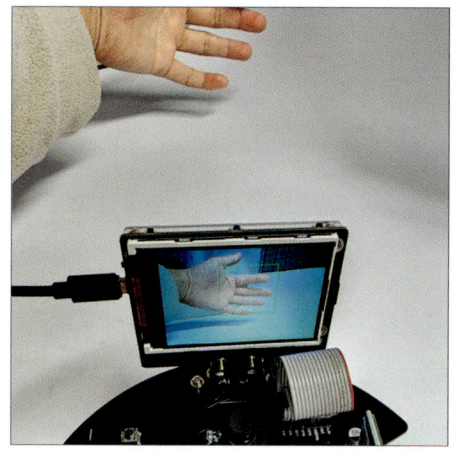

터미널에서는 검출한 손의 좌표를 확인할 수 있습니다.

## 검출한 손의 중앙값 구하기

손을 검출하면 손의 중앙값을 구해 좌표를 출력하는 코드를 작성합니다.

**6-4-2.손을 따라 움직이는 자동차 만들기.py**

```
01    import sensor, image, time, lcd
02    from maix import KPU
03    import gc
04    gc.collect() # 메모리 해제
05
06    lcd.init()
07    sensor.reset()
08    sensor.set_vflip(1)
09    sensor.set_pixformat(sensor.RGB565)
10    sensor.set_framesize(sensor.QVGA)
11    sensor.skip_frames(time =1000)
12    clock = time.clock()
13
14    od_img = image.Image(size=(320,256))
15    anchor = (0.8125, 0.4556, 1.1328, 1.2667, 1.8594, 1.4889, 1.4844, 2.2000, 2.6484, 2.9333)
16
17    kpu = KPU()
```

```
18     kpu.load_kmodel("/sd/model/hand_detect.kmodel")
19     kpu.init_yolo2(anchor, anchor_num=5, img_w=320, img_h=240, net_w=320 , net_h=256 ,layer_w=10
,layer_h=8, threshold=0.7, nms_value=0.3, classes=1)
20
21     while True:
22         gc.collect()
23         clock.tick()
24         img = sensor.snapshot()
25         od_img.draw_image(img, 0,0)
26         od_img.pix_to_ai()
27         kpu.run_with_output(od_img)
28         dect = kpu.regionlayer_yolo2()
29         fps = clock.fps()
30
31         if len(dect) >0:
32             #print("dect:",dect)
33             for l in dect:
34                 x =int(l[0]+l[2]/2)
35                 y =int(l[1]+l[3]/2)
36                 img.draw_cross(x,y, color=(255, 0, 0))
37                 print("x:{} y:{}".format(x,y))
38                 img.draw_rectangle(l[0],l[1],l[2],l[3], color=(0, 255, 0))
39
40         img.draw_string(0, 0, "%2.1ffps" %(fps), color=(0, 60, 128), scale=2.0)
41         lcd.display(img)
42
43     kpu.deinit()
```

**코드 설명**

**31~39**: 감지된 손의 위치에 대한 정보가 있으면, 해당 위치에 십자가와 초록색 사각형을 그립니다. 또한 해당 위치의 x와 y 좌표를 출력합니다.

[▶ Start] 버튼을 클릭하여 코드를 실행합니다.

찾은 손의 중앙에 빨간색으로 + 표시를 하였습니다.

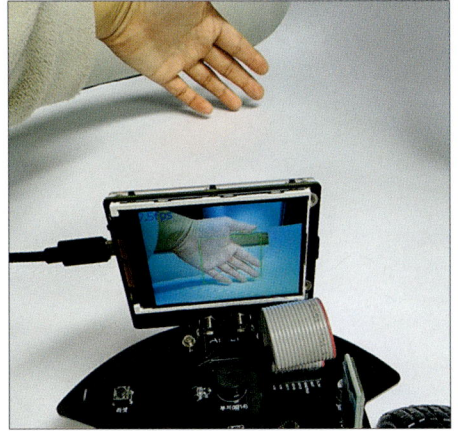

터미널에는 찾은 손의 x,y 중심좌표가 표시됩니다.

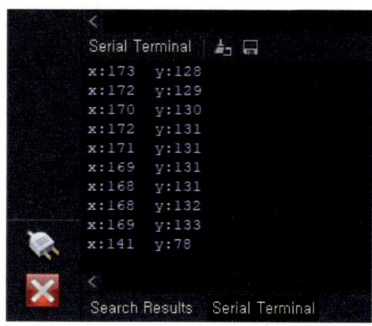

## 손의 위치에 따라 왼쪽 오른쪽 이동 방향 결정하기

x 좌표에 따라서 왼쪽, 오른쪽으로 이동하는 이동 방향을 출력하는 코드를 작성합니다. 또한 한 번 검출되었다고 계속 움직이면 안되기 때문에 1초마다 멈춤을 출력하는 코드를 추가합니다.

### 6-4-3.손을 따라 움직이는 자동차 만들기.py

```
01  import sensor, image, time, lcd
02  from maix import KPU
03  import gc
04  gc.collect() # 메모리 해제
05
06  lcd.init()
07  sensor.reset()
08  sensor.set_vflip(1)
09  sensor.set_pixformat(sensor.RGB565)
10  sensor.set_framesize(sensor.QVGA)
11  sensor.skip_frames(time =1000)
12  clock = time.clock()
13
14  od_img = image.Image(size=(320,256))
15  anchor = (0.8125, 0.4556, 1.1328, 1.2667, 1.8594, 1.4889, 1.4844, 2.2000, 2.6484, 2.9333)
16
17  kpu = KPU()
18  kpu.load_kmodel("/sd/model/hand_detect.kmodel")
19  kpu.init_yolo2(anchor, anchor_num=5, img_w=320, img_h=240, net_w=320 , net_h=256 ,layer_w=10 ,layer_h=8, threshold=0.7, nms_value=0.3, classes=1)
20
21  last_time =0
22
23  while True:
24      gc.collect()
25      clock.tick()
26      img = sensor.snapshot()
27      od_img.draw_image(img, 0,0)
```

```
28          od_img.pix_to_ai()
29          kpu.run_with_output(od_img)
30          dect = kpu.regionlayer_yolo2()
31          fps = clock.fps()
32
33          if len(dect) >0:
34              #print("dect:",dect)
35              for l in dect:
36                  x =int(l[0]+l[2]/2)
37                  y =int(l[1]+l[3]/2)
38                  img.draw_cross(x,y, color=(255, 0, 0))
39                  print("x:{} y:{}".format(x,y))
40                  img.draw_rectangle(l[0],l[1],l[2],l[3], color=(0, 255, 0))
41                  if x <100:
42                      print("left")
43                  elif x >200:
44                      print("right")
45
46          img.draw_string(0, 0, "%2.1ffps" %(fps), color=(0, 60, 128), scale=2.0)
47          lcd.display(img)
48
49          # 현재 시간을 가져옵니다.
50          current_time = time.ticks_ms()
51
52          # 일정 시간마다 "stop" 출력
53          if current_time - last_time >=1000:
54              print("stop")
55              last_time = current_time
56
57      kpu.deinit()
```

감지된 객체가 있을 경우, 해당 객체의 중심 좌표를 계산하고 십자가를 그립니다.

좌표를 출력하고, 초록색 사각형을 그립니다.

객체의 중심 좌표에 따라 "left" 또는 "right"를 출력합니다.

[▶ Start] 버튼을 클릭하여 코드를 실행합니다. 손을 카메라의 오른쪽 왼쪽 움직여봅니다.

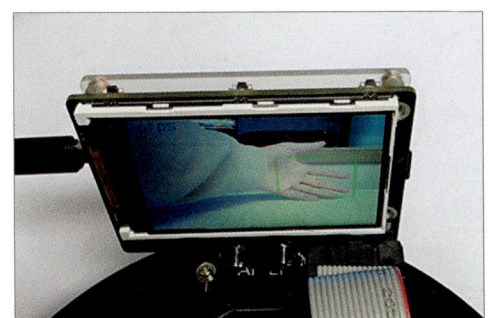
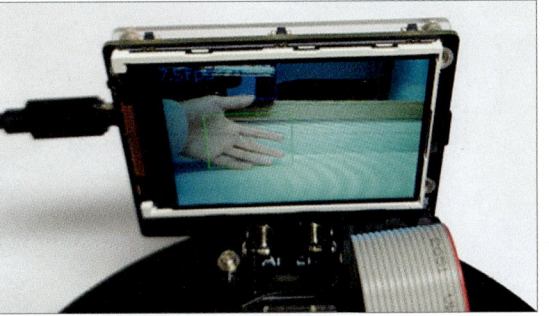

오른쪽 방향에 손이 검출되면 right, 왼쪽 방향에 검출되면 left가 출력됩니다. 또한 1초마다 stop이 출력됩니다.

```
Serial Terminal
x:204   y:106
right
x:234   y:105
right
stop
x:237   y:103
right
stop
stop
x:171   y:48
<
Search Results   Serial Terminal
```

## 자동차를 왼쪽 오른쪽으로 움직이기

실제로 자동차를 움직이는 기능을 추가하여 손을 따라 움직이는 자동차를 완성하여 봅니다.

**6-4-4.손을 따라 움직이는 자동차 만들기.py**

```python
001    import sensor, image, time, lcd
002    from maix import KPU
003    from maix import GPIO
004    from fpioa_manager import fm
005    from machine import Timer, PWM
006    import gc
007    gc.collect() # 메모리 해제
008
009    lcd.init()
010    sensor.reset()
011    sensor.set_vflip(1)
012    sensor.set_pixformat(sensor.RGB565)
013    sensor.set_framesize(sensor.QVGA)
014    sensor.skip_frames(time =1000)
015    clock = time.clock()
016
017    od_img = image.Image(size=(320,256))
018    anchor = (0.8125, 0.4556, 1.1328, 1.2667, 1.8594, 1.4889, 1.4844, 2.2000, 2.6484, 2.9333)
019
020    kpu = KPU()
021    kpu.load_kmodel("/sd/model/hand_detect.kmodel")
022    kpu.init_yolo2(anchor, anchor_num=5, img_w=320, img_h=240, net_w=320 , net_h=256 ,layer_w=10 ,layer_h=8, threshold=0.7, nms_value=0.3, classes=1)
023
024
025    #모터제어핀 초기화
026    tim0 = Timer(Timer.TIMER0, Timer.CHANNEL0, mode=Timer.MODE_PWM)
027    tim1 = Timer(Timer.TIMER0, Timer.CHANNEL1, mode=Timer.MODE_PWM)
```

```python
028    tim2 = Timer(Timer.TIMER0, Timer.CHANNEL2, mode=Timer.MODE_PWM)
029    tim3 = Timer(Timer.TIMER0, Timer.CHANNEL3, mode=Timer.MODE_PWM)
030
031    left_ia = PWM(tim0, freq=2000, duty=0, pin=13)
032    left_ib = PWM(tim1, freq=2000, duty=0, pin=19)
033    right_ia = PWM(tim2, freq=2000, duty=0, pin=10)
034    right_ib = PWM(tim3, freq=2000, duty=0, pin=17)
035
036    def car_go(speed):
037        left_ia.duty(0)
038        left_ib.duty(speed)
039        right_ia.duty(speed)
040        right_ib.duty(0)
041
042    def car_back(speed):
043        left_ia.duty(speed)
044        left_ib.duty(0)
045        right_ia.duty(0)
046        right_ib.duty(speed)
047
048    def car_left(speed):
049        left_ia.duty(speed)
050        left_ib.duty(0)
051        right_ia.duty(speed)
052        right_ib.duty(0)
053
054    def car_right(speed):
055        left_ia.duty(0)
056        left_ib.duty(speed)
057        right_ia.duty(0)
058        right_ib.duty(speed)
059
060    last_time =0
061
062    while True:
063        gc.collect()
064        clock.tick()
065        img = sensor.snapshot()
066        od_img.draw_image(img, 0,0)
067        od_img.pix_to_ai()
068        kpu.run_with_output(od_img)
069        dect = kpu.regionlayer_yolo2()
070        fps = clock.fps()
071
072        if len(dect) >0:
073            #print("dect:",dect)
074            for l in dect:
```

```
075            x =int(l[0]+l[2]/2)
076            y =int(l[1]+l[3]/2)
077            img.draw_cross(x,y, color=(255, 0, 0))
078            print("x:{} y:{}".format(x,y))
079            img.draw_rectangle(l[0],l[1],l[2],l[3], color=(0, 255, 0))
080            if x <100:
081                print("left")
082                car_left(50)
083            elif x >200:
084                print("right")
085                car_right(50)
086
087        img.draw_string(0, 0, "%2.1ffps" %(fps), color=(0, 60, 128), scale=2.0)
088        lcd.display(img)
089
090        # 현재 시간을 가져옵니다.
091        current_time = time.ticks_ms()
092
093        # 일정 시간마다 "stop" 출력
094        if current_time - last_time >=1000:
095            print("stop")
096            car_go(0)
097            last_time = current_time
098
099    kpu.deinit()
```

> **코드 설명**
>
> **72~88**: 감지된 물체가 있을 경우 해당 위치를 표시하고, 물체의 x 좌표에 따라 자동차를 좌우로 제어합니다.
> **90~97**: 일정 시간마다 자동차를 정지시킵니다.

인공지능 카메라가 전원이 켜진 후 바로 동작할 수 있도록 코드를 업로드합니다. 업로드된 코드는 인공지능 카메라가 부팅된 다음 바로 실행됩니다.

[Tools] -> [Save open script to CanMV Cam (as main.py)]를 클릭합니다.

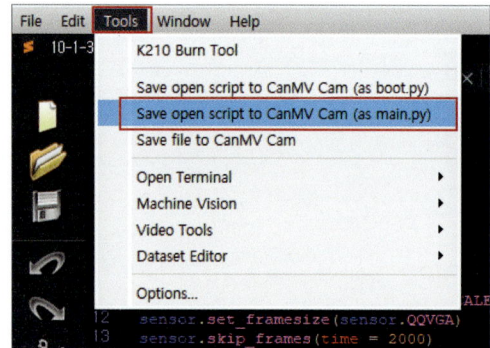

[No]를 선택합니다. 공백을 탭으로 변경하는 옵션으로 공백으로 사용하여도 무방합니다. 탭으로 변경시 업로드시 잦은 오류로 인해 변경하지 않고 사용합니다. 공백의 경우에도 가끔 업로드시 오류가 발생합니다. 오류 발생시에는 인공지능 카메라의 연결을 끊고 다시 연결한 다음 진행합니다.

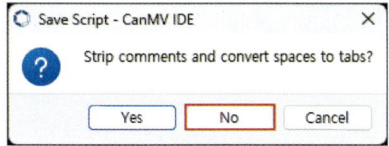

업로드가 완료되었습니다. USB케이블을 분리합니다.

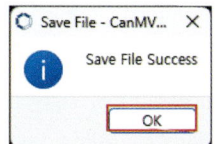

main.py 코드를 업로드 후 전원을 켜고 손을 카메라에 비추어 손을 따라가는 자동차를 완성합니다.

아래의 링크 주소에서 동작 영상을 확인할 수 있습니다.

https://youtu.be/F2Ir6K6BBwI?si=VKUrVhYlpA_Ri3EZ

## 06-5

# 마스크 검출기 만들기

이미지에서 마스크 착용 여부를 검출하는 인공지능을 만들어봅니다.

제공자료는 책 전용 게시판 또는 저자가 운영하는 블로그에서 다운로드 받을 수 있습니다.

- 앤써북 이 책의 전용 게시판 : https://cafe.naver.com/answerbook/6497
- 저자가 운영하는 블로그 https://munjjac.tistory.com/14

SD카드의 model 폴더에 [detect_5.kmodel]이 있어야 합니다.

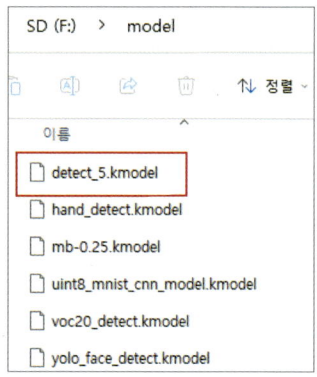

## 마스크 검출하기

이미지에서 마스크 착용 여부를 검출하여 출력하는 코드를 작성해봅니다.

6-5-1.마스크 검출기 만들기.py

```
01  import sensor, image, time, lcd
02  from maix import KPU
03  import gc
04  gc.collect()
05
06  lcd.init()
07  sensor.reset()
08  sensor.set_vflip(1)
09  sensor.set_pixformat(sensor.RGB565)
```

```
10      sensor.set_framesize(sensor.QVGA)
11      sensor.skip_frames(time=1000)
12      clock = time.clock()
13
14      od_img = image.Image(size=(320, 256), copy_to_fb=False)
15
16      anchor = (0.156250, 0.222548, 0.361328, 0.489583, 0.781250, 0.983133, 1.621094, 1.964286,
3.574219, 3.94000)
17      kpu = KPU()
18      kpu.load_kmodel("/sd/model/detect_5.kmodel")
19      kpu.init_yolo2(anchor, anchor_num=5, img_w=320, img_h=240, net_w=320 , net_h=256 ,layer_w=10
,layer_h=8, threshold=0.7, nms_value=0.4, classes=2)
20
21      while True:
22          gc.collect()
23          clock.tick()
24          img = sensor.snapshot()
25          od_img.draw_image(img, 0,0)
26          od_img.pix_to_ai()
27          kpu.run_with_output(od_img)
28          dect = kpu.regionlayer_yolo2()
29          fps = clock.fps()
30
31          if len(dect) >0:
32              print("dect:",dect)
33              for l in dect :
34                  if l[4] :
35                      img.draw_rectangle(l[0],l[1],l[2],l[3], color=(0, 255, 0))
36                      img.draw_string(l[0],l[1]-24, "with mask", color=(0, 255, 0), scale=2)
37                  else:
38                      img.draw_rectangle(l[0],l[1],l[2],l[3], color=(255, 0, 0))
39                      img.draw_string(l[0],l[1]-24, "without mask", color=(255, 0, 0), scale=2)
40
41          img.draw_string(0, 0, "%2.1ffps" %(fps), color=(0, 60, 128), scale=2.0)
42          lcd.display(img)
43
44      kpu.deinit()
```

**코드 설명**

**31~39**: 감지된 물체에 따라 화면에 사각형과 텍스트를 그립니다. 마스크를 착용한 사람과 착용하지 않은 사람을 구분하여 색상과 텍스트를 다르게 표시합니다.

[▶ Start] 버튼을 클릭하여 코드를 실행합니다.

마스크의 착용 유무를 검출하였습니다. 마스크를 착용했을 때는 with mask, 착용하지 않았을 때는 without mask가 얼굴 위에 출력됩니다.

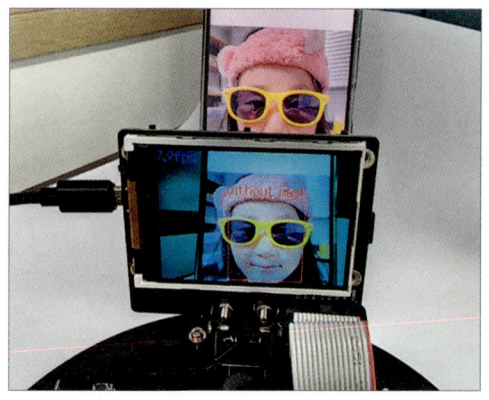 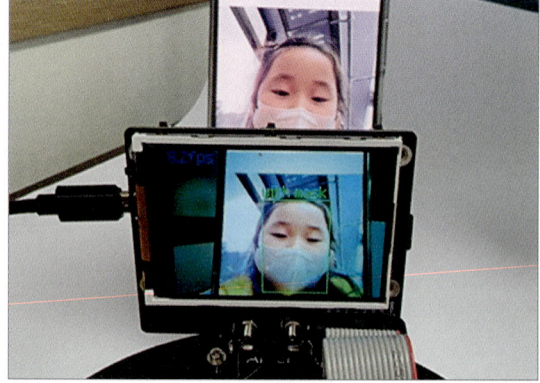

터미널에 검출된 얼굴의 좌표를 확인할 수 있습니다.

## 정상, 에러 부저음 만들기

마스크의 착용 여부를 소리로 알려주기 위해서 정상상태와 에러상태의 부저음을 만들어봅니다.

#### 6-5-2.마스크 검출기 만들기.py

```
01  from machine import Timer, PWM
02  import time
03
04  tim = Timer(Timer.TIMER0, Timer.CHANNEL0, mode=Timer.MODE_PWM)
05  buzzer = PWM(tim, freq=1, duty=50, pin=14)
06
07
08  def no_tone():
09      buzzer.duty(0)
10
11  def play_melody():
12      melody = [1000, 1500, 1700]
```

```python
13      for frequency in melody:
14          buzzer.duty(50)
15          buzzer.freq(frequency)
16          time.sleep(0.2)
17      no_tone()
18  
19  def error_melody():
20      melody = [800, 1200]
21      for _ in range(10):
22          for frequency in melody:
23              buzzer.duty(50)
24              buzzer.freq(frequency)
25              time.sleep(0.1)
26      no_tone()
27  
28  
29  no_tone()
30  time.sleep(1.0)
31  
32  
33  while True:
34      print("정상")
35      play_melody()
36      time.sleep(1.0)
37  
38      print("에러")
39      error_melody()
40      time.sleep(1.0)
```

> **코드 설명**
>
> **34~36**: "정상" 메시지를 출력하고 play_melody 함수를 호출하여 멜로디를 연주한 후 1초 대기합니다.
> **38~40**: "에러" 메시지를 출력하고 error_melody 함수를 호출하여 에러 멜로디를 연주한 후 1초 대기합니다.

[▶ Start] 버튼을 클릭하여 코드를 실행합니다.

정상상태와 에러상태의 부저음이 출력됩니다.

## 마스크상태에 따라서 부저음 출력하기

마스크를 착용한 사람과 마스크를 착용하지 않은 사람을 감지하고 그 결과를 화면에 표시하며 마스크를 착용상태에 따라서 부저음을 다르게 출력하는 코드를 작성해봅니다.

### 6-5-3.마스크 검출기 만들기.py

```python
01  import sensor, image, time, lcd
02  from maix import KPU
03  from machine import Timer, PWM
04  import gc
05  gc.collect()
06
07  lcd.init()
08  sensor.reset()
09  sensor.set_vflip(1)
10  sensor.set_pixformat(sensor.RGB565)
11  sensor.set_framesize(sensor.QVGA)
12  sensor.skip_frames(time=1000)
13  clock = time.clock()
14
15  od_img = image.Image(size=(320, 256), copy_to_fb=False)
16
17  anchor = (0.156250, 0.222548, 0.361328, 0.489583, 0.781250, 0.983133, 1.621094, 1.964286, 3.574219, 3.94000)
18  kpu = KPU()
19  kpu.load_kmodel("/sd/model/detect_5.kmodel")
20  kpu.init_yolo2(anchor, anchor_num=5, img_w=320, img_h=240, net_w=320 , net_h=256 ,layer_w=10 ,layer_h=8, threshold=0.7, nms_value=0.4, classes=2)
21
22  tim = Timer(Timer.TIMER0, Timer.CHANNEL0, mode=Timer.MODE_PWM)
23  buzzer = PWM(tim, freq=1, duty=50, pin=14)
24
25  def no_tone():
26      buzzer.duty(0)
27
28  def play_melody():
29      melody = [1000, 1500, 1700]
30      for frequency in melody:
31          buzzer.duty(50)
32          buzzer.freq(frequency)
33          time.sleep(0.2)
34      no_tone()
35
36  def error_melody():
37      melody = [800, 1200]
38      for _ in range(10):
39          for frequency in melody:
40              buzzer.duty(50)
41              buzzer.freq(frequency)
42              time.sleep(0.1)
43      no_tone()
```

```
44
45
46      no_tone()
47      time.sleep(1.0)
48
49      while True:
50          gc.collect()
51          clock.tick()
52          img = sensor.snapshot()
53          od_img.draw_image(img, 0,0)
54          od_img.pix_to_ai()
55          kpu.run_with_output(od_img)
56          dect = kpu.regionlayer_yolo2()
57          fps = clock.fps()
58
59          if len(dect) >0:
60              print("dect:",dect)
61              for l in dect :
62                  if l[4] :
63                      img.draw_rectangle(l[0],l[1],l[2],l[3], color=(0, 255, 0))
64                      img.draw_string(l[0],l[1]-24, "with mask", color=(0, 255, 0), scale=2)
65                      play_melody()
66                  else:
67                      img.draw_rectangle(l[0],l[1],l[2],l[3], color=(255, 0, 0))
68                      img.draw_string(l[0],l[1]-24, "without mask", color=(255, 0, 0), scale=2)
69                      error_melody()
70
71          img.draw_string(0, 0, "%2.1ffps" %(fps), color=(0, 60, 128), scale=2.0)
72          lcd.display(img)
73
74      kpu.deinit()
```

> **코드 설명**
>
> **65**: 마스크를 착용한 사람을 감지하면 play_melody 함수를 호출하여 멜로디를 연주합니다.
> **69**: 마스크를 착용하지 않은 사람을 감지하면 error_melody 함수를 호출하여 에러 멜로디를 연주합니다.

[▶ Start] 버튼을 클릭하여 코드를 실행합니다.

마스크를 착용하면 정상 부저음이 출력되고, 착용하지 않았다면 에러 부저음이 출력되어 마스크의 검출여부를 부저를 이용하여 출력하였습니다.

아래의 링크 주소에서 동작 영상을 확인할 수 있습니다.

https://youtu.be/9ETZ-R78CEw?si=2o7LVFIsurBaw2PA

# 06-6

# 얼굴 검출하기

얼굴을 검출하는 인공지능을 활용해봅니다.

제공자료는 책 전용 게시판 또는 저자가 운영하는 블로그에서 다운로드 받을 수 있습니다.

- 앤써북 이 책의 전용 게시판 : https://cafe.naver.com/answerbook/6497
- 저자가 운영하는 블로그 https://munjjac.tistory.com/14

SD카드의 model 폴더에 [yolo_face_detect.kmodel] 이 있어야 합니다.

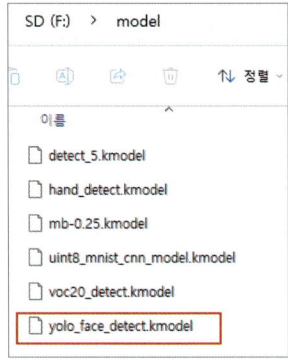

## 얼굴 검출하기

이미지에서 얼굴을 검출하는 코드를 작성해봅니다.

**6-6-1.얼굴 검출하기.py**

```python
01    import sensor, image, time, lcd
02    from maix import KPU
03    import gc
04    gc.collect()
05
06    lcd.init()
07    sensor.reset()
08    sensor.set_vflip(1)
09    sensor.set_pixformat(sensor.RGB565)
10    sensor.set_framesize(sensor.QVGA)
```

```
11      sensor.skip_frames(time =1000)
12
13      clock = time.clock()
14
15      od_img = image.Image(size=(320,256))
16
17      anchor = (0.893, 1.463, 0.245, 0.389, 1.55, 2.58, 0.375, 0.594, 3.099, 5.038, 0.057, 0.090,
0.567, 0.904, 0.101, 0.160, 0.159, 0.255)
18      kpu = KPU()
19      kpu.load_kmodel("/sd/model/yolo_face_detect.kmodel")
20      kpu.init_yolo2(anchor, anchor_num=9, img_w=320, img_h=240, net_w=320 , net_h=256 ,layer_w=10
,layer_h=8, threshold=0.7, nms_value=0.3, classes=1)
21
22      while True:
23          gc.collect()
24          clock.tick()
25          img = sensor.snapshot()
26          od_img.draw_image(img, 0,0)
27          od_img.pix_to_ai()
28          kpu.run_with_output(od_img)
29          dect = kpu.regionlayer_yolo2()
30
31          fps = clock.fps()
32          if len(dect) >0:
33              print("dect:",dect)
34              for l in dect :
35                  img.draw_rectangle(l[0],l[1],l[2],l[3], color=(0, 255, 0))
36
37          img.draw_string(0, 0, "%2.1ffps" %(fps), color=(0, 60, 128), scale=2.0) # LCD에 프레임
속도 표시
38          lcd.display(img)
39
40
41      kpu.deinit()
```

| 코드 설명 |
|---|
| **32**: 만약 검출된 객체가 있으면, 검출된 객체 주위에 사각형을 그립니다. |

[▶ Start] 버튼을 클릭하여 코드를 실행합니다.

얼굴을 검출하였습니다. 이미지에 여러 얼굴이 있다면 모두 검출합니다.

검출된 얼굴에 네모 표시를 하였습니다.

터미널에도 검출된 얼굴의 좌표를 확인할 수 있습니다.

## 가장 크게 검출된 얼굴만 표시하기

검출된 얼굴 중에서 가장 큰 얼굴 주위에 사각형으로 표시하는 코드를 작성해봅니다.

### 6-6-2.얼굴 검출하기.py

```python
import sensor, image, time, lcd
from maix import KPU
import gc
gc.collect()

lcd.init()
sensor.reset()
sensor.set_vflip(1)
sensor.set_pixformat(sensor.RGB565)
sensor.set_framesize(sensor.QVGA)
sensor.skip_frames(time=1000)

clock = time.clock()

od_img = image.Image(size=(320, 256))

anchor = (0.893, 1.463, 0.245, 0.389, 1.55, 2.58, 0.375, 0.594, 3.099, 5.038, 0.057, 0.090,
0.567, 0.904, 0.101, 0.160, 0.159, 0.255)
```

```
18      kpu = KPU()
19      kpu.load_kmodel("/sd/model/yolo_face_detect.kmodel")
20      kpu.init_yolo2(anchor, anchor_num=9, img_w=320, img_h=240, net_w=320, net_h=256, layer_w=10,
layer_h=8, threshold=0.7, nms_value=0.3, classes=1)
21
22      while True:
23          gc.collect()
24          clock.tick()
25          img = sensor.snapshot()
26          od_img.draw_image(img, 0, 0)
27          od_img.pix_to_ai()
28          kpu.run_with_output(od_img)
29          dect = kpu.regionlayer_yolo2()
30
31          fps = clock.fps()
32          if len(dect) >0:
33              largest_area = max(dect, key=lambda x: x[2] * x[3])
34              largest_area_size = largest_area[2] * largest_area[3]
35              for l in dect:
36                  if l[2] * l[3] >= largest_area_size:
37                      img.draw_rectangle(l[0], l[1], l[2], l[3], color=(0, 255, 0))
38                      break
39
40          img.draw_string(0, 0, "%2.1ffps" % (fps), color=(0, 60, 128), scale=2.0) # LCD에 프레임 속도 표시
41          lcd.display(img)
42
43      kpu.deinit()
```

### 코드 설명

**32**: 만약 검출된 객체가 있으면, 가장 큰 얼굴을 찾아서 사각형을 그립니다.
**36**: 현재 객체의 크기가 가장 큰 얼굴보다 크거나 같으면 사각형을 그립니다.

[▶ Start] 버튼을 클릭하여 코드를 실행합니다.

가장크게 검출된 얼굴을 하나만 표시하였습니다.

## 얼굴을 검출하면 사진을 찍어서 저장하기

YOLO 모델을 사용하여 얼굴을 검출하고, 검출된 얼굴 중에서 가장 큰 얼굴 주위에 사각형을 그리며, 얼굴 이미지를 저장하는 코드를 작성해봅니다.

**6-6-3.얼굴 검출하기.py**

```
01  import sensor, image, time, lcd
02  from maix import KPU
03  import os
04  import gc
05  gc.collect()
06
07  lcd.init()
08  sensor.reset()
09  sensor.set_vflip(1)
10  sensor.set_pixformat(sensor.RGB565)
11  sensor.set_framesize(sensor.QVGA)
12  sensor.skip_frames(time=1000)
13
14  clock = time.clock()
15
16  od_img = image.Image(size=(320, 256))
17
18  anchor = (0.893, 1.463, 0.245, 0.389, 1.55, 2.58, 0.375, 0.594, 3.099, 5.038, 0.057, 0.090, 0.567, 0.904, 0.101, 0.160, 0.159, 0.255)
19  kpu = KPU()
20  kpu.load_kmodel("/sd/model/yolo_face_detect.kmodel")
21  kpu.init_yolo2(anchor, anchor_num=9, img_w=320, img_h=240, net_w=320, net_h=256, layer_w=10, layer_h=8, threshold=0.7, nms_value=0.3, classes=1)
22
23
24  #폴더 생성
25  folder_path ="/sd/face_photo"
26  try:
27      os.mkdir(folder_path)
28  except:
29      pass
30
31  cnt =0
32  last_saved_time =0 # 마지막으로 저장된 시간을 추적하기 위한 변수
33  while True:
34      gc.collect()
35      clock.tick()
36      img = sensor.snapshot()
37      od_img.draw_image(img, 0, 0)
38      od_img.pix_to_ai()
39      kpu.run_with_output(od_img)
```

```
40        dect = kpu.regionlayer_yolo2()
41
42        fps = clock.fps()
43        if len(dect) >0:
44            largest_area = max(dect, key=lambda x: x[2] * x[3])
45            largest_area_size = largest_area[2] * largest_area[3]
46            for l in dect:
47                if l[2] * l[3] >= largest_area_size:
48                    current_time = time.time()
49                    if current_time - last_saved_time >=0.5: # 0.5초가 지났는지 확인
50                        print("save image")
51                        img.save(folder_path+"/"+str(cnt)+".jpg")
52                        last_saved_time = current_time # 마지막으로 저장된 시간 업데이트
53                        cnt +=1
54                    img.draw_rectangle(l[0], l[1], l[2], l[3], color=(0, 255, 0))
55                    break
56
57        img.draw_string(0, 0, "%2.1ffps" % (fps), color=(0, 60, 128), scale=2.0) # LCD에 프레임 속도 표시
58        lcd.display(img)
59
60    kpu.deinit()
```

### 코드 설명

**43~55**: 만약 검출된 객체가 있으면, 가장 큰 얼굴을 찾아서 사각형을 그립니다.
**47~53**: 이미지를 저장합니다. 0.5초마다 저장됩니다.

[▶ Start] 버튼을 클릭하여 코드를 실행합니다.

영상에서 얼굴을 검출합니다. 얼굴이 검출되면 0.5초 간격으로 SD카드의 face_photo 폴더에 저장됩니다.

터미널에 이미지를 저장하는 문구를 출력하였습니다.

SD카드의 face_photo 폴더를 열어보면 번호로 이미지가 저장된 것을 확인할 수 있습니다.

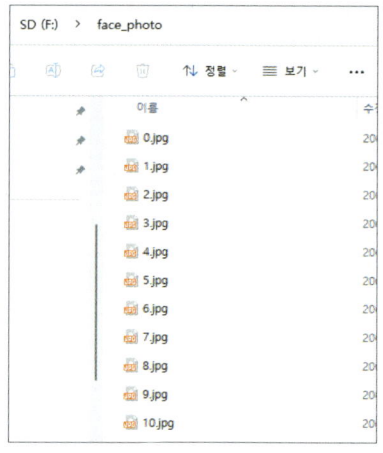

이미지를 잘 저장하였습니다.

## 06-7

# 셀프 학습

3개의 모델의 사진을 찍어 스스로 학습하여 분류하는 셀프 학습 기능에 대해서 알아봅니다.
제공자료는 책 전용 게시판 또는 저자가 운영하는 블로그에서 다운로드 받을 수 있습니다.

- 앤써북 이 책의 전용 게시판 : https://cafe.naver.com/answerbook/6497
- 저자가 운영하는 블로그 https://munjjac.tistory.com/14

SD카드의 model 폴더에 [mb-0.25.kmodel]이 있어야 합니다.

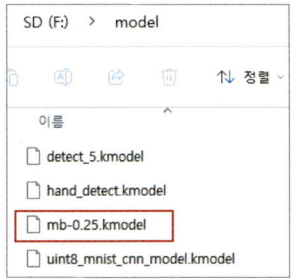

사진을 5장씩 찍어 총 3개의 물건을 분류하는 셀프 학습 기능을 활용해보도록 합니다. [File] → [Example] → [KPU] → [self_learn_classfier] → [self_learning.py] 예제코드를 참고하여 진행합니다.

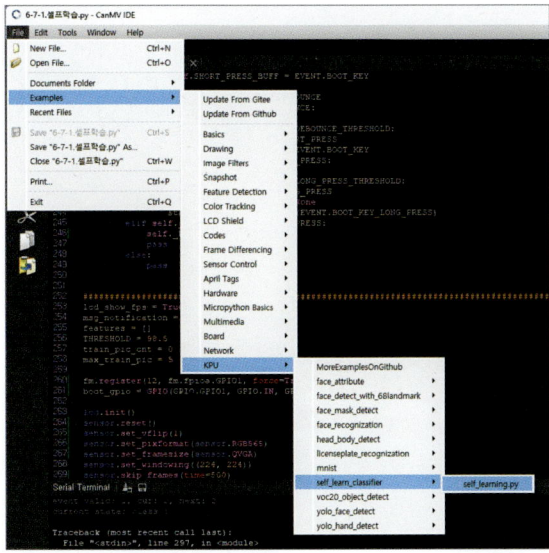

## 셀프 학습 사용해보기

셀프 학습코드입니다. 물건 1, 2, 3의 사진을 각각 5장씩 찍은 뒤 다음 학습 후 그 물건을 스스로 분류하는 예제입니다.

**6-7-1.셀프 학습.py**

```python
import gc
gc.collect()
import lcd
import sensor
import time
from maix import GPIO
from maix import KPU
from board import board_info
from fpioa_manager import fm

BOUNCE_PROTECTION =100

def set_key_state(*_):
    global state_machine
    state_machine.emit_event(EVENT.BOOT_KEY)
    time.sleep_ms(BOUNCE_PROTECTION)

class STATE(object):
    IDLE =0
    INIT =1
    TRAIN_CLASS_1 =2
    TRAIN_CLASS_2 =3
    TRAIN_CLASS_3 =4
    CLASSIFY =5
    ST_MAX =6

class EVENT(object):
    POWER_ON =0
    BOOT_KEY =1
    BOOT_KEY_LONG_PRESS =2
    NEXT_CLASS =3
    EVT_MAX =4

class StateMachine(object):
    def __init__(self, state_handlers, event_handlers, transitions):
        self.previous_state = STATE.IDLE
        self.current_state = STATE.IDLE
        self.state_handlers = state_handlers
        self.event_handlers = event_handlers
        self.transitions = transitions
        self.records = dict()
```

```python
042
043        def get_next_state(self, cur_state, cur_event):
044            for cur, next, event in self.transitions:
045                if cur == cur_state and event == cur_event:
046                    return next
047            return None
048
049        def execute_state_action(self, state):
050            try:
051                self.state_handlers[state](self)
052            except Exception as e:
053                print("Exception")
054                print(e)
055
056        def emit_event(self, event):
057            next_state =self.get_next_state(self.current_state, event)
058            if next_state ==None:
059                return
060            print("event valid: {}, cur: {}, next: {}".format(event, self.current_state, next_state))
061            self.previous_state =self.current_state
062            self.current_state = next_state
063            self.execute_state_action(self.current_state)
064
065        def engine(self):
066            pass
067
068
069    def state_init(self):
070        global msg_notification
071        print("current state: init")
072        msg_notification ="Prepare 3 objects pls\r\nWill take 5 pics each\r\n\r\nPress IO12 key to\r\nstart"
073
074
075    def state_idle(self):
076        global msg_notification
077        print("current state: idle")
078        msg_notification =None
079
080
081    def state_train_class_1(self):
082        global kpu, msg_notification, features, train_pic_cnt
083        global state_machine
084        print("current state: class 1")
085        if train_pic_cnt ==0:
086            features.append([])
```

```python
087             train_pic_cnt +=1
088             msg_notification ="Train object 1\r\n\r\nI012 key to take #P{}".format(train_pic_cnt)
089         elif train_pic_cnt < max_train_pic:
090             img = sensor.snapshot()
091             feature = kpu.run_with_output(img, get_feature=True)
092             features[0].append(feature)
093             train_pic_cnt +=1
094             msg_notification ="Train object 1\r\n\r\nI012 key to take #P{}".format(train_pic_cnt)
095         elif train_pic_cnt == max_train_pic: # prompt for next
096             msg_notification ="Change to another\r\nobject please"
097             train_pic_cnt +=1
098         else:
099             train_pic_cnt =0
100             state_machine.emit_event(EVENT.NEXT_CLASS)
101
102
103     def state_train_class_2(self):
104         global kpu, msg_notification, features, train_pic_cnt
105         global state_machine
106         print("current state: class 2")
107         if train_pic_cnt ==0:
108             features.append([])
109             train_pic_cnt +=1
110             msg_notification ="Train object 2\r\n\r\nI012 key to take #P{}".format(train_pic_cnt)
111         elif train_pic_cnt < max_train_pic:
112             img = sensor.snapshot()
113             feature = kpu.run_with_output(img, get_feature=True)
114             features[1].append(feature)
115             train_pic_cnt +=1
116             msg_notification ="Train object 2\r\n\r\nI012 key to take #P{}".format(train_pic_cnt)
117         elif train_pic_cnt == max_train_pic:
118             msg_notification ="Change to another\r\nobject please"
119             train_pic_cnt +=1
120         else:
121             train_pic_cnt =0
122             state_machine.emit_event(EVENT.NEXT_CLASS)
123
124
125     def state_train_class_3(self):
126         global kpu, msg_notification, features, train_pic_cnt
127         global state_machine
128         print("current state: class 2")
129         if train_pic_cnt ==0:
130             features.append([])
131             train_pic_cnt +=1
132             msg_notification ="Train object 3\r\n\r\nI012 key to take #P{}".format(train_pic_cnt)
```

```python
133            elif train_pic_cnt < max_train_pic:
134                img = sensor.snapshot()
135                feature = kpu.run_with_output(img, get_feature=True)
136                features[2].append(feature)
137                train_pic_cnt +=1
138                msg_notification ="Train object 3\r\n\r\nIO12 key to take #P{}".format(train_pic_cnt)
139            elif train_pic_cnt == max_train_pic:
140                msg_notification ="Training is completed!\r\n\r\nPress IO12 to continue"
141                train_pic_cnt +=1
142            else:
143                train_pic_cnt =0
144                state_machine.emit_event(EVENT.NEXT_CLASS)
145
146
147    def state_classify(self):
148        global msg_notification
149        print("current state: classify")
150        msg_notification ="Classification"
151
152
153    def event_power_on(self, value=None):
154        print("emit event power_on")
155
156
157    def event_press_boot_key(self, value=None):
158        global state_machine
159        print("emit event boot_key")
160
161
162    def event_long_press_boot_key(self, value=None):
163        global state_machine
164        print("emit event boot_key_long_press")
165
166
167    # state action table
168    state_handlers = {
169        STATE.IDLE: state_idle,
170        STATE.INIT: state_init,
171        STATE.TRAIN_CLASS_1: state_train_class_1,
172        STATE.TRAIN_CLASS_2: state_train_class_2,
173        STATE.TRAIN_CLASS_3: state_train_class_3,
174        STATE.CLASSIFY: state_classify
175    }
176
177    # event action table, can be enabled while needed
178    event_handlers = {
```

```
179        EVENT.POWER_ON: event_power_on,
180        EVENT.BOOT_KEY: event_press_boot_key,
181        EVENT.BOOT_KEY_LONG_PRESS: event_long_press_boot_key
182    }
183
184    # Transition table
185    transitions = [
186        [STATE.IDLE, STATE.INIT, EVENT.POWER_ON],
187        [STATE.INIT, STATE.TRAIN_CLASS_1, EVENT.BOOT_KEY],
188        [STATE.TRAIN_CLASS_1, STATE.TRAIN_CLASS_1, EVENT.BOOT_KEY],
189        [STATE.TRAIN_CLASS_1, STATE.TRAIN_CLASS_2, EVENT.NEXT_CLASS],
190        [STATE.TRAIN_CLASS_2, STATE.TRAIN_CLASS_2, EVENT.BOOT_KEY],
191        [STATE.TRAIN_CLASS_2, STATE.TRAIN_CLASS_3, EVENT.NEXT_CLASS],
192        [STATE.TRAIN_CLASS_3, STATE.TRAIN_CLASS_3, EVENT.BOOT_KEY],
193        [STATE.TRAIN_CLASS_3, STATE.CLASSIFY, EVENT.NEXT_CLASS]
194    ]
195
196
197    ###############################################################################
198    class Button(object):
199        DEBOUNCE_THRESHOLD =30
200        LONG_PRESS_THRESHOLD =2000
201        # Internal key states
202        IDLE =0
203        DEBOUNCE =1
204        SHORT_PRESS =2
205        LONG_PRESS =3
206
207        def __init__(self):
208            self._state = Button.IDLE
209            self._key_ticks =0
210            self._pre_key_state =1
211            self.SHORT_PRESS_BUFF =None
212
213        def reset(self):
214            self._state = Button.IDLE
215            self._key_ticks =0
216            self._pre_key_state =1
217            self.SHORT_PRESS_BUFF =None
218
219        def key_up(self, delta):
220            global state_machine
221            if self.SHORT_PRESS_BUFF:
222                state_machine.emit_event(self.SHORT_PRESS_BUFF)
223            self.reset()
```

```python
    def key_down(self, delta):
        global state_machine
        if self._state == Button.IDLE:
            self._key_ticks += delta
            if self._key_ticks > Button.DEBOUNCE_THRESHOLD:
                self._state = Button.SHORT_PRESS
                self.SHORT_PRESS_BUFF = EVENT.BOOT_KEY
            else:
                self._state = Button.DEBOUNCE
        elif self._state == Button.DEBOUNCE:
            self._key_ticks += delta
            if self._key_ticks > Button.DEBOUNCE_THRESHOLD:
                self._state = Button.SHORT_PRESS
                self.SHORT_PRESS_BUFF = EVENT.BOOT_KEY
        elif self._state == Button.SHORT_PRESS:
            self._key_ticks += delta
            if self._key_ticks > Button.LONG_PRESS_THRESHOLD:
                self._state = Button.LONG_PRESS
                self.SHORT_PRESS_BUFF =None
                state_machine.emit_event(EVENT.BOOT_KEY_LONG_PRESS)
        elif self._state == Button.LONG_PRESS:
            self._key_ticks += delta
            pass
        else:
            pass


################################################################################
######################
lcd_show_fps =True
msg_notification =None
features = []
THRESHOLD =98.5
train_pic_cnt =0
max_train_pic =5

fm.register(12, fm.fpioa.GPIO1, force=True)
boot_gpio = GPIO(GPIO.GPIO1, GPIO.IN, GPIO.PULL_UP)

lcd.init()
sensor.reset()
sensor.set_vflip(1)
sensor.set_pixformat(sensor.RGB565)
sensor.set_framesize(sensor.QVGA)
sensor.set_windowing((224, 224))
```

```python
269     sensor.skip_frames(time=500)
270     clock = time.clock()
271
272     kpu = KPU()
273     print("ready load model")
274     kpu.load_kmodel("/sd/model/mb-0.25.kmodel")
275
276     state_machine = StateMachine(state_handlers, event_handlers, transitions)
277     state_machine.emit_event(EVENT.POWER_ON)
278
279     i =0
280     fps =0
281     btn_ticks_prev = time.ticks_ms()
282     boot_btn = Button()
283     while True:
284         i +=1
285         gc.collect()
286         clock.tick()
287
288         btn_ticks_cur = time.ticks_ms()
289         delta = time.ticks_diff(btn_ticks_cur, btn_ticks_prev)
290         btn_ticks_prev = btn_ticks_cur
291         if boot_gpio.value() ==0:
292             boot_btn.key_down(delta)
293         else:
294             boot_btn.key_up(delta)
295
296         img = sensor.snapshot()
297         if state_machine.current_state == STATE.CLASSIFY:
298             scores = []
299             feature = kpu.run_with_output(img, get_feature=True)
300             high =0
301             index =0
302             for j in range(len(features)):
303                 for f in features[j]:
304                     score = kpu.feature_compare(f, feature)
305                     if score > high:
306                         high = score
307                         index = j
308             if high > THRESHOLD:
309                 a = img.draw_string(0, 200, "class:{},score:{:2.1f}".format(index +1, high), color=(0, 255, 0), scale=2)
310             if lcd_show_fps:
311                 img.draw_string(0, 0, "{:.2f}fps".format(fps), color=(0, 255, 0), scale=1.0)
312             if msg_notification:
313                 img.draw_string(0, 60, msg_notification, color=(255, 0, 0), scale=2)
314         lcd.display(img)
315         fps = clock.fps()
```

| 코드 설명 | |
|---|---|
| 11 | : set_key_state 함수를 정의합니다. 이 함수는 이벤트를 처리하는데 사용됩니다. |
| 12 | : STATE 클래스를 정의하고, 다양한 상태를 나타냅니다. |
| 13 | : EVENT 클래스를 정의하고, 다양한 이벤트를 나타냅니다. |
| 14 | : StateMachine 클래스를 정의합니다. 이 클래스는 상태 머신을 관리하고 이벤트를 처리합니다. |
| 15 | : 상태 전환 테이블을 정의합니다. |
| 16~26 | : 다양한 상태에서 수행할 동작을 정의하는 함수를 정의합니다. |
| 27~33 | : 이벤트 처리를 위한 함수를 정의합니다. |
| 34~43 | : Button 클래스를 정의하여 버튼 상태를 관리하는데 사용합니다. |
| 44~59 | : LCD와 센서를 초기화하고 모델을 로드합니다. |
| 60~64 | : 상태 머신을 초기화하고 파워 온 이벤트를 발생시킵니다. |
| 65~80 | : 버튼 관련 변수와 상태를 초기화합니다. |
| 81~96 | : 메인 루프를 시작합니다. 버튼 입력 및 센서 입력을 처리합니다. |
| 97~101 | : 프레임 카운트를 증가시키고 메모리를 관리합니다. |
| 102~116 | : 버튼 상태를 업데이트합니다. |
| 117~128 | : 이미지를 캡처하고, 상태에 따라 처리합니다. |
| 129~142 | : 분류(classify) 상태에서 모델을 사용하여 객체를 분류하고 결과를 표시합니다. |
| 143~152 | : LCD에 프레임 속도와 메시지를 표시합니다. |

[▶ Start] 버튼을 클릭하여 자동차의 가운데 버튼2(IO12)를 눌러 시작합니다.

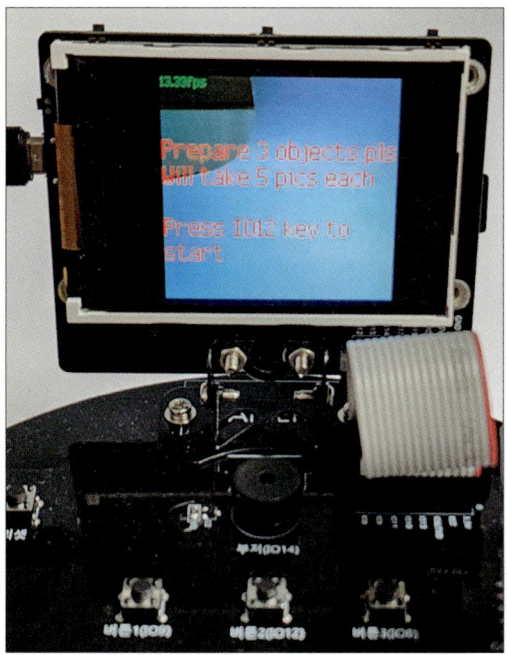

버튼2(IO12)를 눌러 첫 번째 물건의 사진 5장을 찍습니다.

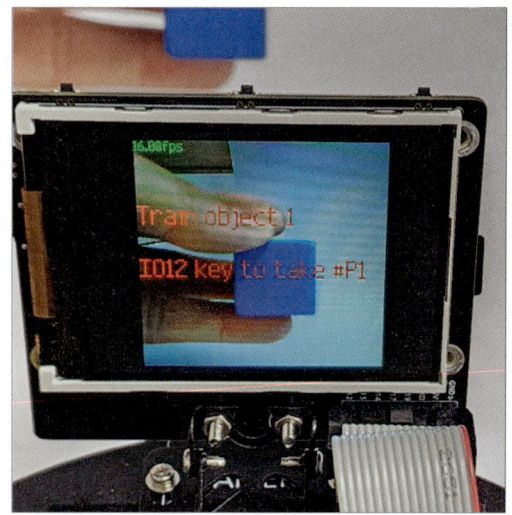

버튼2(IO12)를 눌러 두 번째 물건의 사진 5장을 찍습니다.

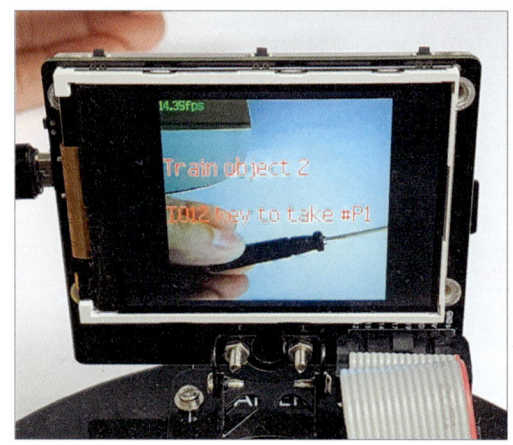

버튼2(IO12)를 눌러 세 번째 물건의 사진 5장을 찍습니다.

버튼2(IO12)을 누르면 분류를 시작합니다.

분류된 화면입니다. 첫 번째 물건을 잘 분류하였습니다.

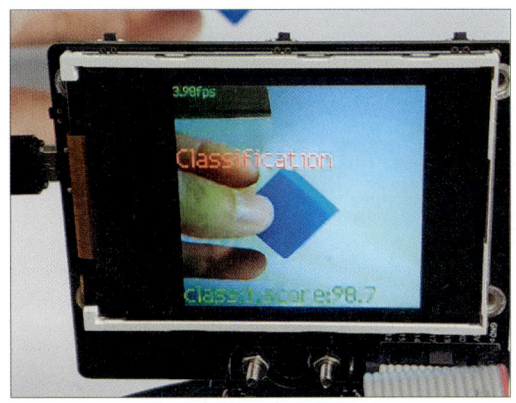

두 번째 세 번째 물건 또한 잘 분류하였습니다.

 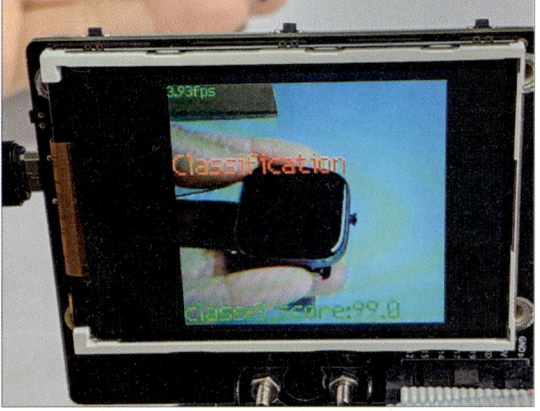

# CHAPTER 07

# 나만의 인공지능 모델 만들기

## 07-1

# 인공지능 분류 모델 만들기

나만의 인공지능 분류 모델을 만들고 그 모델을 적용하는 방법에 대해서 알아봅니다.
제공자료는 책 전용 게시판 또는 저자가 운영하는 블로그에서 다운로드 받을 수 있습니다.

- 앤써북 이 책의 전용 게시판 : https://cafe.naver.com/answerbook/6497
- 저자가 운영하는 블로그 https://munjjac.tistory.com/14

이미지를 통한 분류 모델을 만들기 위해서 제공자료에 [서식] 폴더에 이미지가 제공됩니다
그림은 제공자료의 [서식] 폴더에 [4.그림]으로 PPT 파일로 제공됩니다.

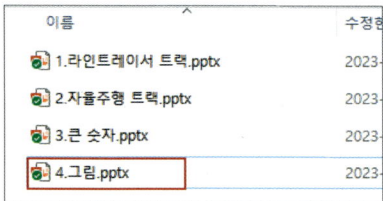

다음과 같이 자동차, 오토바이 등의 그림으로 제공됩니다.

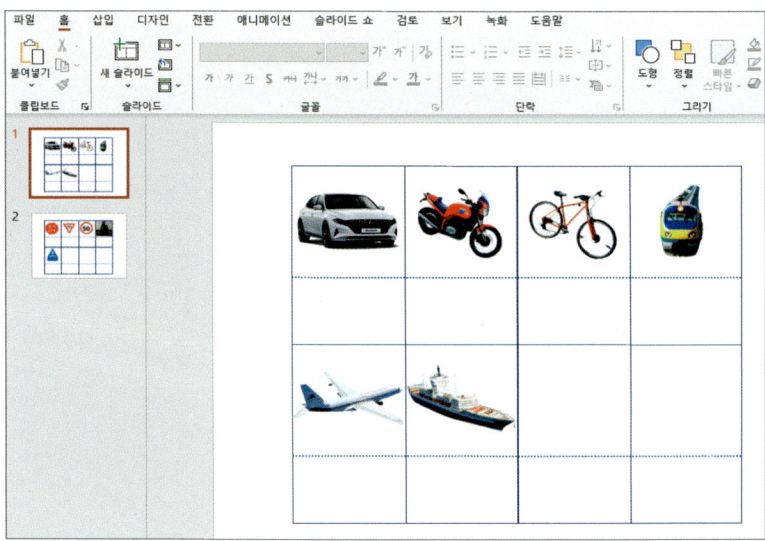

또한 정지, 천천히등의 그림도 제공됩니다.

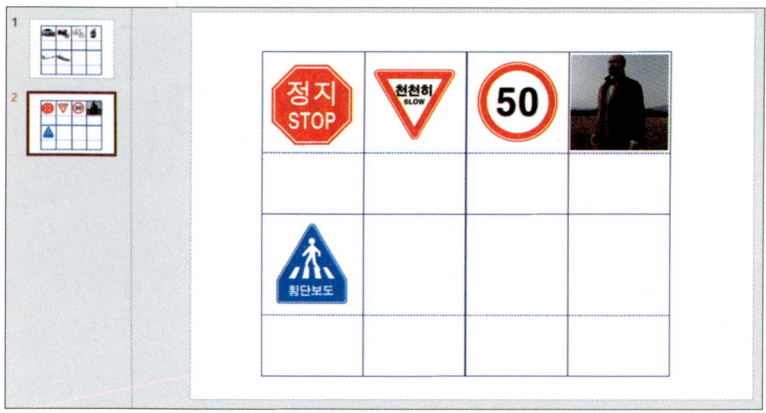

실선은 자르고 점선은 접어서 아래와 같이 그림을 인식하기 쉽도록 세워서 사용합니다.

## 버튼을 눌러 사진 저장하기

버튼1(IO9), 버튼2(IO12), 버튼3(IO8)을 눌러 각각 사진을 저장해보도록 합니다.

7-1-1-.나만의 인공지능 모델만들기.py

```
01  import sensor, lcd
02  import time
03  from maix import GPIO
04  from fpioa_manager import fm
05  import os
06
07  #카메라, LCD초기화
08  sensor.reset()
09  sensor.set_vflip(1)
10  sensor.set_pixformat(sensor.RGB565)
11  sensor.set_framesize(sensor.QVGA)
12  sensor.run(1)
13  sensor.skip_frames()
14  lcd.init(freq=15000000)
```

```python
15    fps_clock = time.clock()
16
17    #폴더 생성
18    class_path ="/sd/Classification"
19    class1_path = class_path +"/class1"
20    class2_path = class_path +"/class2"
21    class3_path = class_path +"/class3"
22    try:
23        os.mkdir(class_path)
24        os.mkdir(class1_path)
25        os.mkdir(class2_path)
26        os.mkdir(class3_path)
27    except:
28        pass
29
30    #버튼초기화
31    fm.register(9, fm.fpioa.GPIO0, force=True)
32    fm.register(12, fm.fpioa.GPIO1, force=True)
33    fm.register(8, fm.fpioa.GPIO2, force=True)
34
35    button_1 = GPIO(GPIO.GPIO0, GPIO.IN, GPIO.PULL_UP)
36    button_2 = GPIO(GPIO.GPIO1, GPIO.IN, GPIO.PULL_UP)
37    button_3 = GPIO(GPIO.GPIO2, GPIO.IN, GPIO.PULL_UP)
38
39    class_1_cnt =0
40    class_2_cnt =0
41    class_3_cnt =0
42    while(True):
43        img = sensor.snapshot()
44
45        if button_1.value() ==0:
46            img.save(class1_path+"/"+str(class_1_cnt)+".jpg")
47            class_1_cnt +=1
48            img.draw_string(50, 120, "save class1:"+str(class_1_cnt),color=(0,255,0),scale=2)
49            lcd.display(img)
50            time.sleep(0.5)
51        elif button_2.value() ==0:
52            img.save(class2_path+"/"+str(class_2_cnt)+".jpg")
53            class_2_cnt +=1
54            img.draw_string(50, 120, "save class2:"+str(class_2_cnt),color=(0,255,0),scale=2)
55            lcd.display(img)
56            time.sleep(0.5)
57        elif button_3.value() ==0:
58            img.save(class3_path+"/"+str(class_3_cnt)+".jpg")
59            class_3_cnt +=1
60            img.draw_string(50, 120, "save class3:"+str(class_3_cnt),color=(0,255,0),scale=2)
61            lcd.display(img)
62            time.sleep(0.5)
63        lcd.display(img)
64
65    #버튼을 눌러 사진 저장하기
```

| 코드 설명 |
|---|
| **07~28** : 이미지를 저장할 디렉토리를 생성합니다. |
| **30~37** : 세 개의 버튼을 초기화합니다. GPIO 핀 번호와 Pull-Up 설정을 지정합니다. |
| **39~62** : 메인 루프를 시작합니다. 루프 내에서 다음을 수행합니다. |
| **43**     : 카메라에서 이미지를 캡처합니다. |
| **45~50** : 첫 번째 버튼이 눌렸을 때, 이미지를 class1_path 디렉토리에 저장하고 카운터를 증가시키며 LCD에 정보를 표시합니다. |
| **51~56** : 두 번째 버튼이 눌렸을 때, 이미지를 class2_path 디렉토리에 저장하고 카운터를 증가시키며 LCD에 정보를 표시합니다. |
| **57~62** : 세 번째 버튼이 눌렸을 때, 이미지를 class3_path 디렉토리에 저장하고 카운터를 증가시키며 LCD에 정보를 표시합니다. |

[▶ Start] 버튼을 클릭하여 코드를 실행합니다. 버튼1(IO9)을 눌러 기차 사진을 30장 이상 저장합니다. 사진은 다양한 위치로 이동하여 사진을 저장합니다.

버튼2(IO12)을 눌러 오토바이사진을 30장 이상 저장합니다. 사진은 다양한 위치로 이동하여 사진을 저장합니다.

버튼3(IO8)을 눌러 배 사진을 30장 이상 저장합니다. 사진은 다양한 위치로 이동하여 사진을 저장합니다.

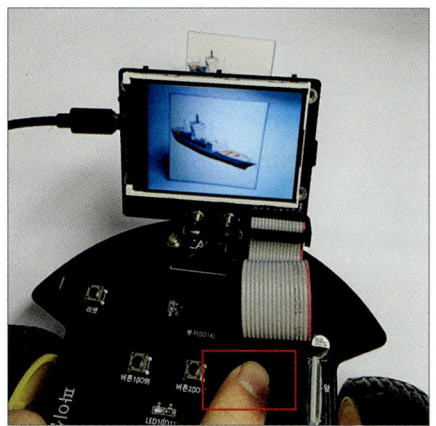

## 모델 생성하기

인공지능 카메라 USB를 빼서 전원을 끈 다음 SD메모리는 PC에 연결합니다.

※전원을 끄지 않은 상태로 SD메모리를 빼면 메모리가 고장날 수 있습니다.

SD메모리의 [Classification] 폴더가 생성되었고 폴더안에 [class1], [class2], [class3] 폴더가 생성되었습니다.

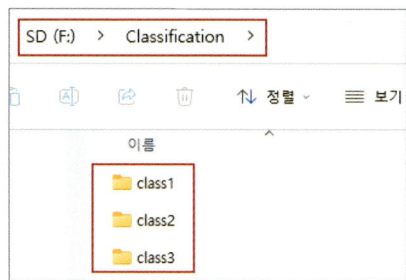

[class1] 폴더에는 기차 사진이 저장되었습니다. 다양한 위치의 사진이 30장 이상 저장되었습니다.

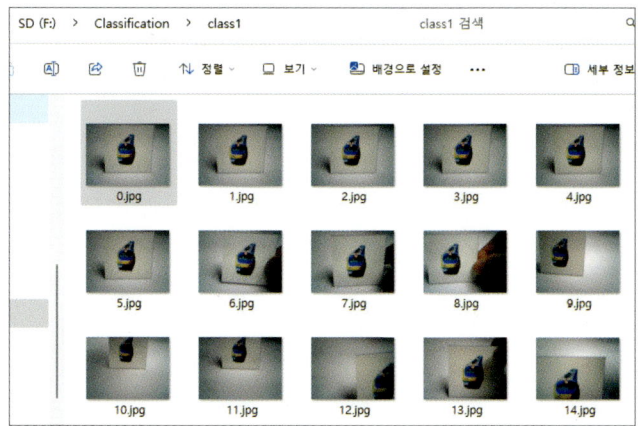

[class2] 폴더에는 오토바이 저장되었습니다. 다양한 위치의 사진이 30장 이상 저장되었습니다.

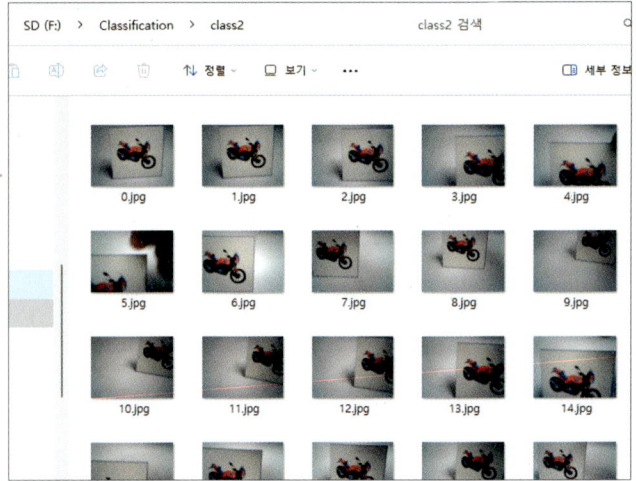

[class3] 폴더에는 배사 진이 저장되었습니다. 다양한 위치의 사진이 30장 이상 저장되었습니다.

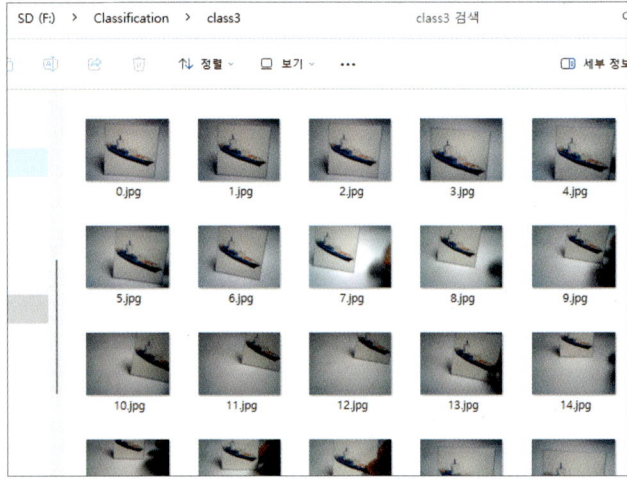

구글에서 "maix hub"를 검색한 후 아래 사이트에 접속합니다. 인공지능 모델생성을 위한 사이트입니다.

회원 가입 후 로그인합니다.

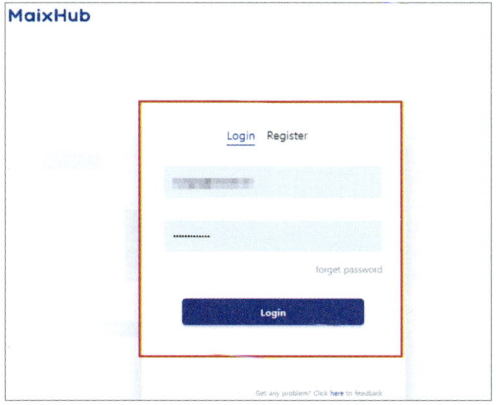

[Training] 탭으로 이동합니다.

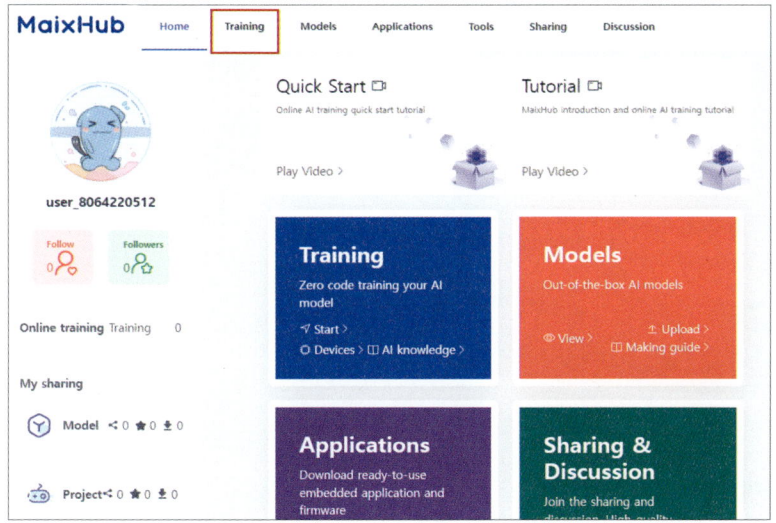

모델을 생성하기에 앞서 이미지를 업로드하여 데이터셋을 만들어줍니다. [Dataset] 탭으로 이동 후 [+Create]를 클릭합니다.

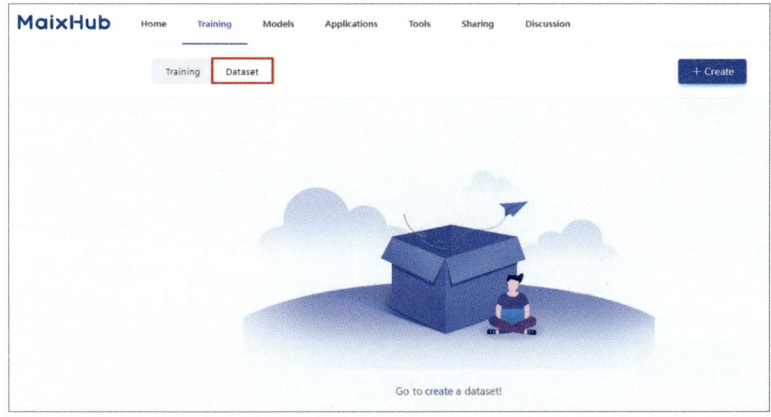

데이터셋의 이름을 입력합니다. label type은 분류 모델인 classification으로 선택 후 [Confirm]을 클릭합니다.

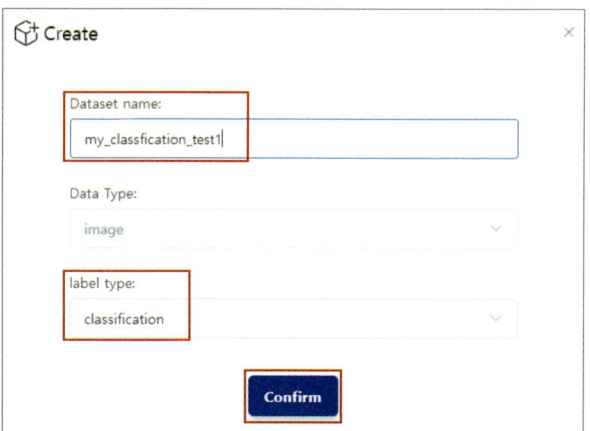

이미지를 입력하기 위해서 왼쪽의 [Image] 탭으로 이동합니다.

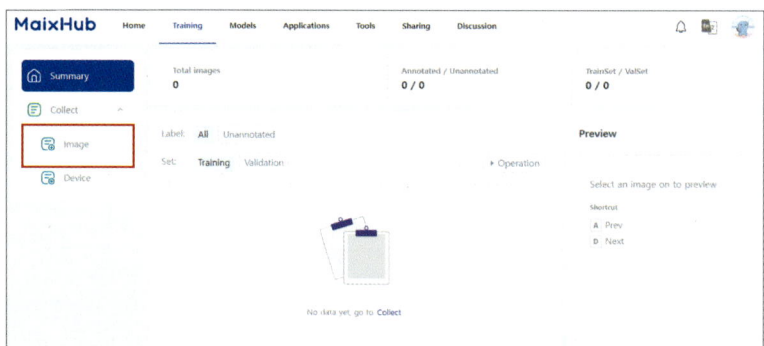

[Image] 탭에서 [add]를 클릭하여 라벨을 추가합니다.

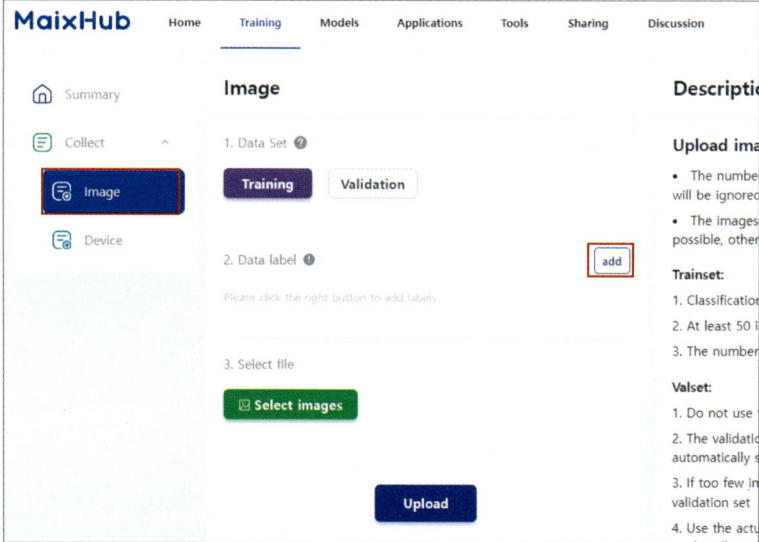

'class1'로 이름을 만든 다음 [Confirm]을 눌러 생성합니다.

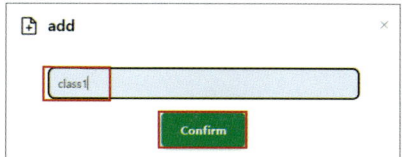

class1 라벨이 생성되었습니다. 같은 방법으로 class2, class3 라벨을 생성합니다.

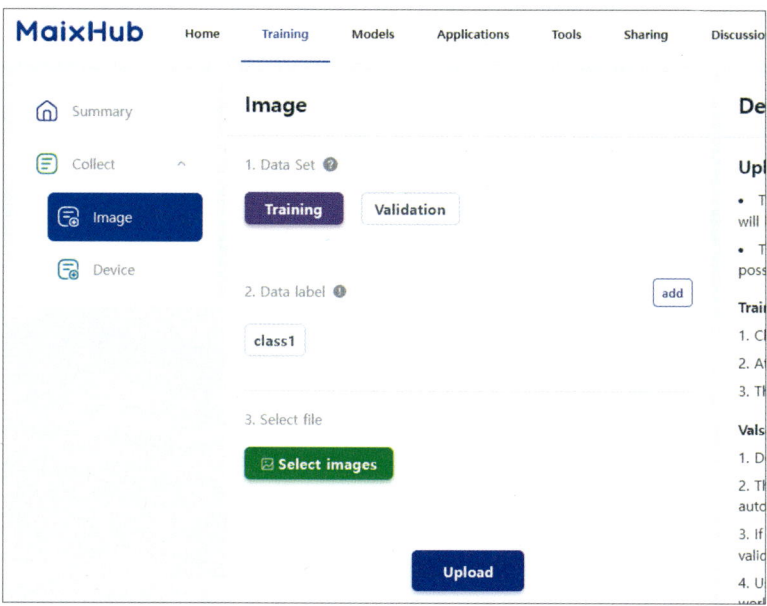

class1, class2, class3 라벨이 생성되었습니다.

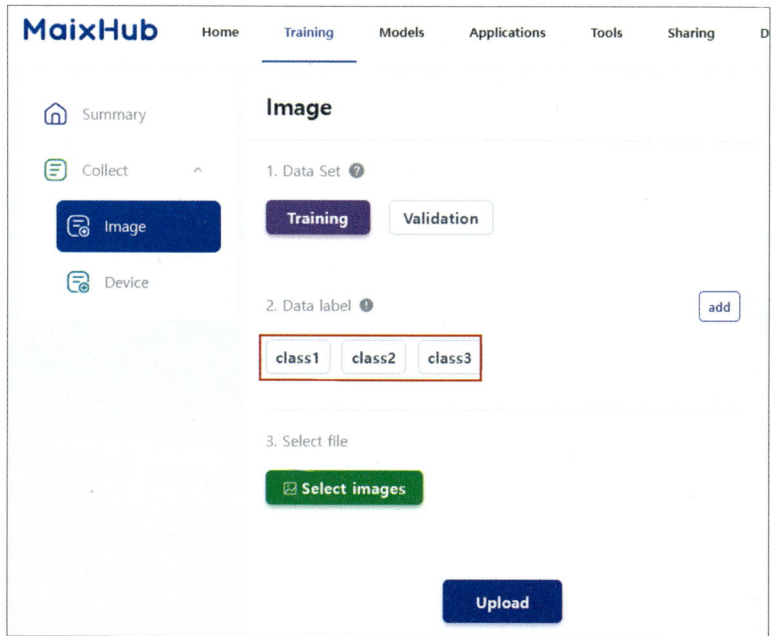

각각의 라벨 이름에 맞는 이미지를 업로드합니다. class1을 선택 후 [Select images]를 클릭합니다.

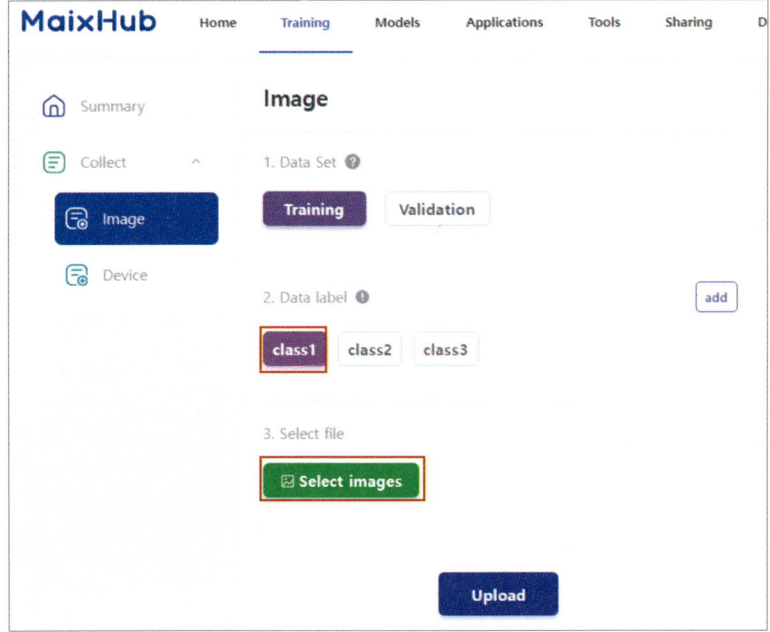

sd카드의 [Classification] 폴더에서 [class1] 폴더에 들어간 다음 사진을 [Ctrl + A]를 눌러 모두 선택한 다음 [열기]를 클릭합니다.

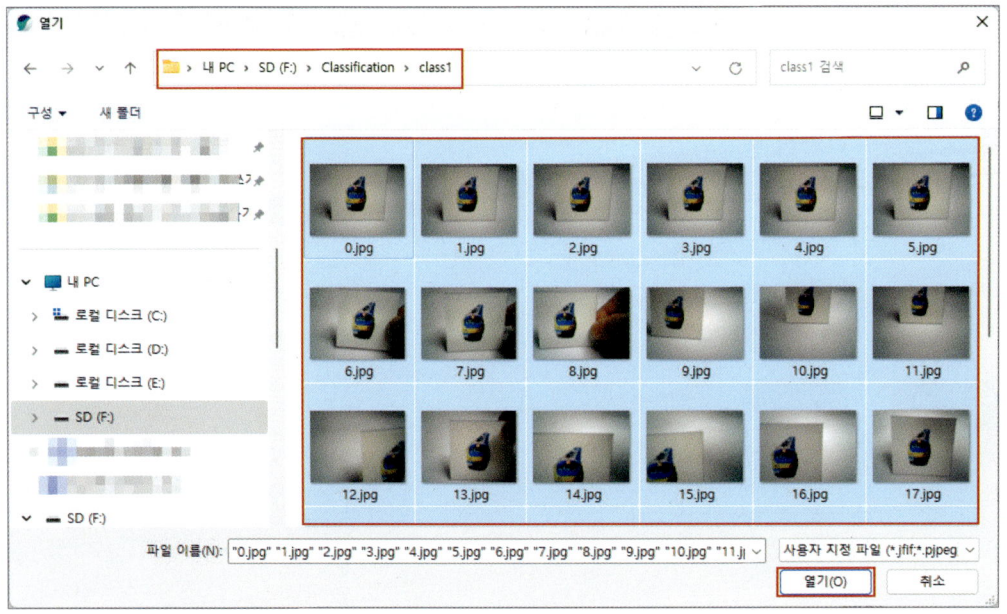

class1에 해당하는 기차 사진이 모두 불려왔습니다. [Upload]를 눌러 사진을 모두 업로드합니다.

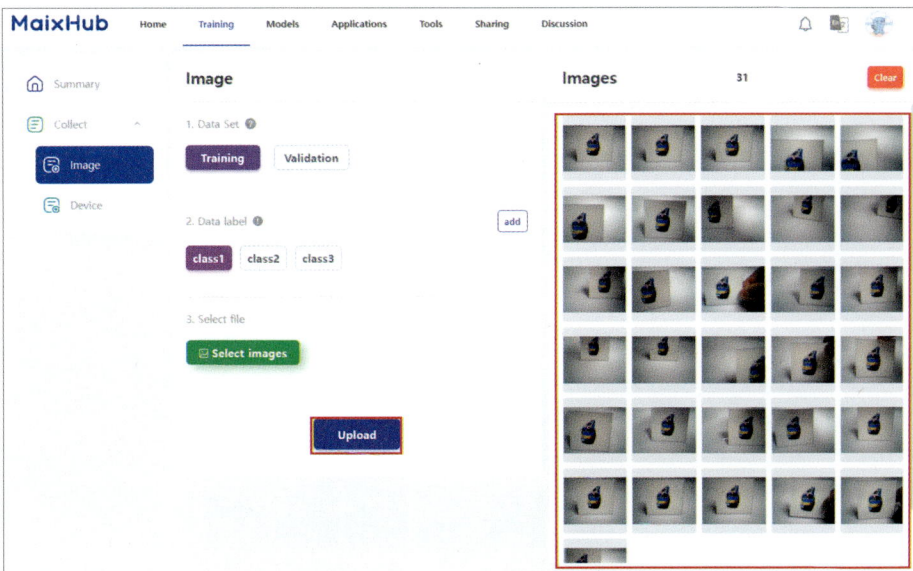

업로드 완료되었습니다.

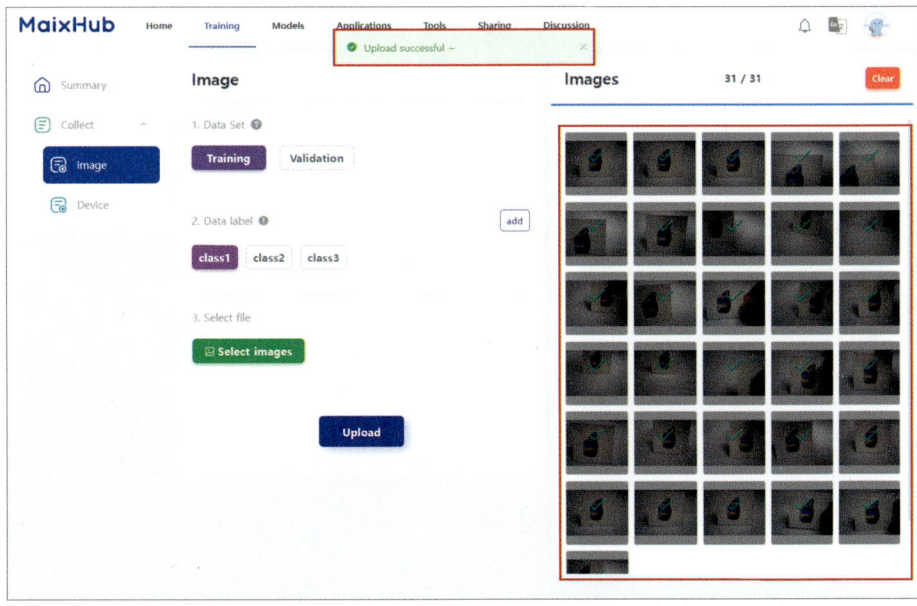

[class2], [class3]도 동일한 방법으로 모두 업로드합니다.

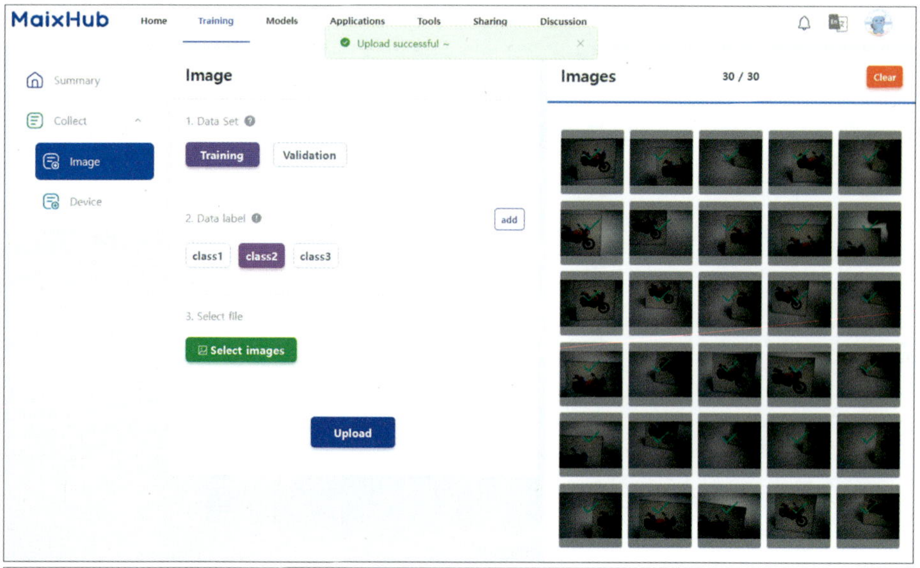

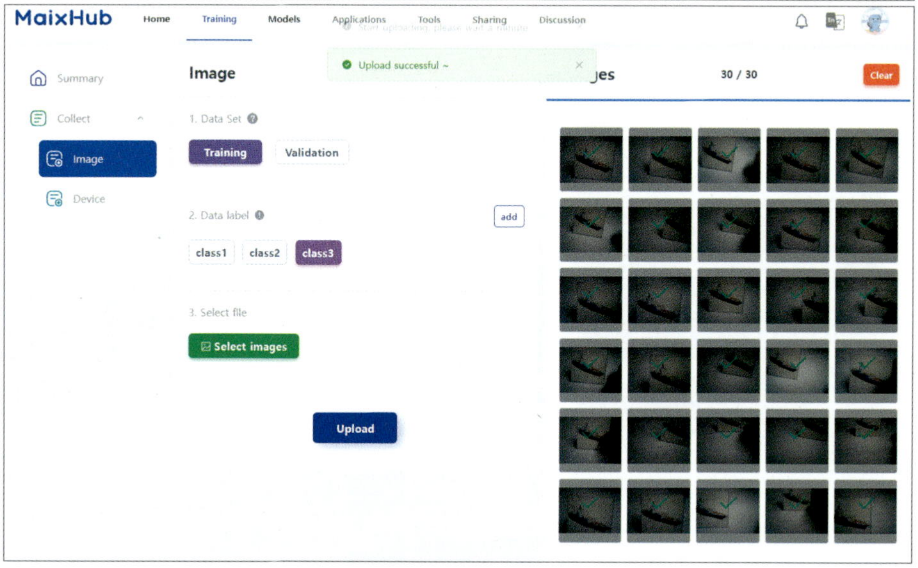

[Summary]를 눌러 업로드된 데이터의 확인이 가능합니다.

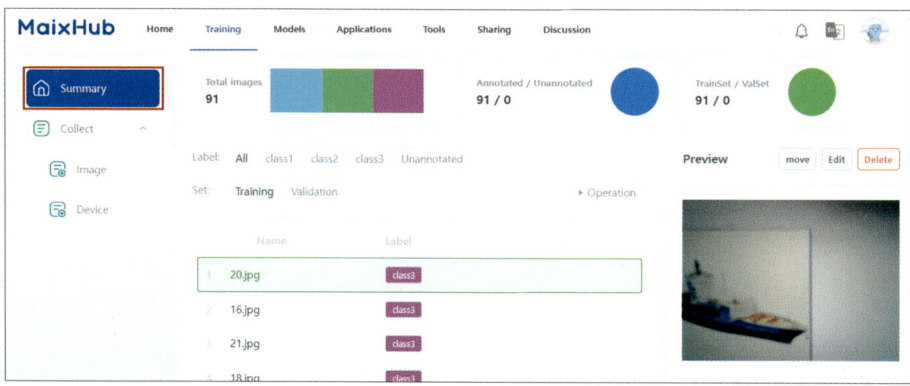

학습하기 위해서 [Training] 탭에서 [Training] 탭을 선택 후 [+Create]를 눌러 Training을 생성합니다.

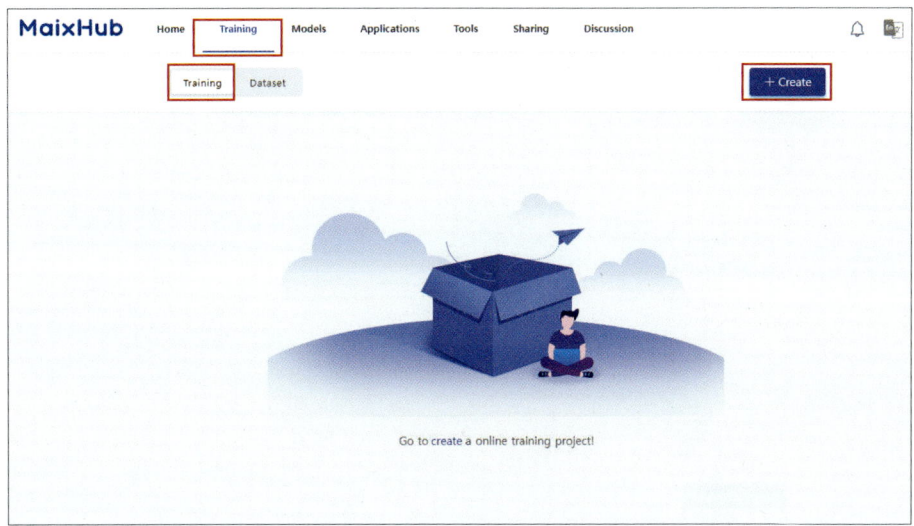

이름을 지정 후 타입은 Image classfication으로 선택한 다음 [Confirm]을 눌러 계속 진행합니다.

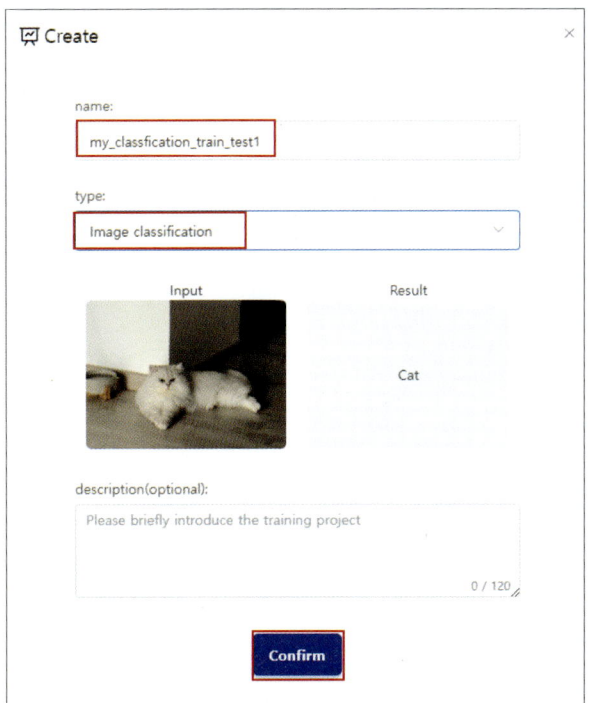

[Dataset] 탭으로 이동합니다.

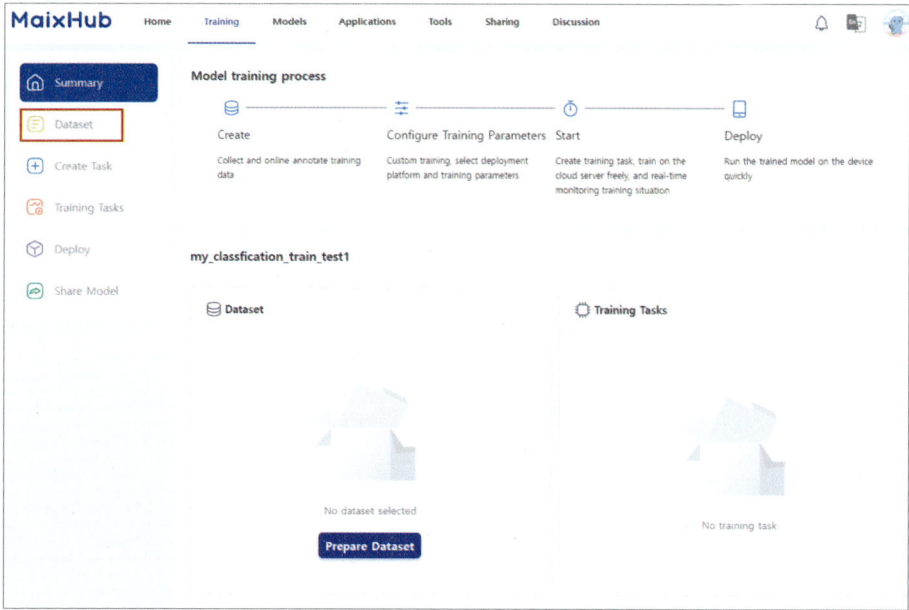

[Dataset] 탭에서 방금 전에 만든 데이터셋을 선택 후 [Confirm]을 눌러 데이터셋을 불러옵니다.

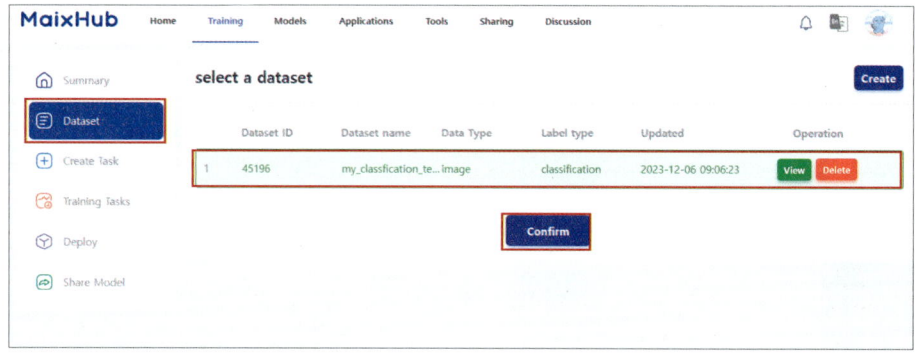

[Confirm]을 눌러 계속 진행합니다.

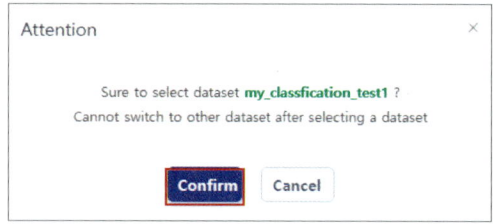

데이터셋이 불러왔습니다.

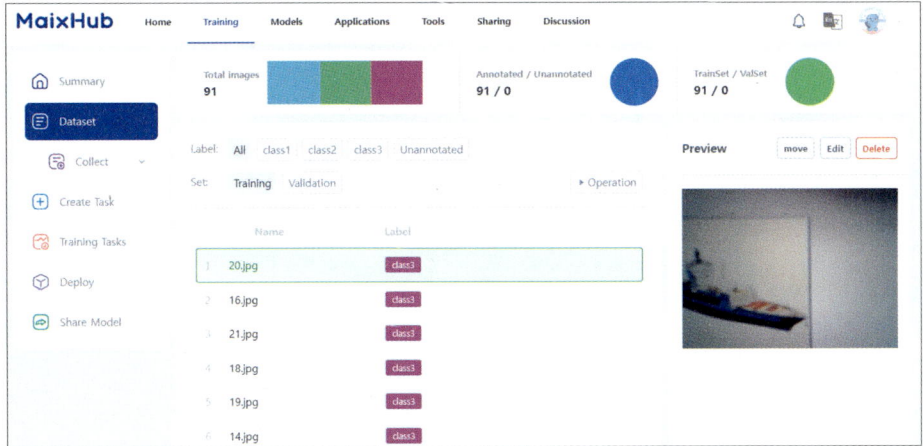

[Create Task] 탭으로 이동합니다. select Model에서 [nncase]를 선택합니다.

Backbone에서 모델의 크기를 mobilenet_0.5로 선택합니다. 우리가 사용하는 인공지능 카메라의 경우 메모리가 많지 않아 mobilenet_0.5 또는 mobilenet_0.75로 설정합니다. 더 큰 모델의 경우 정밀도가 높아지나 인공지능 카메라의 메모리 부족으로 인해서 모델을 불러 올 수 없습니다.

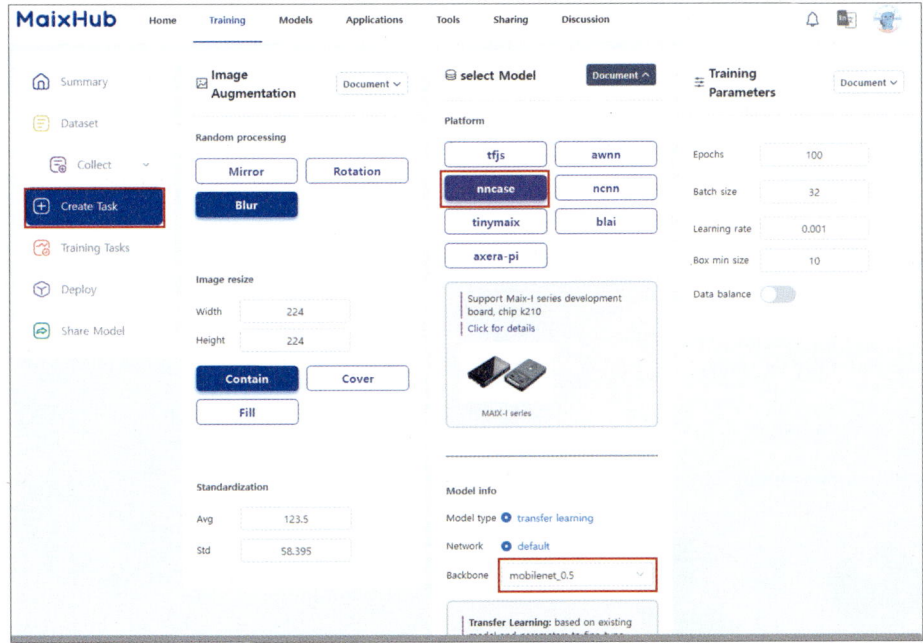

mobilenet_0.5로 선택되어야 합니다.

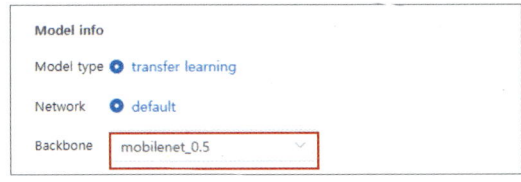

스크롤을 아래로 내려 [Create]를 눌러 학습을 진행합니다.

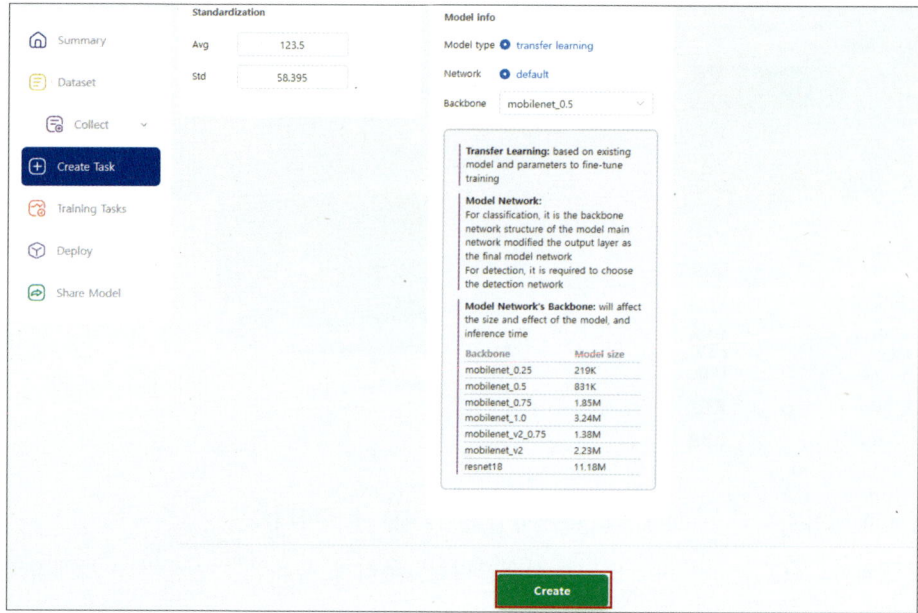

학습이 진행되는 이름을 입력 후 [Start]를 눌러 학습을 진행합니다.

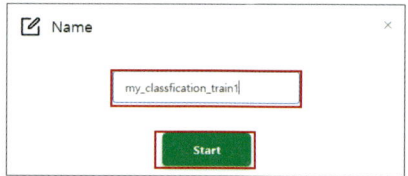

학습을 진행 중에 있습니다.

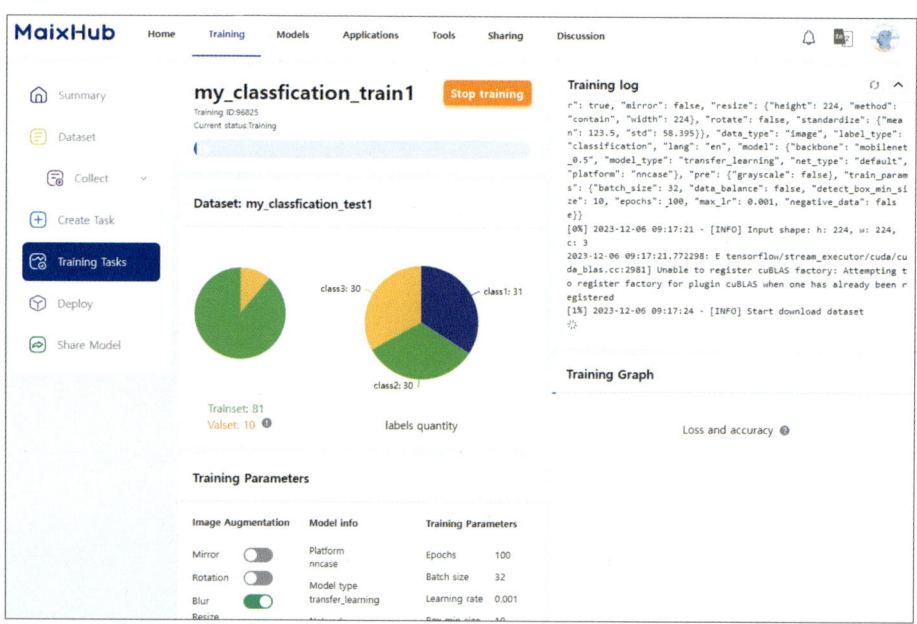

학습이 100%가 완료되었습니다.

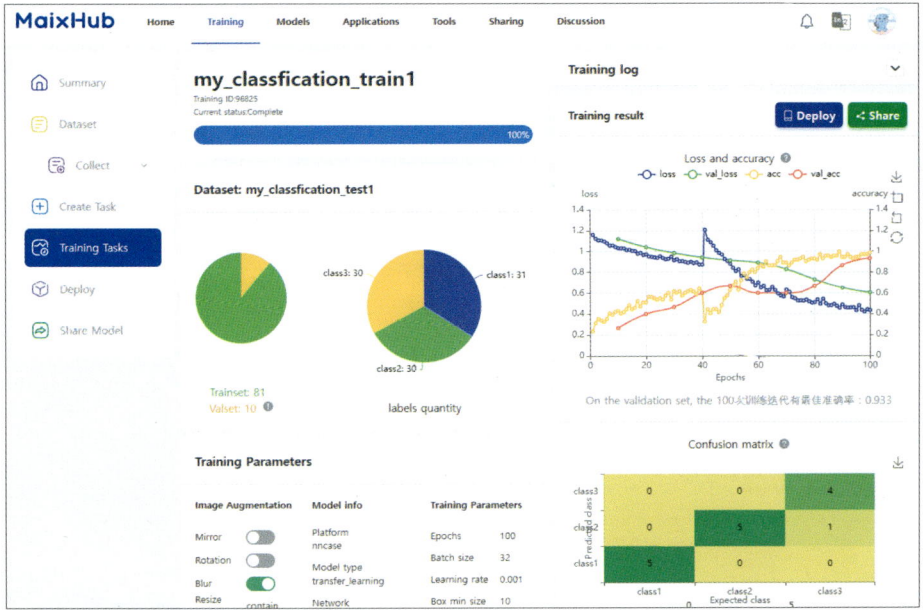

아래 잘못된 예측의 결과를 이미지로 확인할 수 있습니다.

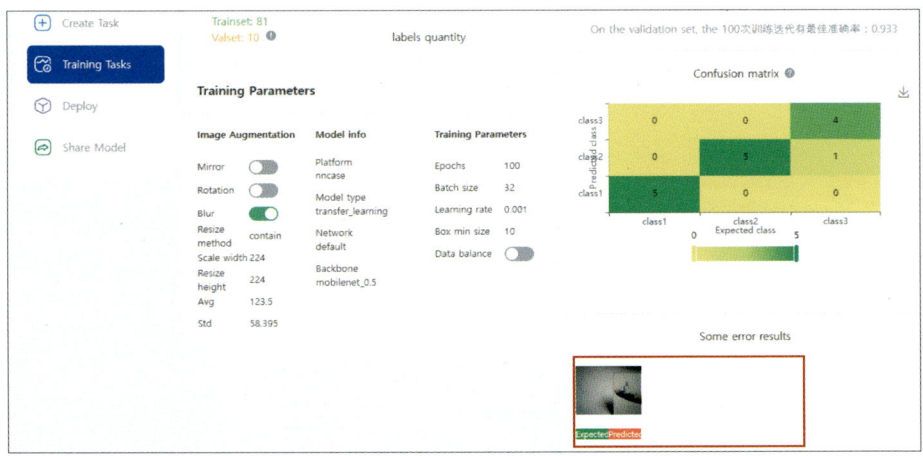

[Deploy] 탭으로 이동 후 학습한 모델을 선택 후 [Manually deployment] 클릭 후 [Download]를 눌러 모델을 다운로드 받습니다.

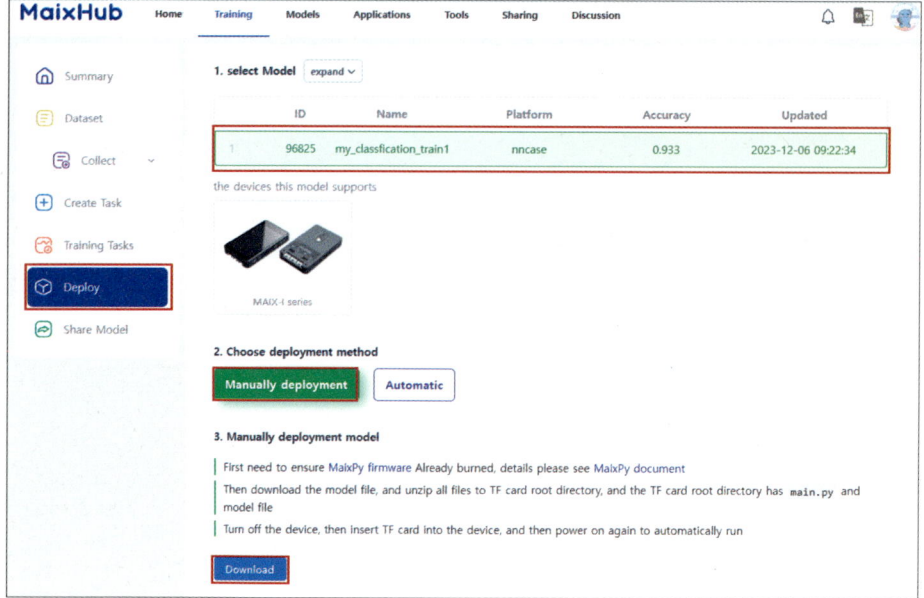

[저장]을 눌러 모델을 다운로드 받습니다.

다운로드 폴더에 다운로드 된 압축파일의 압축을 풀어줍니다.

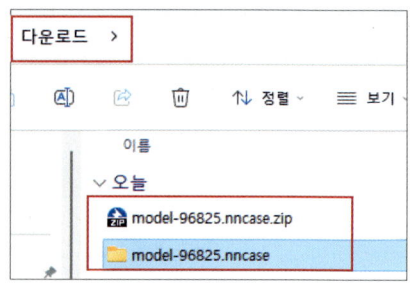

model-번호.kmodel 파일을 확인할 수 있습니다. 번호는 모델을 만드는 시점에 따라 달라집니다.

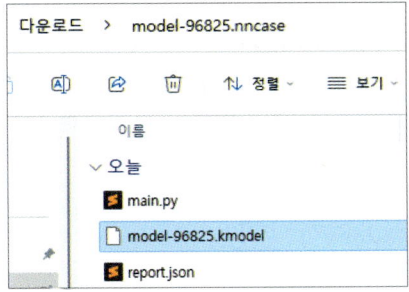

모델의 이름을 my_classification으로 변경합니다.

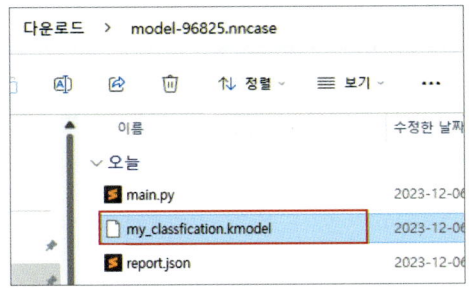

모델을 복사합니다.

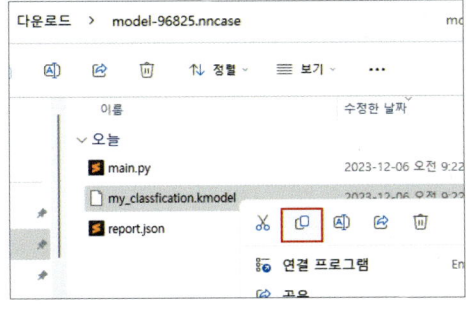

SD카드의 [Classification] 폴더에 복사한 모델을 붙여넣습니다.

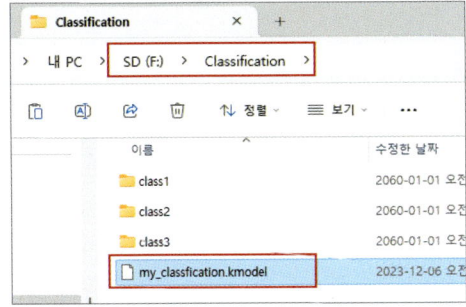

SD카드를 PC에서 제거 후 인공지능 카메라에 연결 후 진행합니다.

Chapter 07_나만의 인공지능 모델 만들기 271

## 07-2

# 인공지능 분류기 만들기

나만의 인공지능 모델을 적용하여 인공지능 분류기를 만들어봅니다.

### 인공지능 이미지 분류하기

이미지를 받아 분류하는 분류기를 만들어봅니다. 앞서 만든 기차, 오토바이, 배를 분류하는 my_classfication.kmodel 모델을 사용합니다.

**7-2-1.인공지능 분류기 만들기.py**

```python
import sensor, image, time, lcd
from maix import KPU
import gc

lcd.init()
sensor.reset()
sensor.set_vflip(1)
sensor.set_pixformat(sensor.RGB565)
sensor.set_framesize(sensor.QVGA)
sensor.skip_frames(time=2000)
clock = time.clock()

kpu = KPU()
kpu.load_kmodel("/sd/Classification/my_classfication.kmodel")

img_proc = image.Image(size=(224, 224), copy_to_fb=False)

while True:
    gc.collect()
    img = sensor.snapshot()
    img_proc.draw_image(img, 0,0)
    img_proc.pix_to_ai()

    out = kpu.run_with_output(img_proc, getlist=True)
```

```
25        max_choice = max(out)
26        index = out.index(max_choice)
27
28        print("class:"+str(index))
29        img.draw_string(4,3,"class:"+str(index),color=(0,0,0),scale=2)
30        lcd.display(img)
31
32  kpu.deinit()
```

> **코드 설명**
>
> **14** : 사전 훈련된 모델을 로드합니다. (my_classfication.kmodel)
> **24~26** : KPU 모델을 실행하고 결과를 가져옵니다.
> **25** : 출력 리스트에서 최대값을 찾습니다.
> **26** : 최대값의 인덱스를 가져옵니다.
> **28** : 분류된 클래스를 출력합니다.

[▶ Start] 버튼을 클릭하여 코드를 실행합니다.

이미지를 이용하여 분류하였습니다. 0, 1, 2번의 index로 분류하였습니다.

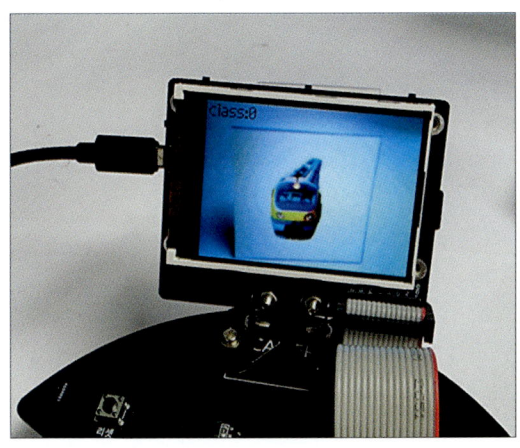 

## 분류된 이미지에 글자 넣기

번호가 아닌 이름으로 출력해보도록 수정합니다.

**7-2-2-.인공지능 분류기 만들기.py**

```
01  import sensor, image, time, lcd
02  from maix import KPU
03  import gc
04
05  lcd.init()
06  sensor.reset()
07  sensor.set_vflip(1)
```

```
08    sensor.set_pixformat(sensor.RGB565)
09    sensor.set_framesize(sensor.QVGA)
10    sensor.skip_frames(time=2000)
11    clock = time.clock()
12
13    kpu = KPU()
14    kpu.load_kmodel("/sd/Classification/my_classfication.kmodel")
15
16    img_proc = image.Image(size=(224, 224), copy_to_fb=False)
17
18    class_name = ["train","Motorcycles","ship"]
19
20    while True:
21        gc.collect()
22        img = sensor.snapshot()
23        img_proc.draw_image(img, 0,0)
24        img_proc.pix_to_ai()
25
26        out = kpu.run_with_output(img_proc, getlist=True)
27        max_choice = max(out)
28        index = out.index(max_choice)
29
30        print(class_name[index])
31        img.draw_string(4,3,class_name[index],color=(0,0,0),scale=2)
32        lcd.display(img)
33
34    kpu.deinit()
```

#### 코드 설명

**18**: 클래스 레이블을 정의합니다.
**30**: 분류된 클래스 레이블을 가져와 출력합니다.

[▶ Start] 버튼을 클릭하여 코드를 실행합니다.

이미지로 분류하였습니다. 분류된 결과가 번호가 아닌 이름으로 표시되었습니다.

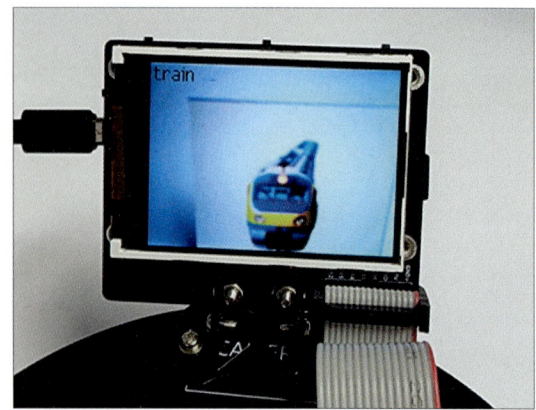
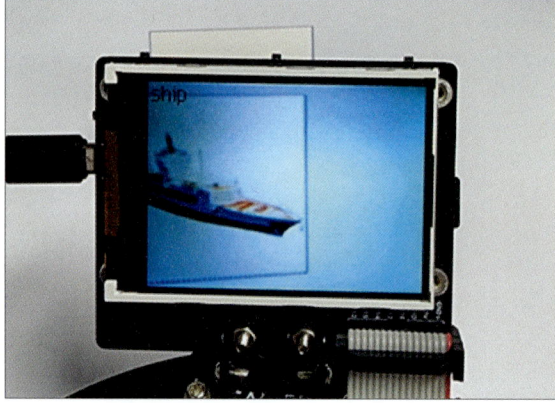

# 오토바이가 보이면 알림을 울리기

오토바이가 보이면 부저를 울려 위험을 울리는 분류기를 만들어 완성합니다.

**7-2-3.인공지능 분류기 만들기.py**

```python
01  import sensor, image, time, lcd
02  from maix import KPU
03  from machine import Timer, PWM
04  import gc
05  
06  lcd.init()
07  sensor.reset()
08  sensor.set_vflip(1)
09  sensor.set_pixformat(sensor.RGB565)
10  sensor.set_framesize(sensor.QVGA)
11  sensor.skip_frames(time=2000)
12  clock = time.clock()
13  
14  kpu = KPU()
15  kpu.load_kmodel("/sd/Classification/my_classfication.kmodel")
16  
17  img_proc = image.Image(size=(224, 224), copy_to_fb=False)
18  
19  class_name = ["train","Motorcycles","ship"]
20  
21  #부저
22  tim = Timer(Timer.TIMER0, Timer.CHANNEL0, mode=Timer.MODE_PWM)
23  buzzer = PWM(tim, freq=1, duty=50, pin=14)
24  
25  # 긴급 알림음을 위한 주파수 설정
26  emergency_notes = [900,1200]
27  
28  def play_tone(frequency):
29      buzzer.duty(50)
30      buzzer.freq(frequency)
31  
32  def no_tone():
33      buzzer.duty(0)
34  
35  no_tone()
36  time.sleep(1.0)
37  
38  cnt =0
39  while True:
40      gc.collect()
41      img = sensor.snapshot()
42      img_proc.draw_image(img, 0,0)
```

```
43          img_proc.pix_to_ai()
44
45          out = kpu.run_with_output(img_proc, getlist=True)
46          max_choice = max(out)
47          index = out.index(max_choice)
48
49          print(class_name[index])
50          img.draw_string(4,3,class_name[index],color=(0,0,0),scale=2)
51
52          if class_name[index] =="Motorcycles":
53              if cnt >=10:
54                  for note in emergency_notes:
55                      play_tone(note)
56                      time.sleep(0.3)
57              else:
58                  cnt +=1
59          else:
60              no_tone()
61              cnt =0
62          lcd.display(img)
63
64      kpu.deinit()
```

> **코드 설명**
>
> **52~61**: "Motorcycles" 클래스를 감지하면 긴급 알림음을 재생하고, 그렇지 않으면 소리를 중지합니다.

[▶Start] 버튼을 클릭하여 코드를 실행합니다.

오토바이를 검출하면 부저를 울립니다. 10번 이상 연속해서 검출된 경우에만 부저가 울립니다.

아래의 링크에서 동작 영상을 확인할 수 있습니다.

https://youtube.com/shorts/q9WQiDRWvS0?si=-GBT8vJK1AcAwS98

## 07-3

# 인공지능 객체 인식 모델 만들기

이미지에서 특정 객체만을 검출하는 인공지능 모델을 만들어봅니다.
제공자료는 책 전용 게시판 또는 저자가 운영하는 블로그에서 다운로드 받을 수 있습니다.
- 앤써북 이 책의 전용 게시판 : https://cafe.naver.com/answerbook/6497
- 저자가 운영하는 블로그 https://munjjac.tistory.com/14

이미지를 통한 분류 모델을 만들기 위해서 제공자료에 [서식] 폴더에 이미지가 제공됩니다
그림은 제공자료의 [서식] 폴더에 [4.그림]으로 PPT 파일로 제공됩니다.

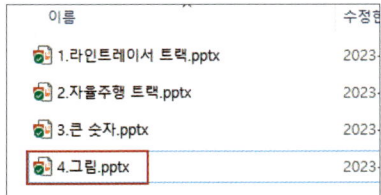

정지, 사람, 천천히, 횡단보도등의 그림을 사용합니다.

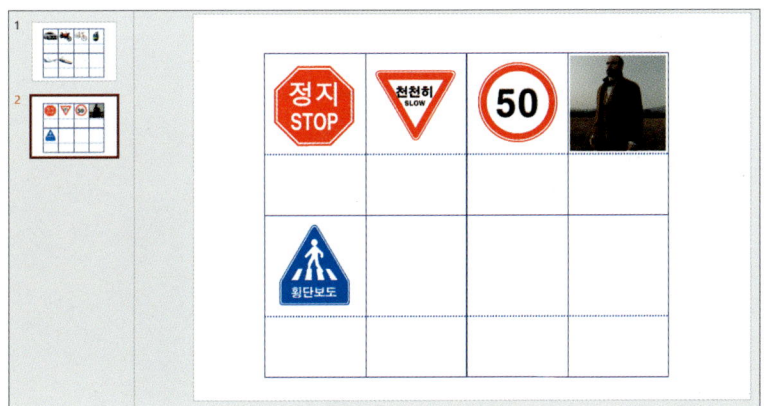

## 버튼을 눌러 사진 저장하기

자동차의 버튼을 누르면 사진을 저장하는 코드를 만들어봅니다. 자동차의 아무런 버튼이나 눌러도 사진을 찍어 sd카드의 [object_detection/images] 폴더에 저장합니다.

### 7-3-1.인공지능 객체 인식 모델만들기.py

```python
01  import sensor, image, time, lcd
02  import time
03  from maix import GPIO
04  from fpioa_manager import fm
05  import os
06
07  #카메라, LCD초기화
08  sensor.reset()
09  sensor.set_vflip(1)
10  sensor.set_pixformat(sensor.RGB565)
11  sensor.set_framesize(sensor.QVGA)
12  sensor.run(1)
13  sensor.skip_frames()
14  lcd.init(freq=15000000)
15  fps_clock = time.clock()
16
17  #폴더 생성
18  object_detection_path ="/sd/object_detection/images"
19  try:
20      os.mkdir("/sd/object_detection")
21      os.mkdir(object_detection_path)
22  except:
23      pass
24
25  #버튼초기화
26  fm.register(9, fm.fpioa.GPIO0, force=True)
27  fm.register(12, fm.fpioa.GPIO1, force=True)
28  fm.register(8, fm.fpioa.GPIO2, force=True)
29
30  button_1 = GPIO(GPIO.GPIO0, GPIO.IN, GPIO.PULL_UP)
31  button_2 = GPIO(GPIO.GPIO1, GPIO.IN, GPIO.PULL_UP)
32  button_3 = GPIO(GPIO.GPIO2, GPIO.IN, GPIO.PULL_UP)
33
34  picture_cnt =0
35  while(True):
36      img = sensor.snapshot()
37
38      if button_1.value() ==0 or button_2.value() ==0 or button_3.value() ==0:
39          img.save(object_detection_path+"/"+str(picture_cnt)+".jpg")
40          picture_cnt +=1
41          img.draw_string(50, 120, "save image: "+str(picture_cnt),color=(0,255,0),scale=2)
42          lcd.display(img)
43          time.sleep(0.5)
44      lcd.display(img)
```

| 코드 설명 |
|---|
| **17~22** : 이미지를 저장할 디렉토리를 생성합니다. |
| **38** : 버튼 중 하나가 눌렸을 때 (버튼의 상태가 0이면), 이미지를 object_detection_path 디렉토리에 저장하고 카운터를 증가시키며 LCD에 정보를 표시합니다. |

[▶Start] 버튼을 클릭하여 코드를 실행합니다.

자동차의 버튼을 눌러 사진을 저장합니다. 버튼1, 버튼2, 버튼3이 동일한 동작을 합니다.

사진은 여러 개의 객체가 동시에 보여도 괜찮습니다. 각 객체당 30장이상으로 최소 100장이상의 사진을 다양하게 저장합니다. 사진은 가깝게 멀게 위아래등 다양하게 찍습니다. 저장된 사진의 번호가 LCD에 출력됩니다.

인공지능 카메라의 전원을 끈 후 SD카드를 빼서 PC에 연결합니다.

SD카드를 컴퓨터에 연결하면 [object_detection] 폴더가 생성되었고 [object_detection]의 [images] 폴더에 사진이 저장되었습니다.

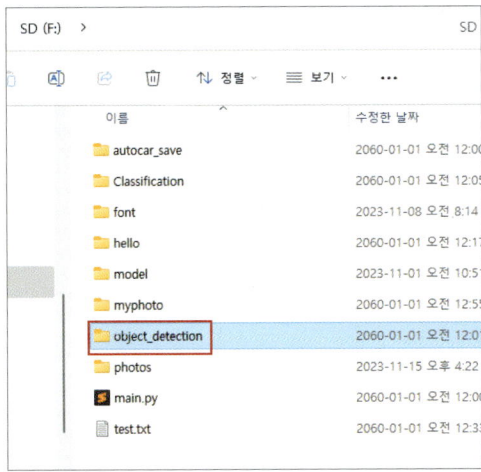

SD카드의 [object_detection/images] 폴더에 사진이 저장되었습니다.

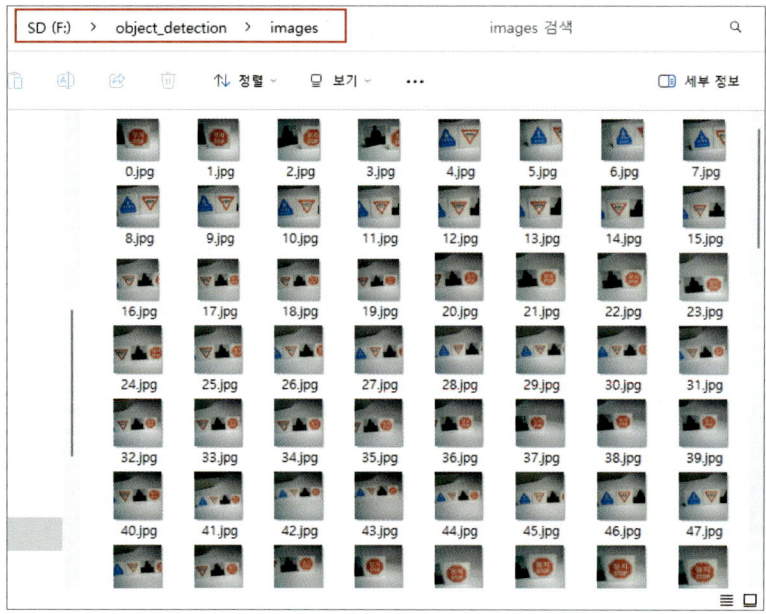

## 객체 인식 모델 생성하기

모델을 생성하기 위해서 maixhub 사이트에 접속 후 로그인한 다음 진행합니다.

https://maixhub.com/

[Training] 탭에서 [Dataset] 탭을 선택 후 [+Create]를 눌러 데이터셋을 생성합니다.

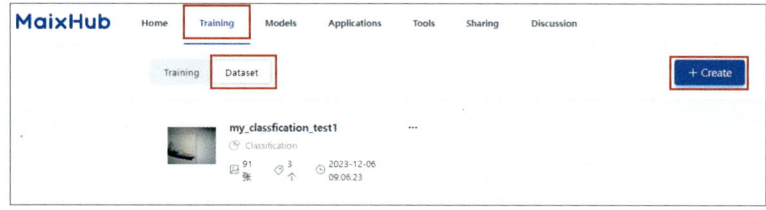

데이터셋의 이름을 작성 후 label type은 [detection]으로 선택 후 [Confirm]을 눌러 데이터셋을 생성합니다.

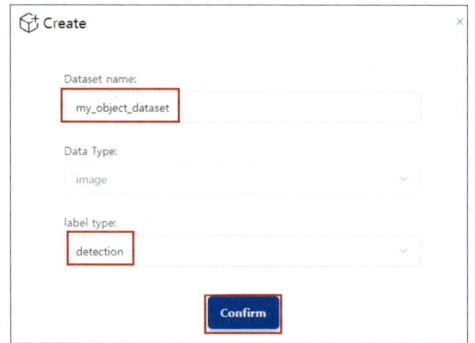

사진을 업로드하기 위해 [Image] 탭으로 이동한 다음 [Select images]를 클릭합니다.

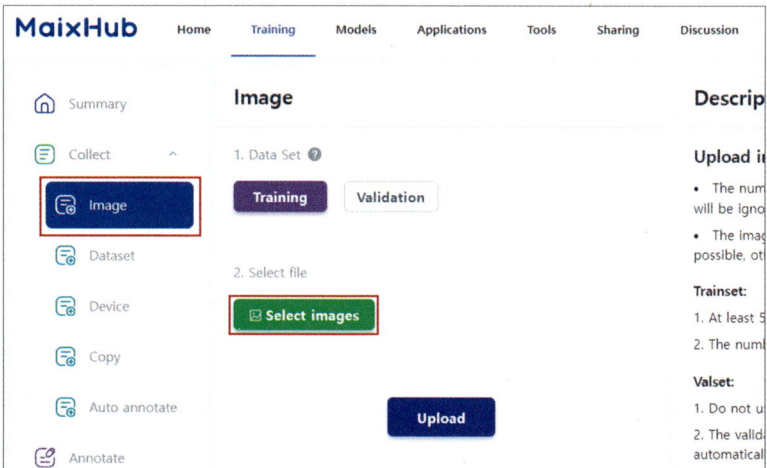

sd카드의 [object_detection/images] 폴더에서 [컨트롤 + a]를 눌러 사진을 모두 선택한 다음 [열기]를 눌러 사진을 선택합니다.

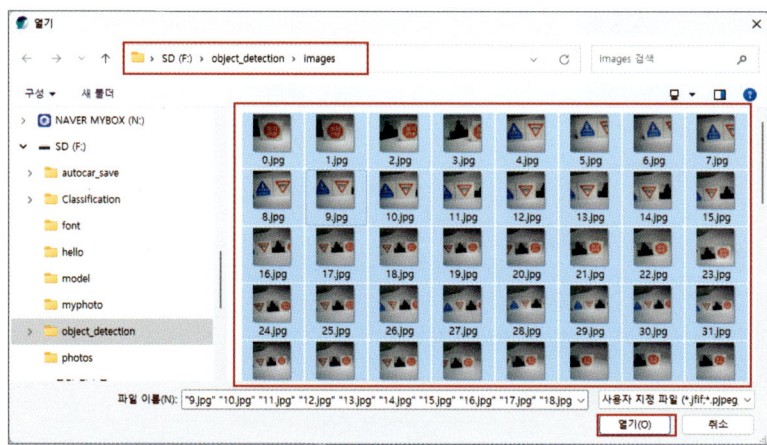

[Upload] 버튼을 눌러 사진을 업로드합니다.

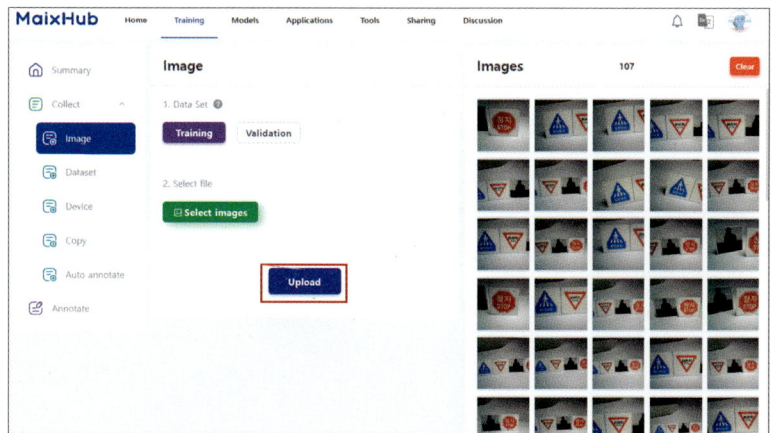

사진의 업로드가 완료되었습니다.

[Annotate] 탭으로 이동하고 Labels에서 [add]를 눌러 라벨을 추가합니다.

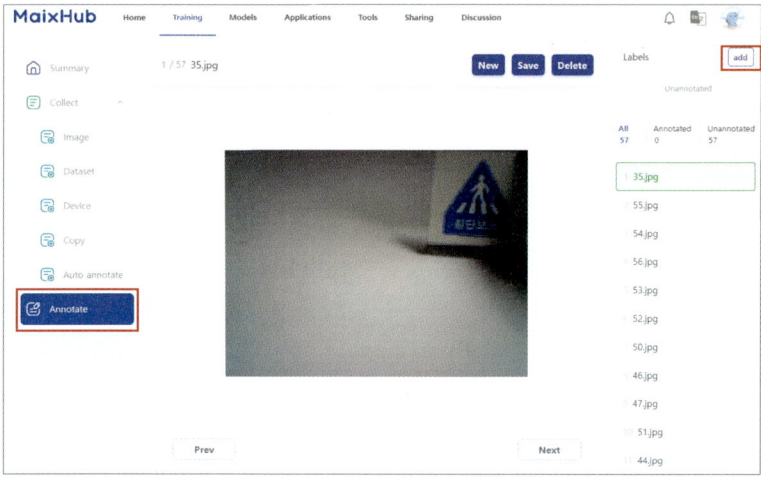

slow, stop, human, Closswalks의 4개의 라벨을 추가합니다.

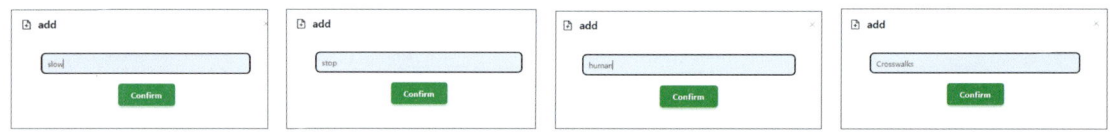

4개의 라벨이 추가되었습니다.

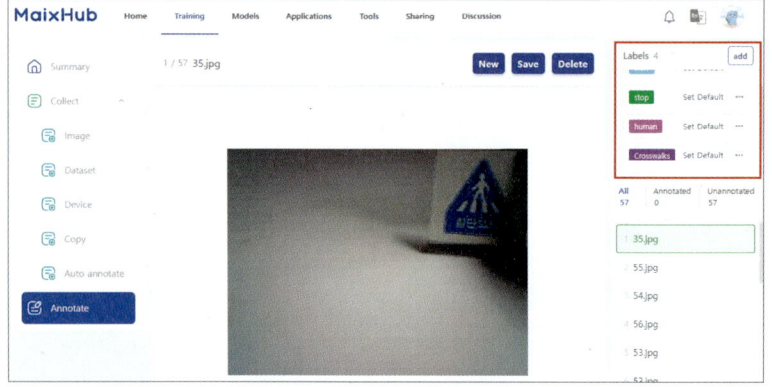

이미지에 라벨링을 하기 위해서 단축키를 알아두면 편합니다. 새로운 라벨을 생성하는 단축키는 [w]입니다. w를 눌러 라벨을 추가합니다.

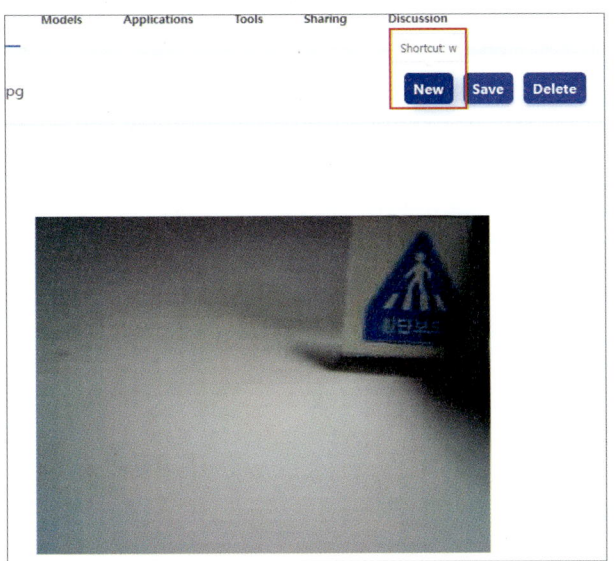

s는 저장입니다. 삭제는 [delete] 키입니다.

다음 이미지로 넘기는 단축키는 d입니다. 이전 이미지로 넘기는 단축키는 a입니다.

w를 누른 다음 객체에 드레그하여 네모 표시합니다.

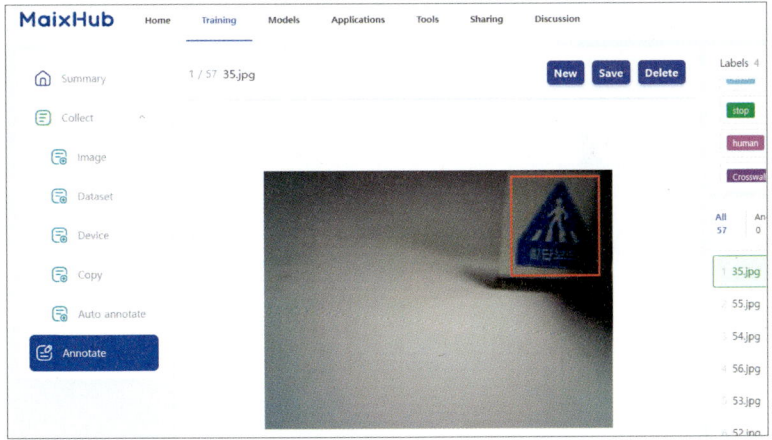

Chapter 07_나만의 인공지능 모델 만들기  283

객체가 무엇인지 선택합니다. 횡단보도로 Crosswalks를 선택하였습니다. 객체에 맞는 라벨을 선택합니다.

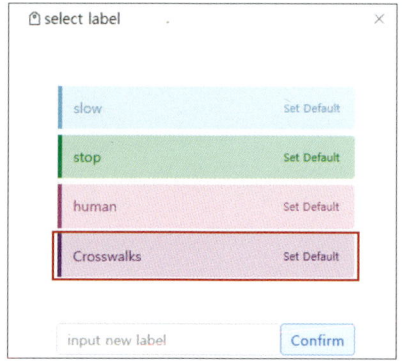

객체가 선택되었습니다.

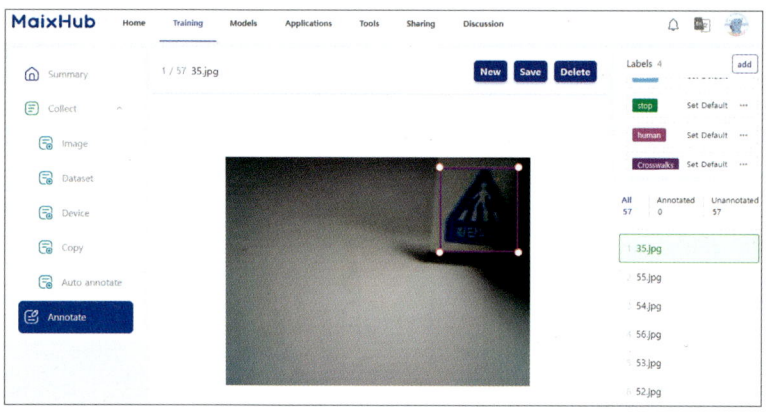

[s]를 눌러 저장합니다.

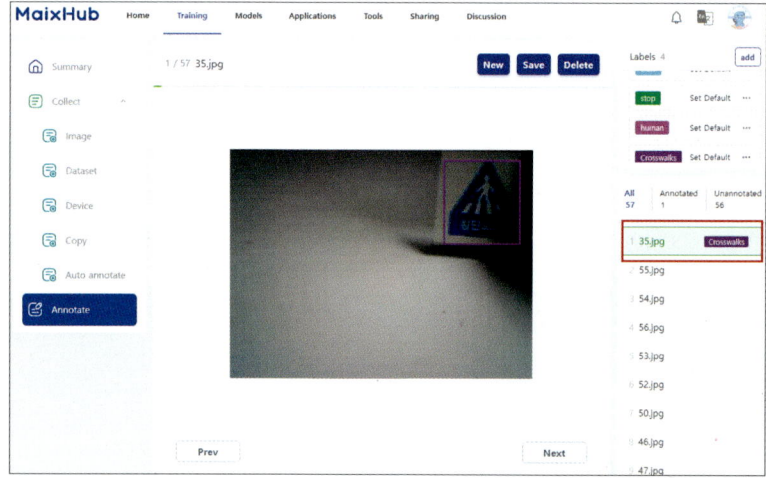

다음 사진으로 넘기기 위해서 [d]를 눌러 다음 사진으로 이동 후 [w]를 눌러 객체를 선택합니다.

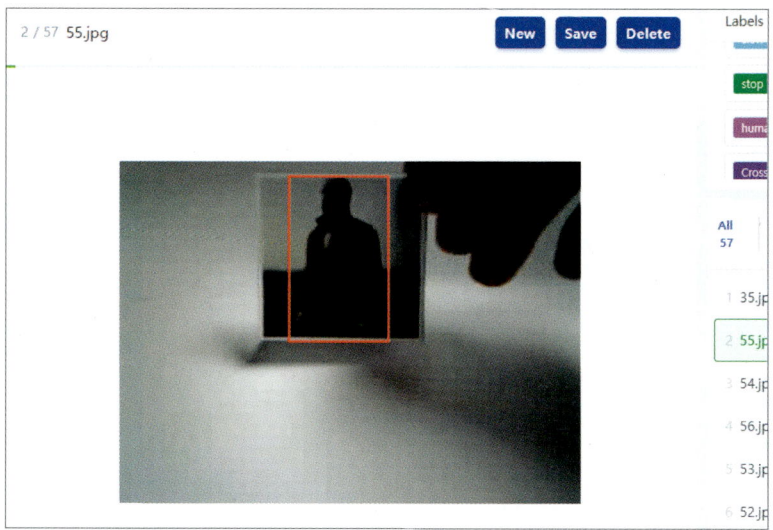

사람으로 human을 선택하여 라벨링합니다.

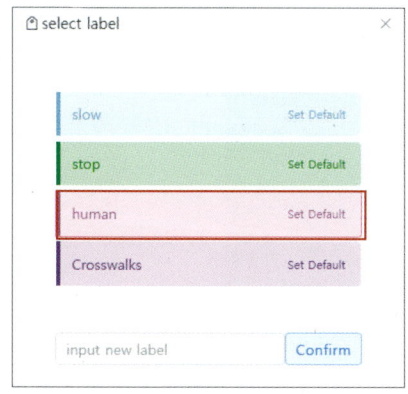

[s]를 눌러 저장한 다음 [d]를 눌러 다음 사진으로 이동합니다.

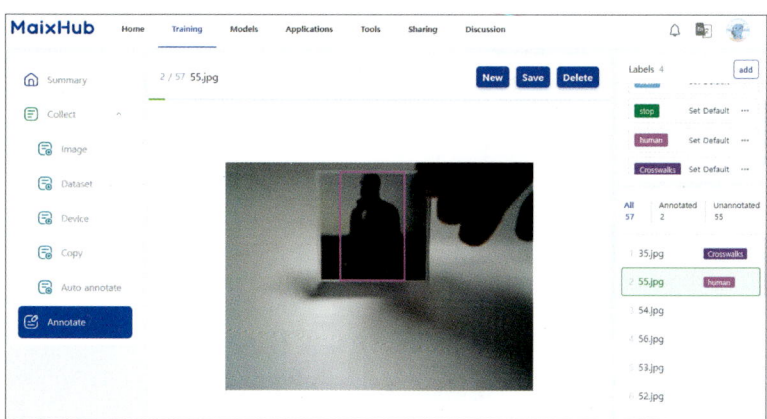

한 장의 사진에 여러 개의 객체가 있다면 사진에 보이는 객체를 모두 라벨링 합니다.

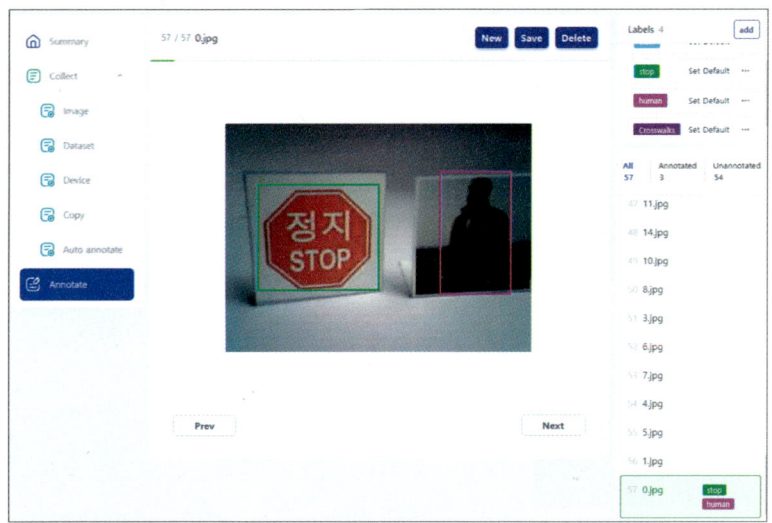

[w]를 눌러 객체를 지정한 다음 객체이름을 선택하고 [s]를 눌러 저장한 다음 [d]를 눌러 다음 사진으로 넘기면서 모든 사진의 라벨링을 진행합니다.

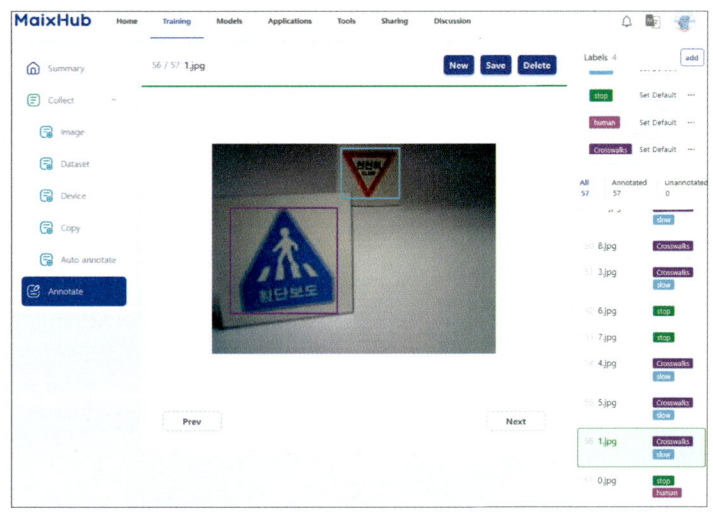

[Summary] 탭에서 라벨링된 사진의 요약된 정보를 확인할 수 있습니다. 최소 100장이상의 이미지가 있어야 합니다. 책에서 예제로 사용한 사진은 171장의 이미지를 사용하였습니다. 각 객체당 30~40장 이상의 사진을 찍어 라벨링을 하였습니다.

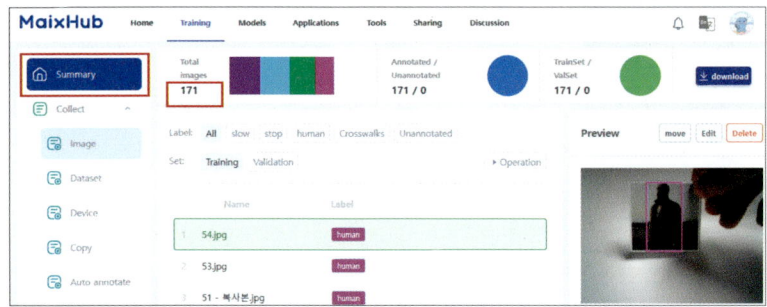

라벨부분에 마우스를 가져다 대면 Label을 볼 수 있습니다. 이 순서대로 코드에서 순번을 정하므로 잘 확인해둡니다. 코드를 작성시에 라벨과 이미지가 맞지 않는다면 이 순서대로 label이 작성되었는지 확인합니다.

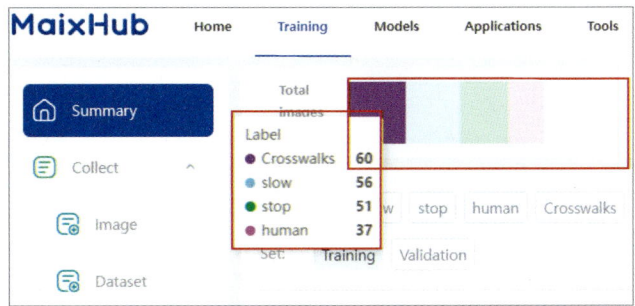

데이터셋을 갖추었음으로 학습을 진행합니다.
Training 탭에서 Training을 선택 후 [+Create]를 클릭하여 학습을 진행합니다.

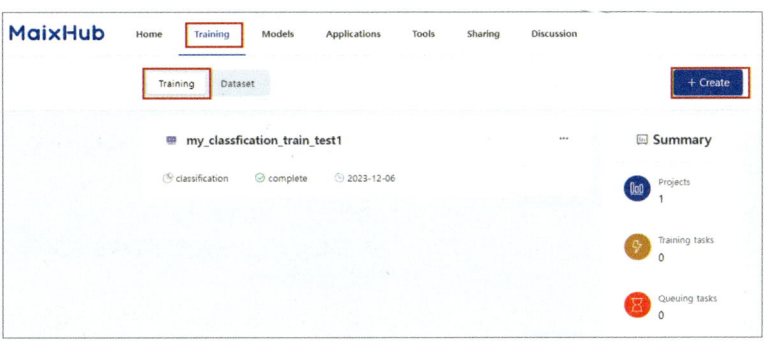

학습의 이름을 설정 후 type은 [Image detection]으로 선택 후 [Confirm]을 눌러 계속 진행합니다.

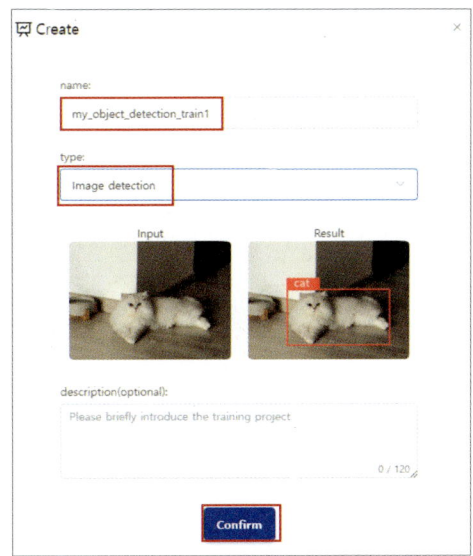

데이터를 불러오기 위해서 [Dataset] 탭으로 이동한 다음 방금전에 만든 데이터셋을 선택 후 [Confirm]을 눌러 데이터셋을 불러옵니다.

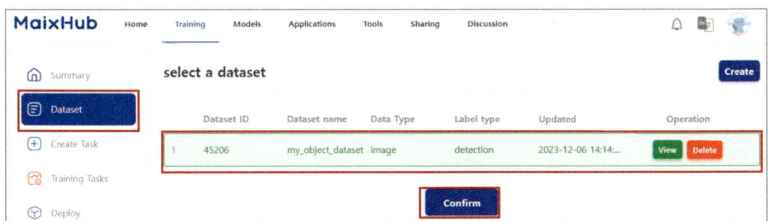

[Confirm]을 눌러 계속 진행합니다.

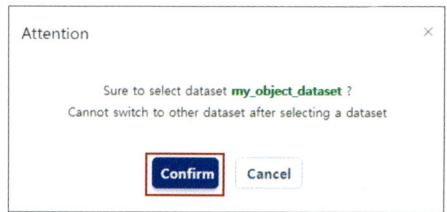

[Create Task] 탭으로 이동한 다음 select Model에서 [nncase]를 선택합니다.

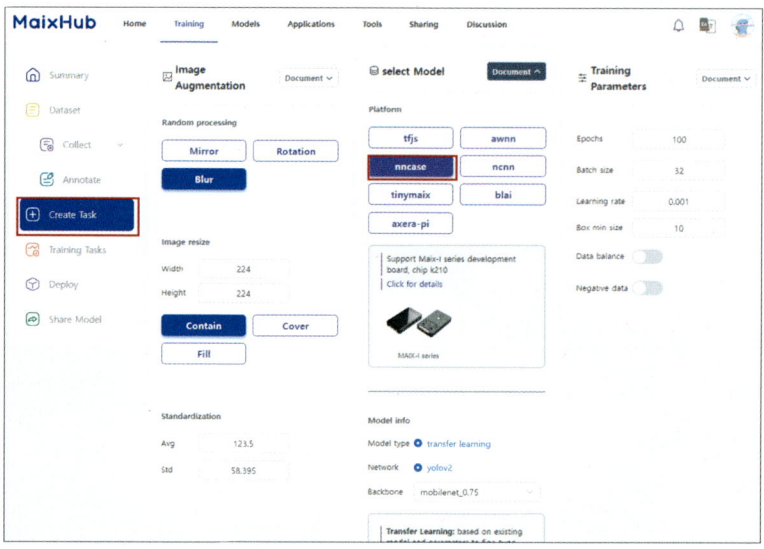

스크롤을 아래로 내려 [Create]를 클릭하여 학습을 진행합니다.

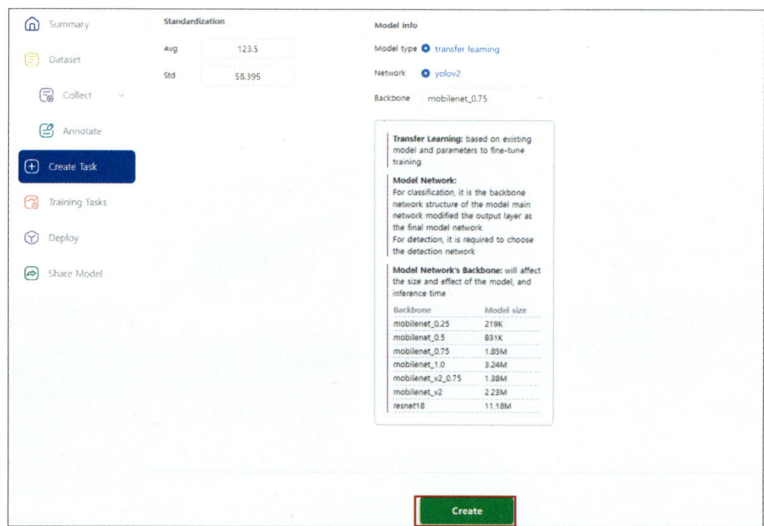

학습의 이름을 설정 후 [Start]를 눌러 학습을 진행합니다.

학습을 시작하였습니다.

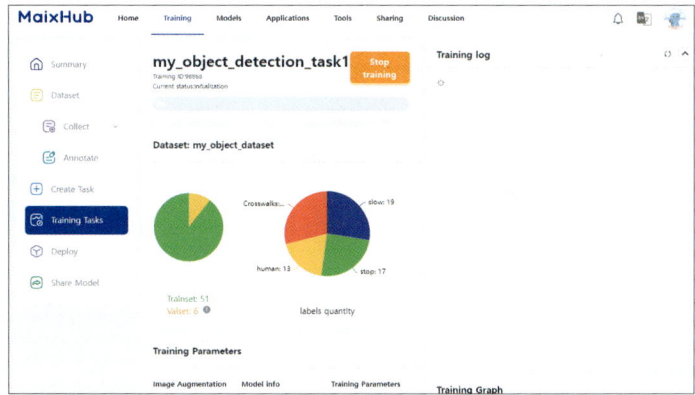

학습이 완료되었습니다. 학습의 결과를 그래프나 이미지를 통해 확인할 수 있습니다.

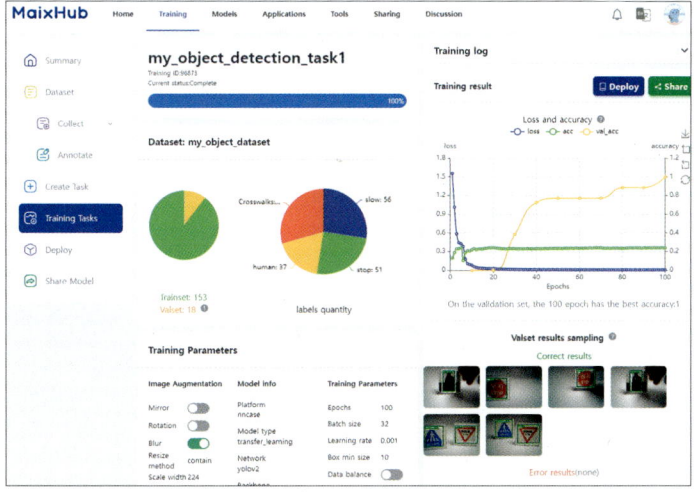

학습된 모델을 다운로드 받기 위해서 [Deppoy] 탭으로 이동한 다음 학습모델을 선택 후 [Manually deployment]를 클릭 후 [Download]를 눌러 모델을 다운로드 받습니다.

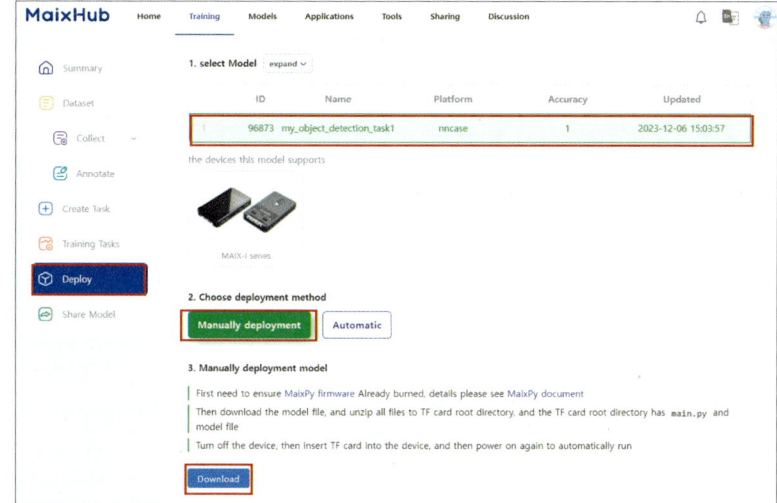

저장을 눌러 다운로드 받습니다.

다운로드 받은 모델파일의 압축을 풀어줍니다. [model-번호.nncase.zip] 파일로 파일이 다운로드 되었습니다. 번호는 학습하는 시점에 따라 달라집니다.

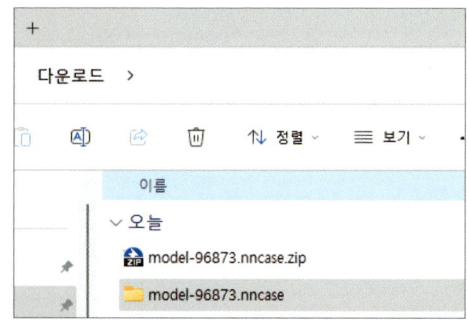

압축을 푼 폴더를 접속합니다. model파일이 필요한 파일입니다.

이름을 [object_detection]으로 변경합니다. 확장자는 .kmodel입니다.

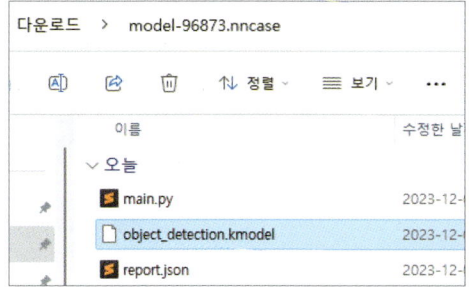

[object_detection] 모델파일을 sd카드의 [object_detection] 폴더로 복사합니다.

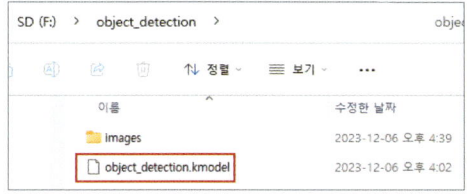

검출된 객체의 크기 등을 경정하는 설정값인 anchor 값은 main.py 파일에서 확인이 가능합니다. 모델을 다운로드 받아 압축을 풀면 main.py 파일을 열어 anchors 값을 확인합니다. 이 값은 다음 장에 모델을 인식할 때 anchor 값으로 사용합니다.

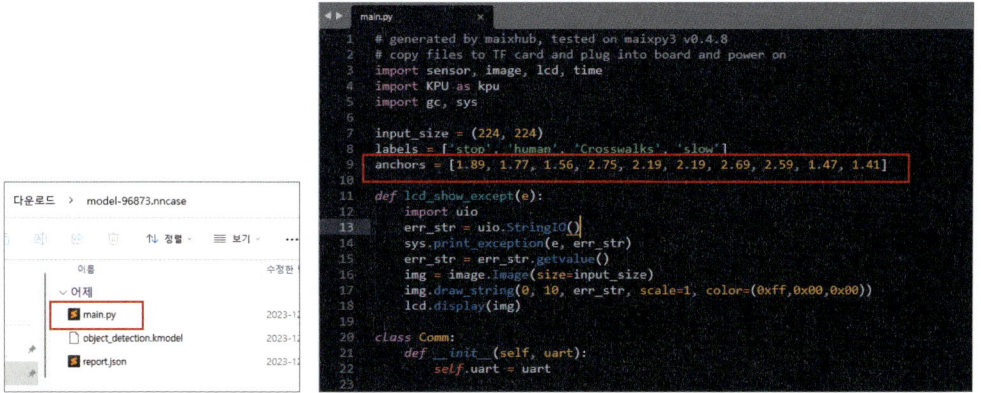

PC에서 SD카드를 제거한 다음 인공지능 카메라에 SD카드를 넣은 다음 진행합니다.

# 07-4

# 인공지능 객체 인식 장치 만들기

이미지에서 특정 객체의 검출이 가능한 나만의 모델을 활용하여 이미지에서 객체를 검출하는 방법에 대해서 알아봅니다.

## 이미지에서 객체 인식하기

이미지에서 객체를 인식하여 네모박스를 그리는 코드를 작성해봅니다.

### 7-4-1.인공지능 객체 인식 장치 만들기.py

```python
import sensor, image, time, lcd
from maix import KPU
import gc
gc.collect() # 메모리 해제

lcd.init()
sensor.reset()
sensor.set_vflip(1)
sensor.set_pixformat(sensor.RGB565)
sensor.set_framesize(sensor.QVGA)
sensor.skip_frames(time =1000)
clock = time.clock()

od_img = image.Image(size=(224,224), copy_to_fb=False)
anchor = [1.89, 1.77, 1.56, 2.75, 2.19, 2.19, 2.69, 2.59, 1.47, 1.41]

kpu = KPU()
kpu.load_kmodel("/sd/object_detection/object_detection.kmodel")
kpu.init_yolo2(anchor, anchor_num=5, img_w=320, img_h=240, net_w=224 , net_h=224 ,layer_w=7 ,layer_h=7, threshold=0.4, nms_value=0.3, classes=4)

while True:
    clock.tick()
    img = sensor.snapshot()
    od_img.draw_image(img, 0,0)
    od_img.pix_to_ai()
    kpu.run_with_output(od_img)
```

```
27          dect = kpu.regionlayer_yolo2()
28          fps = clock.fps()
29
30          if len(dect) >0:
31              print("dect:",dect)
32              for l in dect:
33                  img.draw_rectangle(int(l[0]/1.4),l[1],int(l[2]/1.4),l[3], color=(0, 255, 0))
34
35          img.draw_string(0, 0, "%2.1ffps" %(fps), color=(0, 60, 128), scale=2.0)
36          lcd.display(img)
37          gc.collect()
38
39      kpu.deinit()
```

| 코드 설명 |
| --- |
| 15 : YOLO2 객체 감지 모델에 대한 앵커(Anchor) 값을 정의합니다. |
| 23 : 카메라에서 이미지를 캡처합니다. |
| 24 : 캡처한 이미지를 od_img에 그립니다. |
| 25 : od_img의 이미지 데이터를 AI 모델에 전달합니다. |
| 26 : YOLO2 모델을 실행합니다. |
| 27 : 객체 감지 결과를 가져옵니다. |
| 30~33 : 감지된 객체에 대한 경계 상자를 이미지에 그립니다. |

[▶ Start] 버튼을 클릭하여 코드를 실행합니다.

학습된 4개의 객체를 검출하고 검출된 객체에 네모를 표시하였습니다.

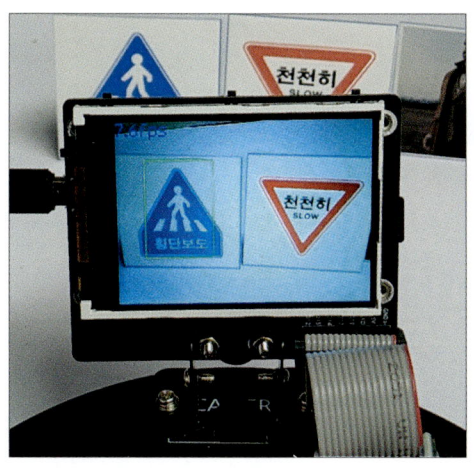
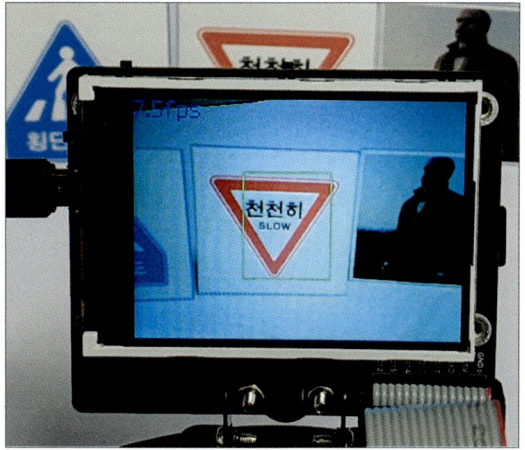

## 객체에 라벨 붙이기

객체 감지 모델을 사용하여 카메라에서 이미지를 캡처하고 객체를 감지한 후에 해당 객체의 레이블과 경계 상자를 이미지 위에 표시하는 프로그램을 작성해봅니다.

### 7-4-2.인공지능 객체 인식 장치 만들기.py

```python
01  import sensor, image, time, lcd
02  from maix import KPU
03  import gc
04  gc.collect() # 메모리 해제
05
06  lcd.init()
07  sensor.reset()
08  sensor.set_vflip(1)
09  sensor.set_pixformat(sensor.RGB565)
10  sensor.set_framesize(sensor.QVGA)
11  sensor.skip_frames(time =1000)
12  clock = time.clock()
13
14  od_img = image.Image(size=(224,224), copy_to_fb=False)
15  anchor = [1.89, 1.77, 1.56, 2.75, 2.19, 2.19, 2.69, 2.59, 1.47, 1.41]
16
17  kpu = KPU()
18  kpu.load_kmodel("/sd/object_detection/object_detection.kmodel")
19  kpu.init_yolo2(anchor, anchor_num=5, img_w=320, img_h=240, net_w=224 , net_h=224 ,layer_w=7 ,layer_h=7, threshold=0.4, nms_value=0.3, classes=4)
20
21  labels = ['Crosswalks','slow','stop', 'human']
22
23  while True:
24      clock.tick()
25      img = sensor.snapshot()
26      od_img.draw_image(img, 0,0)
27      od_img.pix_to_ai()
28      kpu.run_with_output(od_img)
29      dect = kpu.regionlayer_yolo2()
30      fps = clock.fps()
31
32      if len(dect) >0:
33          print("dect:",dect)
34          for l in dect:
35              img.draw_rectangle(int(l[0]/1.4),l[1],int(l[2]/1.4),l[3], color=(0, 255, 0))
36              img.draw_string(int(l[0]/1.4),l[1], labels[l[4]], color=(255,0,0),scale=1.5)
37
38      img.draw_string(0, 0, "%2.1ffps" %(fps), color=(0, 60, 128), scale=2.0)
39      lcd.display(img)
40      gc.collect()
41
42  kpu.deinit()
```

**코드 설명**

**21** : 클래스 레이블을 정의합니다.
**32~36** : 감지된 객체에 대한 경계 상자를 이미지에 그리고 해당 객체의 레이블을 표시합니다.

[▶ Start] 버튼을 클릭하여 코드를 실행합니다.

검출된 객체에 라벨을 표시하였습니다. 2개 이상의 객체를 동시에 검출도 가능합니다.

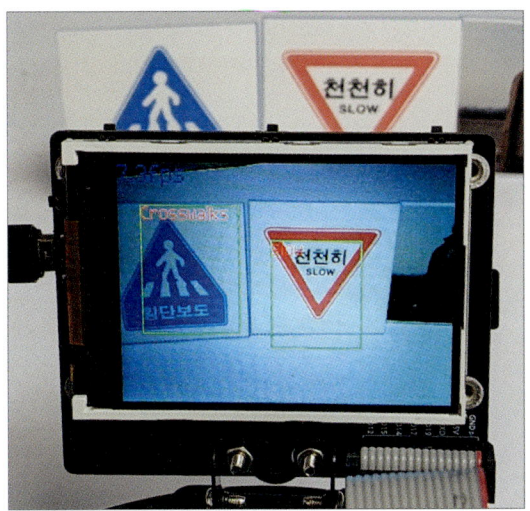

## 사람이 검출되면 LED 깜빡이는 장치 만들기

"human" 클래스를 감지하면 LED를 깜빡이는 코드를 만들어 완성합니다.

### 7-4-3.인공지능 객체 인식 장치 만들기.py

```
01   import sensor, image, time, lcd
02   from maix import KPU
03   from maix import GPIO
04   from fpioa_manager import fm
05   import gc
06   gc.collect() # 메모리 해제
07
08   lcd.init()
09   sensor.reset()
10   sensor.set_vflip(1)
11   sensor.set_pixformat(sensor.RGB565)
12   sensor.set_framesize(sensor.QVGA)
13   sensor.skip_frames(time =1000)
14   clock = time.clock()
15
16   od_img = image.Image(size=(224,224), copy_to_fb=False)
17   anchor = [1.89, 1.77, 1.56, 2.75, 2.19, 2.19, 2.69, 2.59, 1.47, 1.41]
18
19   kpu = KPU()
20   kpu.load_kmodel("/sd/object_detection/object_detection.kmodel")
21   kpu.init_yolo2(anchor, anchor_num=5, img_w=320, img_h=240, net_w=224 , net_h=224 ,layer_w=7 ,layer_h=7, threshold=0.4, nms_value=0.3, classes=4)
22
23   labels = ['Crosswalks','slow','stop', 'human']
24
25   #LED 핀 설정
26   fm.register(11, fm.fpioa.GPIO0, force=True)
```

```
27      fm.register(15, fm.fpioa.GPIO1, force=True)
28
29      led_1 = GPIO(GPIO.GPIO0, GPIO.OUT)
30      led_2 = GPIO(GPIO.GPIO1, GPIO.OUT)
31      led_1.value(0)
32      led_2.value(0)
33
34      while True:
35          clock.tick()
36          img = sensor.snapshot()
37          od_img.draw_image(img, 0,0)
38          od_img.pix_to_ai()
39          kpu.run_with_output(od_img)
40          dect = kpu.regionlayer_yolo2()
41          fps = clock.fps()
42
43          if len(dect) >0:
44              print("dect:",dect)
45              for l in dect:
46                  img.draw_rectangle(int(l[0]/1.4),l[1],int(l[2]/1.4),l[3], color=(0, 255, 0))
47                  img.draw_string(int(l[0]/1.4),l[1], labels[l[4]], color=(255,0,0),scale=1.5)
48                  if labels[l[4]] =='human':
49                      lcd.display(img)
50                      for i in range(5):
51                          led_1.value(0)
52                          led_2.value(1)
53                          time.sleep(0.2)
54                          led_1.value(1)
55                          led_2.value(0)
56                          time.sleep(0.2)
57                      led_1.value(0)
58                      led_2.value(0)
59          img.draw_string(0, 0, "%2.1ffps" %(fps), color=(0, 60, 128), scale=2.0)
60          lcd.display(img)
61          gc.collect()
62
63      kpu.deinit()
```

### 코드 설명

**43~47**: 감지된 객체에 대한 경계 상자를 이미지에 그리고 해당 객체의 레이블을 표시합니다. 만약 "human" 클래스를 감지하면 LED를 깜빡이고 LCD에 이미지를 표시합니다.

[▶ Start] 비튼을 클릭하여 코드를 실행합니다. 사람이 검출되면 자동차의 LED가 번갈아 가면서 깜빡입니다.

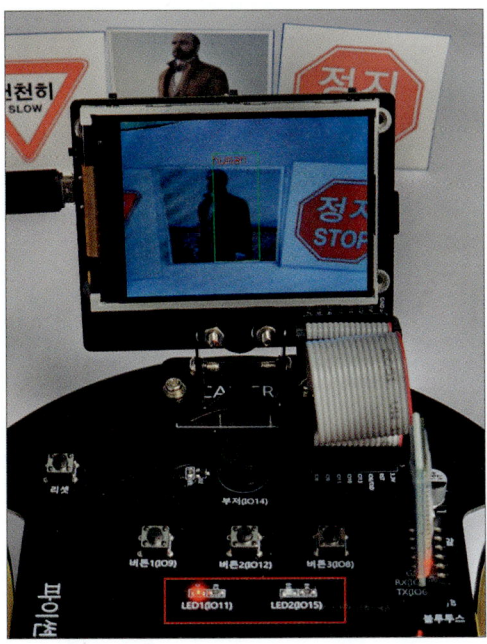

아래의 링크에서 동작 영상을 확인할 수 있습니다.

https://youtube.com/shorts/AY5NF8xmNB8?si=DqTzDSs_WrZ-Mz8Q

# CHAPTER 08

# 자율주행 자동차 만들기

## 08-1

# 차선을 따라 이동하는 자동차 만들기

양쪽 차선을 검출하여 차선을 따라 이동하는 자율주행 자동차를 만들어봅니다.

제공자료는 책 전용 게시판 또는 저자가 운영하는 블로그에서 다운로드 받을 수 있습니다.

- 앤써북 이 책의 전용 게시판 : https://cafe.naver.com/answerbook/6497
- 저자가 운영하는 블로그 https://munjjac.tistory.com/14

차선을 출력할 수 있는 파일은 [서식] 폴더의 [2.자율주행 트랙.pptx] 파일에 있습니다.

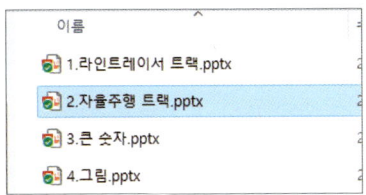

PPT 파일을 열어보면 진선, 꾸불꾸불한선, 곡선 형태의 차선이 있어 다양하게 조합하여 사용가능합니다.

파워포인트의 인쇄시에는 [슬라이드] 옵션에서 [용지에 맞게 크기 조절]을 해제한 다음 인쇄하면 원래의 사이즈로 인쇄가 가능합니다.

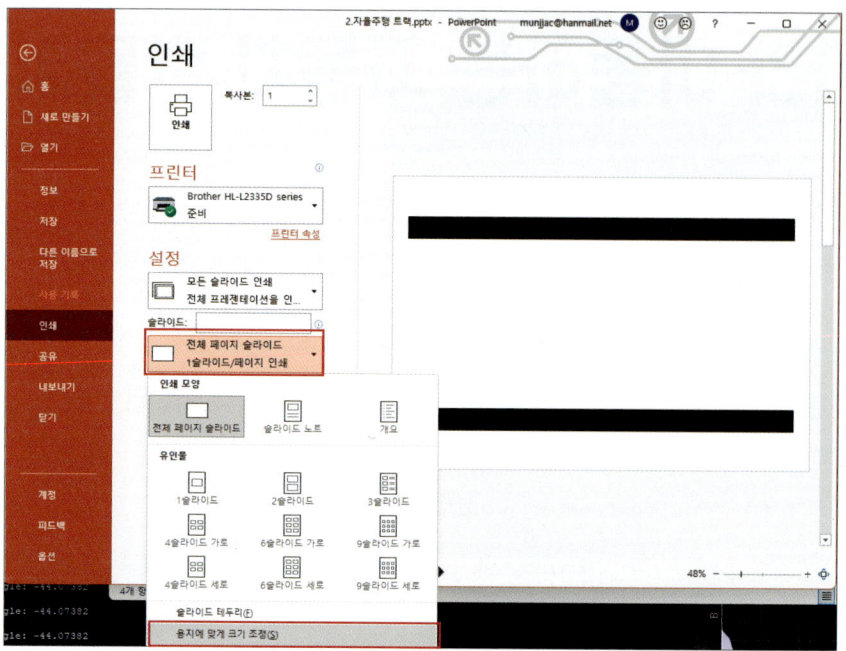

보통 일반적인 프린터는 끝까지 인쇄하지 못하여 여백이 생깁니다. 아래와 같이 끝부분을 잘라내어 여백이 없도록 합니다.

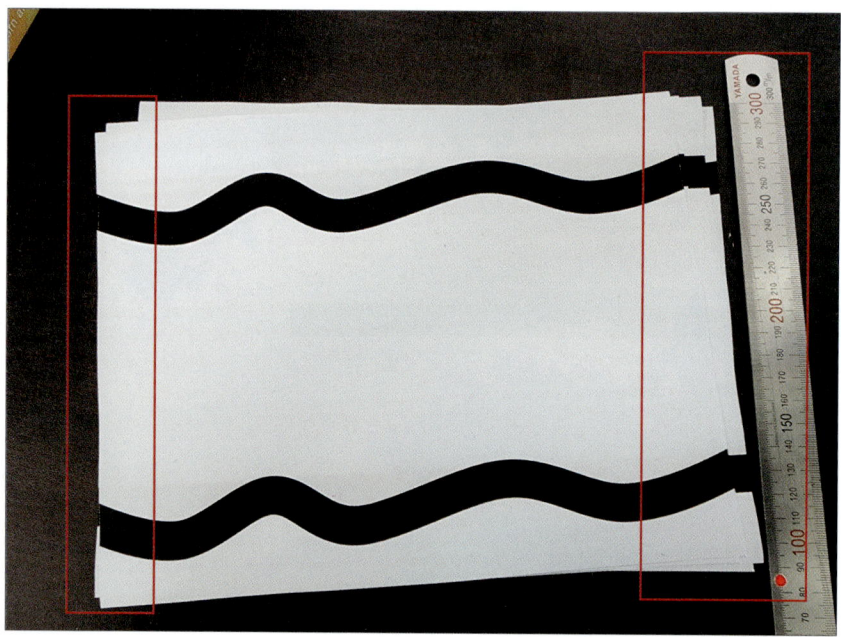

차선을 이어 붙여 아래와 같이 트랙을 만들어줍니다. 또는 바닥이 흰색이라면 검정색 절연 테이프를 이용하여 아래와 같이 만들어도 괜찮습니다. 선과 선의 간격은 약 12cm로 만들면 됩니다.

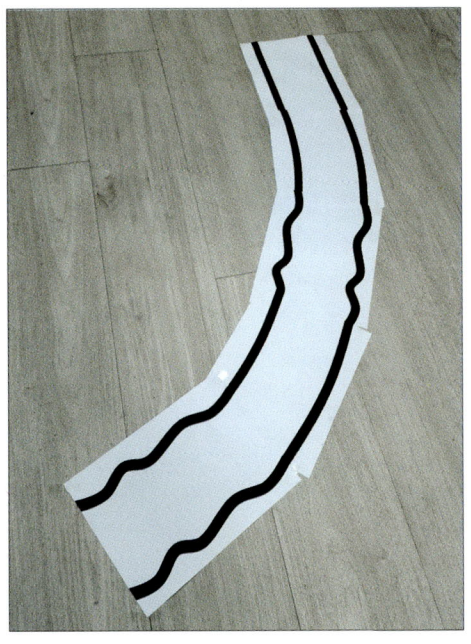

## 양쪽 차선을 인식하여 이동 방향 결정하기

카메라로부터 이미지를 캡처하고, 이미지에서 검은 선을 추적하여 선의 중심을 계산하고, 그에 따라 양쪽의 차선을 벗어나지 못하게 하여 주행하는 코드를 작성해봅니다.

**8-1-1.차선을 따라 이동하는 자동차 만들기.py**

```python
import sensor, image, time, math, lcd

# 검은 선을 추적합니다. (흰색 선을 추적하려면 [(128, 255)]를 사용합니다.)
GRAYSCALE_THRESHOLD = [(0, 64)]

ROIS = [
    (0, 100, 160, 20, 0.7),
    (0, 50, 160, 20, 0.3),
    (0, 0, 160, 20, 0.1)
]

weight_sum =0
for r in ROIS:
    weight_sum += r[4]

#카메라 초기화
sensor.reset()
```

```python
18  sensor.set_vflip(1)
19  sensor.set_pixformat(sensor.RGB565)
20  sensor.set_framesize(sensor.QVGA)
21  sensor.skip_frames(time=2000)
22
23  # LCD 디스플레이 초기화
24  lcd.init()
25
26  while(True):
27      img = sensor.snapshot()
28      trac_img = img.resize(160, 120)
29      trac_img = trac_img.to_grayscale()
30
31      centroid_sum =0
32
33      for r in ROIS:
34          blobs = trac_img.find_blobs(GRAYSCALE_THRESHOLD, roi=r[0:4], merge=True)
35          if blobs:
36              largest_blob = max(blobs, key=lambda b: b.pixels())
37              trac_img.draw_rectangle(largest_blob.rect())
38              trac_img.draw_cross(largest_blob.cx(),largest_blob.cy())
39              #print(blobs)
40              centroid_sum += largest_blob.cx() * r[4] # r[4]는 ROI 가중치입니다.
41
42      center_pos = (centroid_sum / weight_sum) # 선의 중심을 결정합니다.
43
44      # 각도 계산
45      deflection_angle =0
46      deflection_angle =-math.atan((center_pos-80)/60)
47      deflection_angle = math.degrees(deflection_angle)
48
49      print("deflection_angle:", deflection_angle)
50      if deflection_angle >=30:
51          print("right")
52          trac_img.draw_string(10, 10, "right",color=(255,255,255),scale=2)
53      elif deflection_angle <=-30:
54          print("left")
55          trac_img.draw_string(10, 10, "left",color=(255,255,255),scale=2)
56      else:
57          print("go")
58          trac_img.draw_string(10, 10, "go",color=(255,255,255),scale=2)
59
60      lcd.display(trac_img)
```

| 코드 설명 |
| --- |
| 40 : 블롭의 중심 위치와 ROI의 가중치를 곱하여 중심 위치의 가중 평균을 계산합니다.
42 : 중심 위치를 계산합니다.
45~47 : 중심 위치를 기반으로 각도를 계산합니다.
50~55 : 계산된 각도에 따라 로봇의 움직임을 결정하고, LCD에 표시합니다. |

[▶ Start] 버튼을 클릭하여 코드를 실행합니다.

이미지에서 검은색 차선을 검출하고 차선에 따라서 이동 방향을 결정하여 LCD에 출력하였습니다.

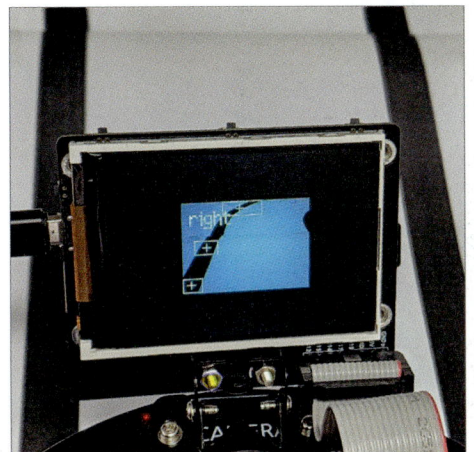 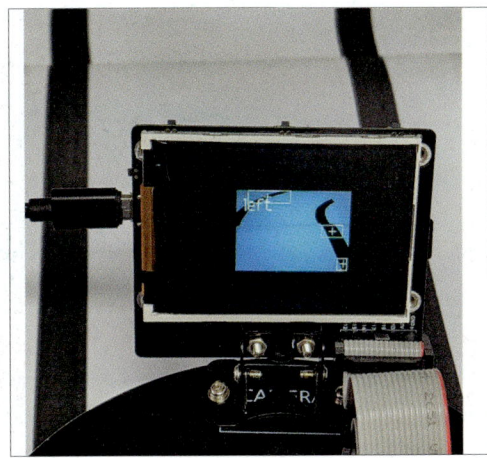

## 차선을 따라 이동하는 자동차 만들기

실제 모터를 구동하여 차선을 따라 이동하는 자율주행 자동차를 만들어봅니다. 차선을 벗어나지 않고 자율주행을 하는 코드입니다.

**8-1-2.차선을 따라 이동하는 자동차 만들기.py**

```
001  import sensor, image, time, math, lcd
002  from machine import Timer,PWM
003  from maix import GPIO
004  from fpioa_manager import fm
005
006  #카메라 초기화
007  sensor.reset()
008  sensor.set_vflip(1)
009  sensor.set_pixformat(sensor.RGB565)
010  sensor.set_framesize(sensor.QVGA)
011  sensor.skip_frames(time=2000)
012
013  # LCD 디스플레이 초기화
014  lcd.init()
015
016  #버튼 핀 설정
```

```python
017    fm.register(9, fm.fpioa.GPIO0, force=True)
018    fm.register(12, fm.fpioa.GPIO1, force=True)
019    fm.register(8, fm.fpioa.GPIO2, force=True)
020
021    button_1 = GPIO(GPIO.GPIO0, GPIO.IN, GPIO.PULL_UP)
022    button_2 = GPIO(GPIO.GPIO1, GPIO.IN, GPIO.PULL_UP)
023    button_3 = GPIO(GPIO.GPIO2, GPIO.IN, GPIO.PULL_UP)
024
025    #모터 핀 설정
026    tim0 = Timer(Timer.TIMER0, Timer.CHANNEL0, mode=Timer.MODE_PWM)
027    tim1 = Timer(Timer.TIMER0, Timer.CHANNEL1, mode=Timer.MODE_PWM)
028    tim2 = Timer(Timer.TIMER0, Timer.CHANNEL2, mode=Timer.MODE_PWM)
029    tim3 = Timer(Timer.TIMER0, Timer.CHANNEL3, mode=Timer.MODE_PWM)
030
031    l_motor_ib = PWM(tim0, freq=1000, duty=0, pin=19)
032    l_motor_ia = PWM(tim1, freq=1000, duty=0, pin=13)
033    r_motor_ib = PWM(tim2, freq=1000, duty=0, pin=17)
034    r_motor_ia = PWM(tim3, freq=1000, duty=0, pin=10)
035
036    #자동차 이동 함수 정의
037    def car_go(speed):
038        r_motor_ib.duty(0)
039        r_motor_ia.duty(speed)
040
041        l_motor_ib.duty(speed)
042        l_motor_ia.duty(0)
043
044    def car_back(speed):
045        r_motor_ib.duty(speed)
046        r_motor_ia.duty(0)
047
048        l_motor_ib.duty(0)
049        l_motor_ia.duty(speed)
050
051    def car_left(speed):
052        r_motor_ib.duty(0)
053        r_motor_ia.duty(speed)
054
055        l_motor_ib.duty(0)
056        l_motor_ia.duty(0)
057
058    def car_right(speed):
059        r_motor_ib.duty(0)
060        r_motor_ia.duty(0)
061
062        l_motor_ib.duty(speed)
063        l_motor_ia.duty(0)
064
065    def car_turn_left(speed):
066        r_motor_ib.duty(0)
```

```python
067        r_motor_ia.duty(speed)
068
069        l_motor_ib.duty(0)
070        l_motor_ia.duty(speed)
071
072    def car_turn_right(speed):
073        r_motor_ib.duty(speed)
074        r_motor_ia.duty(0)
075
076        l_motor_ib.duty(speed)
077        l_motor_ia.duty(0)
078
079    # 검은 선을 추적합니다. (흰색 선을 추적하려면 [(128, 255)]를 사용합니다.)
080    GRAYSCALE_THRESHOLD = [(0, 64)]
081
082    ROIS = [
083            (0, 100, 160, 20, 0.7),
084            (0, 50, 160, 20, 0.3),
085            (0, 0, 160, 20, 0.1)
086           ]
087
088    weight_sum =0
089    for r in ROIS:
090        weight_sum += r[4]
091
092    car_go_stop ="stop"
093    while(True):
094        img = sensor.snapshot()
095        trac_img = img.resize(160, 120)
096        trac_img = trac_img.to_grayscale()
097
098        centroid_sum =0
099
100        for r in ROIS:
101            blobs = trac_img.find_blobs(GRAYSCALE_THRESHOLD, roi=r[0:4], merge=True)
102            if blobs:
103                largest_blob = max(blobs, key=lambda b: b.pixels())
104                trac_img.draw_rectangle(largest_blob.rect())
105                trac_img.draw_cross(largest_blob.cx(),largest_blob.cy())
106                #print(blobs)
107                centroid_sum += largest_blob.cx() * r[4] # r[4]는 ROI 가중치입니다.
108
109        center_pos = (centroid_sum / weight_sum) # 선의 중심을 결정합니다.
110
111        # 각도 계산
112        deflection_angle =0
113        deflection_angle =-math.atan((center_pos-80)/60)
114        deflection_angle = math.degrees(deflection_angle)
115
116        if button_2.value() ==0:
```

```
117         car_go_stop ="go"
118     elif button_1.value() ==0 or button_3.value() ==0:
119         car_go_stop ="stop"
120
121     if car_go_stop =="go":
122         img.draw_string(10, 100, "button1 or 3 click stop",color=(255,255,255),scale=1)
123         if deflection_angle >=30:
124             print("right")
125             trac_img.draw_string(10, 10, "right",color=(255,255,255),scale=2)
126             car_right(40)
127         elif deflection_angle <=-30:
128             print("left")
129             trac_img.draw_string(10, 10, "left",color=(255,255,255),scale=2)
130             car_left(40)
131         else:
132             print("go")
133             trac_img.draw_string(10, 10, "go",color=(255,255,255),scale=2)
134             car_go(40)
135     else:
136         trac_img.draw_string(10, 100, "button2 click start",color=(255,255,255),scale=1)
137         car_go(0)
138
139     lcd.display(trac_img)
```

### 코드 설명

**116~120**: 버튼 입력을 확인하여 자동차의 상태를 변경합니다. "go" 또는 "stop" 상태를 설정합니다.
**121~138**: 자동차 상태에 따라 움직임을 결정하고, LCD에 표시합니다.

인공지능 카메라가 전원이 켜진 후 바로 동작할 수 있도록 코드를 업로드합니다. 업로드된 코드는 인공지능 카메라가 부팅된 다음 바로 실행됩니다.

[Tools] → [Save open script to CanMV Cam (as main.py)]를 클릭합니다.

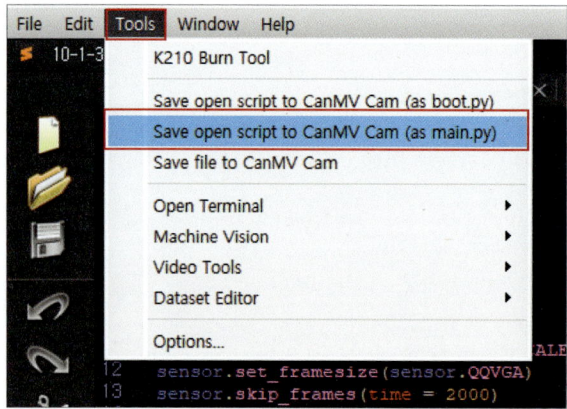

[No]를 선택합니다. 공백을 탭으로 변경하는 옵션으로 공백으로 사용하여도 무방합니다. 탭으로 변경시 업로드시 잦은 오류로 인해 변경하지 않고 사용합니다. 공백의 경우에도 가끔 업로드시 오류가 발생합니다. 오류 발생시에는 인공지능 카메라의 연결을 끊고 다시 연결한 다음 진행합니다.

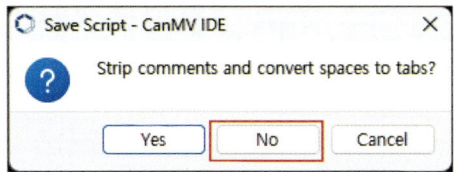

업로드가 완료되었습니다. USB케이블을 분리합니다.

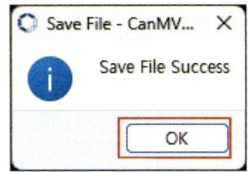

차선에 자동차를 위치한 다음 전원을 켭니다.

[버튼2]를 누르면 자율주행을 시작합니다. [버튼1],[버튼3]을 누르면 자동차는 멈춥니다.

아래의 링크에서 동작 영상을 확인할 수 있습니다.

https://youtube.com/shorts/RFd1fUQQDY0?si=EL4FMfzYUcUHvY7b

## 08-2

# 인공지능 객체 인식 기능 추가하기

자율주행 자동차가 동작하면서 인공지능을 이용한 객체 인식 기능도 동시에 할 수 있도록 합니다.

### 차선을 따라 이동 방향 결정과 객체 인식 동시에 하기

카메라를 사용하여 검은 선을 추적하고, 객체 인식을 수행하여 검출된 객체를 표시하며, 차선을 따라 자율 주행하는 코드를 작성해봅니다.

**8-2-1.인공지능 객체 인식 기능 추가하기.py**

```python
import sensor, image, time, math, lcd
from maix import KPU
from maix import GPIO
from fpioa_manager import fm
import gc
gc.collect() # 메모리 해제

#카메라 초기화
sensor.reset()
sensor.set_vflip(1)
sensor.set_pixformat(sensor.RGB565)
sensor.set_framesize(sensor.QVGA)
sensor.skip_frames(time=2000)

# LCD 디스플레이 초기화
lcd.init()
clock = time.clock()

# 검은 선을 추적합니다. (흰색 선을 추적하려면 [(128, 255)]를 사용합니다.)
GRAYSCALE_THRESHOLD = [(0, 64)]

ROIS = [
        (0, 100, 160, 20, 0.7),
        (0, 50, 160, 20, 0.3),
```

```
025                 (0, 0, 160, 20, 0.1)
026         ]
027
028     weight_sum =0
029     for r in ROIS:
030         weight_sum += r[4]
031
032
033     #객체 인식
034     od_img = image.Image(size=(320,256)) # 320x256 크기의 이미지 객체 초기화
035
036     # 객체 이름 및 앵커 정의
037     obj_name = ("aeroplane",
038                 "bicycle",
039                 "bird",
040                 "boat",
041                 "bottle",
042                 "bus",
043                 "car",
044                 "cat",
045                 "chair",
046                 "cow",
047                 "diningtable",
048                 "dog","horse",
049                 "motorbike",
050                 "person",
051                 "pottedplant",
052                 "sheep","sofa",
053                 "train",
054                 "tvmonitor")
055     anchor = (1.3221, 1.73145, 3.19275, 4.00944, 5.05587, 8.09892, 9.47112, 4.84053, 11.2364, 10.0071)
056
057     # 모델 로드
058     kpu = KPU()
059     kpu.load_kmodel("/sd/model/voc20_detect.kmodel")
060
061     # YOLO2 초기화
062     kpu.init_yolo2(anchor, anchor_num=5, img_w=320, img_h=240, net_w=320 , net_h=256 ,layer_w=10
,layer_h=8, threshold=0.5, nms_value=0.2, classes=20)
063
064     while(True):
065         img = sensor.snapshot()
066
067         #차선 자율주행 이미지 설정
068         trac_img = img.resize(160, 120)
069         trac_img = trac_img.to_grayscale()
```

```python
070
071     #인공지능 객체 인식
072     od_img.draw_image(img, 0,0) # 이미지를 od_img 이미지의 (0,0) 위치에 그립니다.
073     od_img.pix_to_ai() # rgb565 이미지를 AI 연산에 필요한 r8g8b8 형식으로 변환
074     kpu.run_with_output(od_img) # 입력 이미지에 KPU 연산 수행
075     dect = kpu.regionlayer_yolo2() # YOLO2 후 처리
076
077     #인공지능 객체 인식
078     if len(dect) >0:
079         print("dect:",dect)
080         for l in dect :
081             img.draw_rectangle(l[0],l[1],l[2],l[3], color=(0, 255, 0))
082             img.draw_string(l[0],l[1], obj_name[l[4]], color=(0, 255, 0), scale=1.5)
083
084     #차선 자율주행
085     centroid_sum =0
086     for r in ROIS:
087         blobs = trac_img.find_blobs(GRAYSCALE_THRESHOLD, roi=r[0:4], merge=True)
088         if blobs:
089             largest_blob = max(blobs, key=lambda b: b.pixels())
090             #trac_img.draw_rectangle(largest_blob.rect())
091             #trac_img.draw_cross(largest_blob.cx(),largest_blob.cy())
092             #print(blobs)
093             centroid_sum += largest_blob.cx() * r[4] # r[4]는 ROI 가중치입니다.
094
095     center_pos = (centroid_sum / weight_sum) # 선의 중심을 결정합니다.
096
097     # 각도 계산.
098     deflection_angle =0
099     deflection_angle =-math.atan((center_pos-80)/60)
100     deflection_angle = math.degrees(deflection_angle)
101
102     print("deflection_angle:", deflection_angle)
103     if deflection_angle >=30:
104         print("right")
105         img.draw_string(10, 10, "right",color=(0,0,255),scale=2)
106     elif deflection_angle <=-30:
107         print("left")
108         img.draw_string(10, 10, "left",color=(0,0,255),scale=2)
109     else:
110         print("go")
111         img.draw_string(10, 10, "go",color=(0,0,255),scale=2)
112
113     fps = clock.fps() # FPS 가져오기
114     lcd.display(img)
115     gc.collect()
```

| 코드 설명 |
|---|
| 068~069: 차선 자율 주행을 위해 이미지 크기를 조정하고 그레이스케일로 변환합니다.<br>072~075: 객체 인식을 수행하고 검출된 객체를 이미지에 표시합니다.<br>085~101: 차선을 추적하고 중심 위치와 각도를 계산합니다.<br>103~109: 각도에 따라 로봇의 움직임을 결정하고, LCD에 표시합니다. |

[▶ Start] 버튼을 클릭하여 코드를 실행합니다.

차선을 인식하여 이동 방향을 결정하는 동작과 객체를 검출하는 동작을 동시에 구현하였습니다.

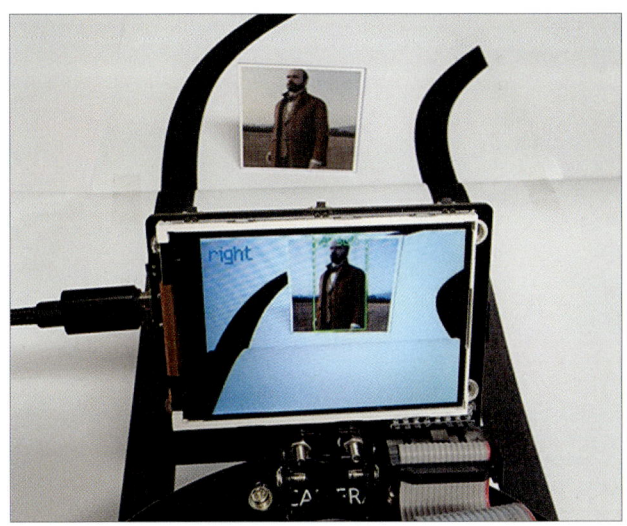

## 사람을 검출하면 멈추는 자동차 만들기

차선을 따라 자율주행을 하다가 사람을 검출하면 자동차를 멈추는 동작을 만들어 봅니다.

**8-2-2.인공지능 객체 인식 기능 추가하기.py**

```python
001  import sensor, image, time, math, lcd
002  from maix import KPU
003  from machine import Timer,PWM
004  from maix import GPIO
005  from fpioa_manager import fm
006  import gc
007  gc.collect() # 메모리 해제
008
009
010  #버튼 핀 설정
011  fm.register(9, fm.fpioa.GPIO0, force=True)
012  fm.register(12, fm.fpioa.GPIO1, force=True)
013  fm.register(8, fm.fpioa.GPIO2, force=True)
014
015  button_1 = GPIO(GPIO.GPIO0, GPIO.IN, GPIO.PULL_UP)
```

```
016    button_2 = GPIO(GPIO.GPIO1, GPIO.IN, GPIO.PULL_UP)
017    button_3 = GPIO(GPIO.GPIO2, GPIO.IN, GPIO.PULL_UP)
018
019    #모터 핀 설정
020    tim0 = Timer(Timer.TIMER0, Timer.CHANNEL0, mode=Timer.MODE_PWM)
021    tim1 = Timer(Timer.TIMER0, Timer.CHANNEL1, mode=Timer.MODE_PWM)
022    tim2 = Timer(Timer.TIMER0, Timer.CHANNEL2, mode=Timer.MODE_PWM)
023    tim3 = Timer(Timer.TIMER0, Timer.CHANNEL3, mode=Timer.MODE_PWM)
024
025    l_motor_ib = PWM(tim0, freq=1000, duty=0, pin=19)
026    l_motor_ia = PWM(tim1, freq=1000, duty=0, pin=13)
027    r_motor_ib = PWM(tim2, freq=1000, duty=0, pin=17)
028    r_motor_ia = PWM(tim3, freq=1000, duty=0, pin=10)
029
030    #자동차 이동 함수 정의
031    def car_go(speed):
032        r_motor_ib.duty(0)
033        r_motor_ia.duty(speed)
034
035        l_motor_ib.duty(speed)
036        l_motor_ia.duty(0)
037
038    def car_back(speed):
039        r_motor_ib.duty(speed)
040        r_motor_ia.duty(0)
041
042        l_motor_ib.duty(0)
043        l_motor_ia.duty(speed)
044
045    def car_left(speed):
046        r_motor_ib.duty(0)
047        r_motor_ia.duty(speed)
048
049        l_motor_ib.duty(0)
050        l_motor_ia.duty(0)
051
052    def car_right(speed):
053        r_motor_ib.duty(0)
054        r_motor_ia.duty(0)
055
056        l_motor_ib.duty(speed)
057        l_motor_ia.duty(0)
058
059    def car_turn_left(speed):
060        r_motor_ib.duty(0)
061        r_motor_ia.duty(speed)
```

```python
            l_motor_ib.duty(0)
            l_motor_ia.duty(speed)

def car_turn_right(speed):
            r_motor_ib.duty(speed)
            r_motor_ia.duty(0)

            l_motor_ib.duty(speed)
            l_motor_ia.duty(0)

#카메라 초기화
sensor.reset()
sensor.set_vflip(1)
sensor.set_pixformat(sensor.RGB565)
sensor.set_framesize(sensor.QVGA)
sensor.skip_frames(time=2000)

# LCD 디스플레이 초기화
lcd.init()
clock = time.clock()

# 검은 선을 추적합니다. (흰색 선을 추적하려면 [(128, 255)]를 사용합니다.)
GRAYSCALE_THRESHOLD = [(0, 64)]

ROIS = [
        (0, 100, 160, 20, 0.7),
        (0,  50, 160, 20, 0.3),
        (0,   0, 160, 20, 0.1)
    ]

weight_sum =0
for r in ROIS:
    weight_sum += r[4]


#객체 인식
od_img = image.Image(size=(320,256)) # 320x256 크기의 이미지 객체 초기화

# 객체 이름 및 앵커 정의
obj_name = ("aeroplane",
            "bicycle",
            "bird",
            "boat",
            "bottle",
            "bus",
```

```
108                "car",
109                "cat",
110                "chair",
111                "cow",
112                "diningtable",
113                "dog","horse",
114                "motorbike",
115                "person",
116                "pottedplant",
117                "sheep","sofa",
118                "train",
119                "tvmonitor")
120     anchor = (1.3221, 1.73145, 3.19275, 4.00944, 5.05587, 8.09892, 9.47112, 4.84053, 11.2364, 10.0071)
121
122     # 모델 로드
123     kpu = KPU()
124     kpu.load_kmodel("/sd/model/voc20_detect.kmodel")
125
126     # YOLO2 초기화
127     kpu.init_yolo2(anchor, anchor_num=5, img_w=320, img_h=240, net_w=320 , net_h=256 ,layer_w=10 ,layer_h=8, threshold=0.5, nms_value=0.2, classes=20)
128
129     car_go_stop ="stop"
130     while(True):
131         img = sensor.snapshot()
132
133         #차선 자율주행 이미지 설정
134         trac_img = img.resize(160, 120)
135         trac_img = trac_img.to_grayscale()
136
137         #인공지능 객체 인식
138         od_img.draw_image(img, 0,0) # 이미지를 od_img 이미지의 (0,0) 위치에 그립니다.
139         od_img.pix_to_ai() # rgb565 이미지를 AI 연산에 필요한 r8g8b8 형식으로 변환
140         kpu.run_with_output(od_img) # 입력 이미지에 KPU 연산 수행
141         dect = kpu.regionlayer_yolo2() # YOLO2 후 처리
142
143         #인공지능 객체 인식
144         if len(dect) >0:
145             print("dect:",dect)
146             for l in dect :
147                 img.draw_rectangle(l[0],l[1],l[2],l[3], color=(0, 255, 0))
148                 img.draw_string(l[0],l[1], obj_name[l[4]], color=(0, 255, 0), scale=1.5
149                 if obj_name[l[4]] =="person":
150                     car_go_stop ="stop"
151
152         #차선 자율주행
```

```
153        centroid_sum =0
154        for r in ROIS:
155            blobs = trac_img.find_blobs(GRAYSCALE_THRESHOLD, roi=r[0:4], merge=True)
156            if blobs:
157                largest_blob = max(blobs, key=lambda b: b.pixels())
158                centroid_sum += largest_blob.cx() * r[4] # r[4]는 ROI 가중치입니다.
159
160        center_pos = (centroid_sum / weight_sum) # 선의 중심을 결정합니다.
161        #print("center_pos:",center_pos)
162
163        # 각도 계산.
164        deflection_angle =0
165        deflection_angle =-math.atan((center_pos-80)/60)
166        deflection_angle = math.degrees(deflection_angle)
167
168        if button_2.value() ==0:
169            car_go_stop ="go"
170        elif button_1.value() ==0 or button_3.value() ==0:
171            car_go_stop ="stop"
172
173        if car_go_stop =="go":
174            img.draw_string(10, 100, "button1 or 3 click stop",color=(0,0,255),scale=1)
175            if deflection_angle >=30:
176                print("right")
177                img.draw_string(10, 10, "right",color=(0,0,255),scale=2)
178                car_right(40)
179            elif deflection_angle <=-30:
180                print("left")
181                img.draw_string(10, 10, "left",color=(0,0,255),scale=2)
182                car_left(40)
183            else:
184                print("go")
185                img.draw_string(10, 10, "go",color=(0,0,255),scale=2)
186                car_go(40)
187        else:
188            img.draw_string(10, 100, "button2 click start",color=(0,0,255),scale=1)
189            car_go(0)
190
191        fps = clock.fps() # FPS 가져오기
192        lcd.display(img)
193        gc.collect()
```

| 코드 설명 |
| --- |
| **123** : KPU 모델을 로드합니다. |
| **127** : YOLO2 모델을 초기화합니다. |
| **130~192** : 무한 루프에서 이미지 캡처, 객체 인식, 차선 자율주행을 수행하고 결과를 LCD에 표시합니다. |

인공지능 카메라가 전원이 켜진 후 바로 동작할 수 있도록 코드를 업로드합니다. 업로드된 코드는 인공지능 카메라가 부팅된 다음 바로 실행됩니다.

[Tools] -> [Save open script to CanMV Cam (as main.py)]를 클릭합니다.

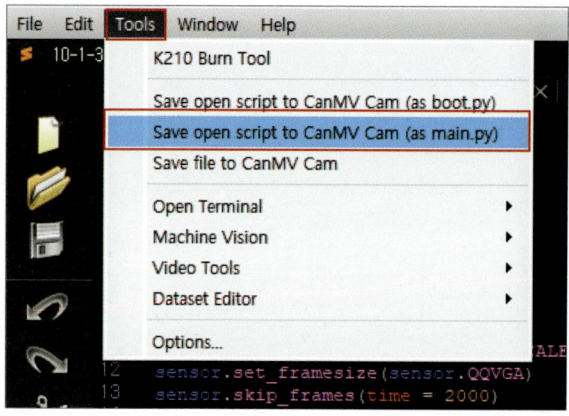

[No]를 선택합니다. 공백을 탭으로 변경하는 옵션으로 공백으로 사용하여도 무방합니다. 탭으로 변경시 업로드시 잦은 오류로 인해 변경하지 않고 사용합니다. 공백의 경우에도 가끔 업로드시 오류가 발생합니다. 오류 발생시에는 인공지능 카메라의 연결을 끊고 다시 연결한 다음 진행합니다.

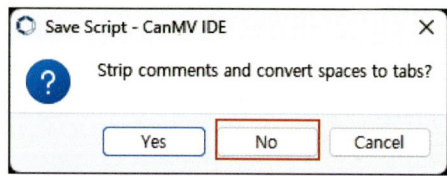

업로드가 완료되었습니다. USB케이블을 분리합니다.

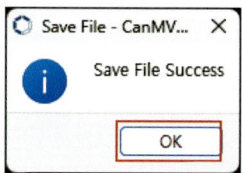

자동차의 전원을 켠 다음 차선에 자동차를 위치시킵니다.

[버튼2]를 눌러 자율주행을 시작합니다. 사람을 검출하면 자동으로 자동차가 멈춥니다.

자동차가 멈추었을 때 다시 동작하기 위해서는 [버튼2]를 누르면 동작합니다.

[버튼1], [버튼3]을 누르면 자동차는 멈춥니다.

아래의 링크 주소에서 동작 영상을 확인할 수 있습니다.

https://youtu.be/rXoiHCJ8jEM?si=htSOuQKAmNkEP_kh

# 인공지능 카메라만 사용하기

인공지능 카메라만을 활용하여 버튼, LED 등 IO를 확장하여 사용해봅니다.

인공지능 카메라의 전면부입니다. 버튼 3개와 RGB LED가 연결되어 있어 단독으로 사용 가능합니다.

반투명한 아크릴을 제거하면 다음과 같이 버튼 3개와 RGB LED를 확인할 수 있습니다.

또한 LCD를 가 표시되는 부분 오른쪽 아래에는 10개의 IO와 시리얼통신을 위한 RXD, TXD핀이 있어 다른장치와 통신이 가능합니다.

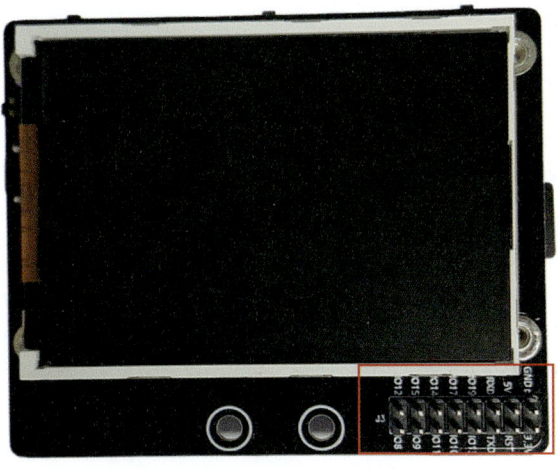

## 09-1

# 버튼 입력받기

인공지능 카메라 내부의 버튼 3개를 활용해보도록 합니다. 카메라에 달려있는 버튼은 내부적으로 풀 업저항이 연결되어 있습니다.

## 버튼 입력받기

인공지능 카메라의 버튼은 내부적으로 풀업저항이 연결되어 있기 때문에 코드에서 풀업설정은 하지 않아도 됩니다.

9-1-1.버튼 입력받기.py

```
01   import time
02   from maix import GPIO
03   from fpioa_manager import fm
04
05
06   fm.register(33, fm.fpioa.GPIO0, force=True)
07   fm.register(24, fm.fpioa.GPIO1, force=True)
08   fm.register(32, fm.fpioa.GPIO2, force=True)
09
10   camera_button_right = GPIO(GPIO.GPIO0, GPIO.IN)
11   camera_button_center = GPIO(GPIO.GPIO1, GPIO.IN)
```

```python
12      camera_button_left = GPIO(GPIO.GPIO2, GPIO.IN)
13
14      while True:
15          if camera_button_right.value() ==0:
16              print("right button")
17              time.sleep(0.1)
18
19          if camera_button_center.value() ==0:
20              print("center button")
21              time.sleep(0.1)
22
23          if camera_button_left.value() ==0:
24              print("left button")
25              time.sleep(0.1)
```

#### 코드 설명

10: camera_button_right 변수를 생성하고, GPIO0 핀을 입력 모드로 설정합니다.
11: camera_button_center 변수를 생성하고, GPIO1 핀을 입력 모드로 설정합니다.
12: camera_button_left 변수를 생성하고, GPIO2 핀을 입력 모드로 설정합니다.
14: 무한 루프를 시작합니다.
15: 만약 camera_button_right 버튼이 눌리면 (0으로 읽히면), "right button"을 출력합니다.
16: 0.1초 동안 대기합니다. (time.sleep(0.1))
19: 만약 camera_button_center 버튼이 눌리면 (0으로 읽히면), "center button"을 출력합니다.
20: 0.1초 동안 대기합니다. (time.sleep(0.1))
23: 만약 camera_button_left 버튼이 눌리면 (0으로 읽히면), "left button"을 출력합니다.

[▶ Start] 버튼을 클릭하여 코드를 실행합니다.

버튼을 3개 눌러 터미널에 출력되는 결과값을 확인합니다. LCD를 보고있는 것을 기준으로 left, center, right 버튼입니다.

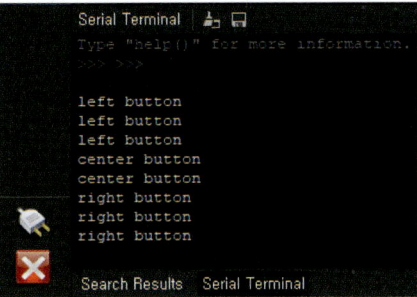

## 버튼 클래스 만들어 사용하기

버튼 클래스를 만들어서 코드를 간략화하여 버튼이 눌렸을 때만 출력되는 코드를 만들어봅니다.

**9-1-2.버튼 입력받기.py**

```
01  import time
02  from maix import GPIO
03  from fpioa_manager import fm
04
05
06  class Button():
07      def __init__(self,pin_number,fm_gpio,gpio):
08          fm.register(pin_number, fm_gpio, force=True)
09          self.button = GPIO(gpio, GPIO.IN)
10          self.prev_button =1
11
12      def get_button(self):
13          curr_button =self.button.value()
14          if self.prev_button != curr_button:
15              self.prev_button = curr_button
16              if curr_button ==0:
17                  time.sleep(0.1)
18                  return True
19          time.sleep(0.1)
20          return False
21
22
23  camera_button_right = Button(33,fm.fpioa.GPIO0,GPIO.GPIO0)
24  camera_button_center = Button(24,fm.fpioa.GPIO1,GPIO.GPIO1)
25  camera_button_left = Button(32,fm.fpioa.GPIO2,GPIO.GPIO2)
26
27  while True:
28      if camera_button_right.get_button():
29          print("right click")
30          time.sleep(0.1)
31
32      if camera_button_center.get_button():
33          print("center click")
34          time.sleep(0.1)
35
36      if camera_button_left.get_button():
37          print("left click")
38          time.sleep(0.1)
```

| 코드 설명 | |
|---|---|
| 23 | : 오른쪽 버튼 객체(camera_button_right)를 생성하고 핀 번호, fm_gpio, GPIO 핀을 전달합니다. |
| 24 | : 중앙 버튼 객체(camera_button_center)를 생성하고 핀 번호, fm_gpio, GPIO 핀을 전달합니다. |
| 25 | : 왼쪽 버튼 객체(camera_button_left)를 생성하고 핀 번호, fm_gpio, GPIO 핀을 전달합니다. |
| 28-30 | : 오른쪽 버튼이 클릭되면 "right click" 메시지를 출력합니다. |
| 32~34 | : 중앙 버튼이 클릭되면 "center click" 메시지를 출력합니다. |
| 36~38 | : 왼쪽 버튼이 클릭되면 "left click" 메시지를 출력합니다. |

[▶ Start] 버튼을 클릭하여 코드를 실행합니다.

버튼 클래스를 만들어 버튼을 누르면 한 번 출력되는 코드를 만들었습니다.

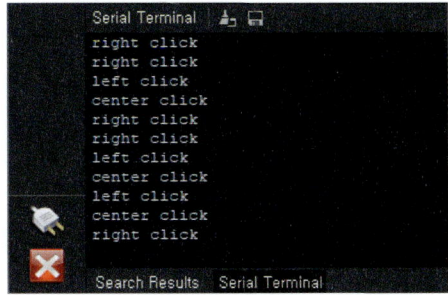

## 09-2

# RGB LED 제어하기

RGB LED를 제어하는 방법에 대해서 알아봅니다. 인공지능 카메라에는 아래 위치에 RGB LED가 장착되어 있습니다.

## RGB LED 제어하기

RGB LED를 제어하는 코드를 작성해봅니다.

### 9-2-1.RGB LED 제어하기.py

```
01   import time
02   from maix import GPIO
03   from fpioa_manager import fm
04   from board import board_info
05
06   fm.register(21, fm.fpioa.GPIO0, force=True)
07   fm.register(18, fm.fpioa.GPIO1, force=True)
08   fm.register(20, fm.fpioa.GPIO2, force=True)
09
10   led_r = GPIO(GPIO.GPIO0, GPIO.OUT)
11   led_g = GPIO(GPIO.GPIO1, GPIO.OUT)
```

```python
12      led_b = GPIO(GPIO.GPIO2, GPIO.OUT)
13
14      while True:
15          led_r.value(1)
16          led_g.value(0)
17          led_b.value(0)
18          print("red")
19          time.sleep(1.0)
20
21          led_r.value(0)
22          led_g.value(1)
23          led_b.value(0)
24          print("green")
25          time.sleep(1.0)
26
27          led_r.value(0)
28          led_g.value(0)
29          led_b.value(1)
30          print("blue")
31          time.sleep(1.0)
```

> **코드 설명**
>
> **06~08** : 핀 매핑을 설정하는데, 21번 핀을 GPIO0에, 18번 핀을 GPIO1에, 20번 핀을 GPIO2에 연결합니다.
> **10~12** : 각각 빨간색, 초록색, 파란색 LED를 제어할 GPIO 핀을 설정합니다.
> **14**     : 무한 루프를 시작합니다.
> **15~18** : 빨간색 LED를 켜고, 초록색과 파란색 LED를 끄며 "red"를 출력합니다.
> **19**     : 1초 동안 대기합니다. (time.sleep(1.0))
> **21~24** : 초록색 LED를 켜고, 빨간색과 파란색 LED를 끄며 "green"을 출력합니다.
> **25**     : 1초 동안 대기합니다. (time.sleep(1.0))
> **27~30** : 파란색 LED를 켜고, 빨간색과 초록색 LED를 끄며 "blue"를 출력합니다.
> **31**     : 1초 동안 대기합니다. (time.sleep(1.0))

[▶ Start] 버튼을 클릭하여 코드를 실행합니다.

RGB LED가 빨강, 녹색, 파랑 순으로 1초마다 번갈아 가면서 점등됩니다.

## 09-3

# LED 확장하여 제어하기

IO를 확장하여 디지털 출력 기능을 이용하여 LED를 제어해봅니다.

### 회로 연결하기

아래의 그림을 참고하여 회로를 구성합니다.

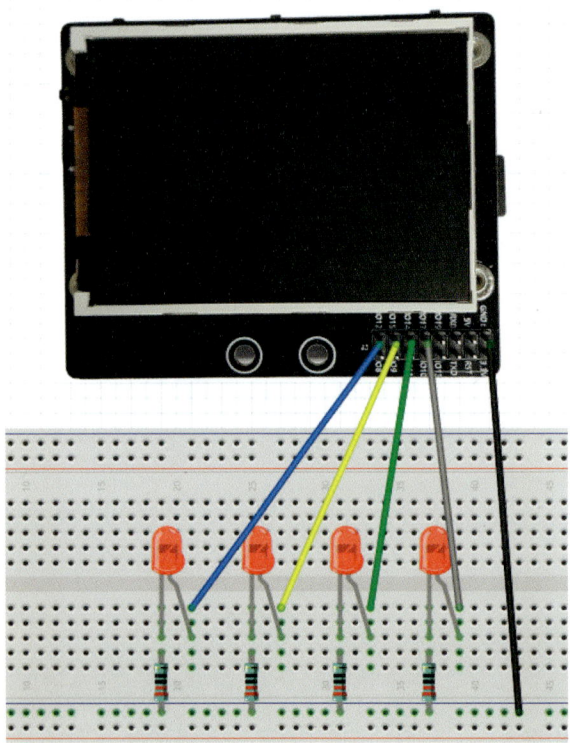

LED의 긴다리는 +로 인공지능 카메라의 IO핀에 연결합니다. 짧은 다리는 -로 220옴 저항을 통해 GND와 연결합니다.

### 핀연결

| 인공지능 카메라 | 부품 |
|---|---|
| IO12 | LED1 + 긴다리 |
| IO15 | LED2 + 긴다리 |
| IO14 | LED3 + 긴다리 |
| IO17 | LED4 + 긴다리 |

## LED 제어하기

디지털 출력기능을 활용하여 LED를 제어하는 코드를 작성해봅니다.

**9-3-1.LED 확장하여 제어하기.py**

```python
import time
from maix import GPIO
from fpioa_manager import fm
from board import board_info

fm.register(12, fm.fpioa.GPIO0, force=True)
fm.register(15, fm.fpioa.GPIO1, force=True)
fm.register(14, fm.fpioa.GPIO2, force=True)
fm.register(17, fm.fpioa.GPIO3, force=True)


led_1 = GPIO(GPIO.GPIO0, GPIO.OUT)
led_2 = GPIO(GPIO.GPIO1, GPIO.OUT)
led_3 = GPIO(GPIO.GPIO2, GPIO.OUT)
led_4 = GPIO(GPIO.GPIO3, GPIO.OUT)

while True:
    led_1.value(1)
    led_2.value(0)
    led_3.value(0)
    led_4.value(0)
    time.sleep(1.0)

    led_1.value(0)
    led_2.value(1)
    led_3.value(0)
    led_4.value(0)
    time.sleep(1.0)

    led_1.value(0)
    led_2.value(0)
    led_3.value(1)
```

| | |
|---|---|
| 33 | led_4.value(0) |
| 34 | time.sleep(1.0) |
| 35 | |
| 36 | led_1.value(0) |
| 37 | led_2.value(0) |
| 38 | led_3.value(0) |
| 39 | led_4.value(1) |
| 40 | time.sleep(1.0) |

> **코드 설명**
>
> **06~09** : 핀 매핑을 설정하는데, 12번 핀을 GPIO0에, 15번 핀을 GPIO1에, 14번 핀을 GPIO2에, 17번 핀을 GPIO3에 연결합니다.
> **12~15** : 4개의 LED를 제어할 GPIO 핀을 설정합니다.
> **17**    : 무한 루프를 시작합니다.
> **18~21** : 첫 번째 LED를 켜고, 나머지 LED를 끄며 1초 동안 대기합니다.
> **24~27** : 두 번째 LED를 켜고, 나머지 LED를 끄며 1초 동안 대기합니다.
> **30~33** : 세 번째 LED를 켜고, 나머지 LED를 끄며 1초 동안 대기합니다.
> **36~39** : 네 번째 LED를 켜고, 나머지 LED를 끄며 1초 동안 대기합니다.

[▶ Start] 버튼을 클릭하여 코드를 실행합니다.

LED 4개가 번갈아가면서 점등됩니다.

## 쓰레드를 사용한 LED 제어

4개의 LED를 각각 다른 간격으로 번갈아가며 점멸하는 코드입니다. 또한, 각 LED를 제어하기 위한 별도의 스레드를 생성하여 병렬로 작업을 수행하는 코드를 작성합니다.

9-3-2.LED 확장하여 제어하기.py

```
01  import _thread
02  import time
03  from maix import GPIO
04  from fpioa_manager import fm
05  from board import board_info
06
07  fm.register(12, fm.fpioa.GPIO0, force=True)
08  fm.register(15, fm.fpioa.GPIO1, force=True)
09  fm.register(14, fm.fpioa.GPIO2, force=True)
10  fm.register(17, fm.fpioa.GPIO3, force=True)
11
12  led_1 = GPIO(GPIO.GPIO0, GPIO.OUT)
13  led_2 = GPIO(GPIO.GPIO1, GPIO.OUT)
14  led_3 = GPIO(GPIO.GPIO2, GPIO.OUT)
15  led_4 = GPIO(GPIO.GPIO3, GPIO.OUT)
16
17  def blink_led(led, interval):
18      while True:
19          led.value(1)
20          time.sleep(interval)
21          led.value(0)
22          time.sleep(interval)
23
24  # 각 LED를 제어할 스레드 시작
25  _thread.start_new_thread(blink_led, (led_1, 0.3))
26  _thread.start_new_thread(blink_led, (led_2, 1.3))
27  _thread.start_new_thread(blink_led, (led_3, 0.7))
28  _thread.start_new_thread(blink_led, (led_4, 1.5))
29
30  # 메인 스레드가 종료되지 않도록 무한 루프
31  while True:
32      pass
```

> **코드 설명**
>
> 01 : _thread 모듈을 임포트합니다.
> 07~10 : 핀 매핑을 설정하는데, 12번 핀을 GPIO0에, 15번 핀을 GPIO1에, 14번 핀을 GPIO2에, 17번 핀을 GPIO3에 연결합니다.
> 17~23 : blink_led 함수를 정의합니다. 이 함수는 LED를 주어진 간격(interval)으로 번갈아가며 점멸시키는 역할을 합니다.
> 19 : LED를 켭니다.
> 20 : 주어진 간격만큼 대기합니다.
> 21 : LED를 끕니다.
> 22 : 다시 주어진 간격만큼 대기합니다.
> 25~28 : 각 LED를 제어할 스레드를 시작합니다. 각 스레드는 blink_led 함수를 호출하며 적절한 LED와 간격을 전달합니다.
> 30~32 : 메인 스레드가 종료되지 않도록 무한 루프를 유지합니다.

[▶ Start] 버튼을 클릭하여 코드를 실행합니다.

1번 LED는 0.3초, 2번 LED는 1.3초, 3번 LED는 0.7초, 4번 LED는 1.5초마다 깜빡입니다. 쓰레드를 사용하여 여러작업을 동시에 처리합니다.

# 09-4

# 버튼 확장하여 제어하기

IO를 확장하여 디지털입력 기능을 이용하여 버튼의 상태값을 확인합니다.

## 회로 연결하기
아래의 그림을 참고하여 회로를 구성합니다.

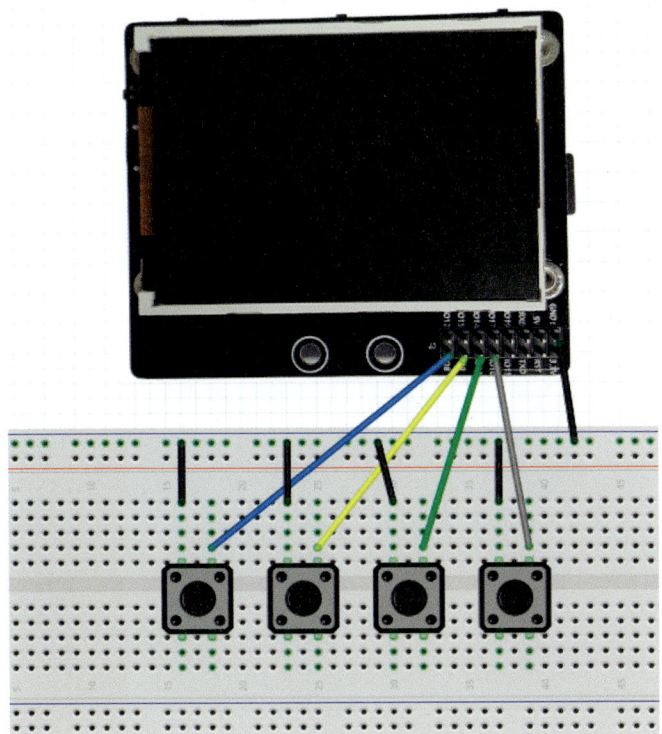

### 핀 연결

| 인공지능 카메라 | 부품 |
|---|---|
| IO8 | 버튼1 |
| IO9 | 버튼2 |
| IO11 | 버튼3 |
| IO10 | 버튼4 |

## 버튼 입력받기

4개의 버튼을 감지하고, 각 버튼이 눌렸을 때 해당 버튼을 인식하고 메시지를 출력하는 코드를 작성해봅니다.

**9-4-1.버튼 확장하여 제어하기.py**

```python
01  import time
02  from maix import GPIO
03  from fpioa_manager import fm
04
05
06  fm.register(8, fm.fpioa.GPIO0, force=True)
07  fm.register(9, fm.fpioa.GPIO1, force=True)
08  fm.register(11, fm.fpioa.GPIO2, force=True)
09  fm.register(10, fm.fpioa.GPIO3, force=True)
10
11  button_1 = GPIO(GPIO.GPIO0, GPIO.IN, GPIO.PULL_UP)
12  button_2 = GPIO(GPIO.GPIO1, GPIO.IN, GPIO.PULL_UP)
13  button_3 = GPIO(GPIO.GPIO2, GPIO.IN, GPIO.PULL_UP)
14  button_4 = GPIO(GPIO.GPIO3, GPIO.IN, GPIO.PULL_UP)
15
16  while True:
17      curr_button_1 = button_1.value()
18      if curr_button_1 ==0:
19          print("button_1")
20          time.sleep(0.1)
21
22      curr_button_2 = button_2.value()
23      if curr_button_2 ==0:
24          print("button_2")
25          time.sleep(0.1)
26
27      curr_button_3 = button_3.value()
28      if curr_button_3 ==0:
29          print("button_3")
30          time.sleep(0.1)
31
32      curr_button_4 = button_4.value()
33      if curr_button_4 ==0:
34          print("button_4")
35          time.sleep(0.1)
```

| 코드 설명 | |
|---|---|
| 06~09 | : 핀 매핑을 설정하는데, 8번 핀을 GPIO0에, 9번 핀을 GPIO1에, 11번 핀을 GPIO2에, 10번 핀을 GPIO3에 연결합니다. |
| 1~14 | : 4개의 버튼을 설정합니다. 각 버튼은 GPIO 핀으로 설정하며, 내장 풀업 저항을 사용하여 입력 모드로 설정합니다. |
| 16 | : 무한 루프를 시작합니다. |
| 17~20 | : 첫 번째 버튼(button_1)의 현재 상태를 읽어와서, 버튼이 눌렸을 때 "button_1" 메시지를 출력합니다. |
| 22~25 | : 두 번째 버튼(button_2)의 현재 상태를 읽어와서, 버튼이 눌렸을 때 "button_2" 메시지를 출력합니다. |
| 27~30 | : 세 번째 버튼(button_3)의 현재 상태를 읽어와서, 버튼이 눌렸을 때 "button_3" 메시지를 출력합니다. |
| 32~35 | : 네 번째 버튼(button_4)의 현재 상태를 읽어와서, 버튼이 눌렸을 때 "button_4" 메시지를 출력합니다. |
| 37 | : 0.1초 동안 대기합니다. (time.sleep(0.1)) |

[▶ Start] 버튼을 클릭하여 코드를 실행합니다.

버튼을 눌러 터미널의 값을 확인해봅니다.

버튼을 눌러 각각 버튼에 맞는 값이 출력되었습니다.

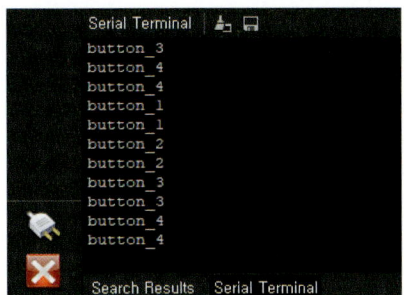

# 버튼을 눌러 LCD에 표시하기

4개의 버튼을 감지하고, 각 버튼이 눌렸을 때 LCD에 해당 버튼을 표시하는 코드를 작성해봅니다.

### 9-4-2.버튼 확장하여 제어하기.py

```python
01  import sensor, image, time, math, lcd
02  import time
03  from maix import GPIO
04  from fpioa_manager import fm
05
06
07  fm.register(8, fm.fpioa.GPIO0, force=True)
08  fm.register(9, fm.fpioa.GPIO1, force=True)
09  fm.register(11, fm.fpioa.GPIO2, force=True)
10  fm.register(10, fm.fpioa.GPIO3, force=True)
11
12  button_1 = GPIO(GPIO.GPIO0, GPIO.IN, GPIO.PULL_UP)
13  button_2 = GPIO(GPIO.GPIO1, GPIO.IN, GPIO.PULL_UP)
14  button_3 = GPIO(GPIO.GPIO2, GPIO.IN, GPIO.PULL_UP)
15  button_4 = GPIO(GPIO.GPIO3, GPIO.IN, GPIO.PULL_UP)
16
17
18  lcd.init()
19  img = image.Image()
20  img.clear()
21
22
23
24  while True:
25      curr_button_1 = button_1.value()
26      if curr_button_1 ==0:
27          print("button_1")
28          img.clear()
29          img.draw_string(50,100, "BUTTON 1", color=(255, 0, 0), scale=4)
30          lcd.display(img)
31          time.sleep(0.1)
32
33      curr_button_2 = button_2.value()
34      if curr_button_2 ==0:
35          print("button_2")
36          img.clear()
37          img.draw_string(50,100, "BUTTON 2", color=(255, 0, 0), scale=4)
38          lcd.display(img)
39          time.sleep(0.1)
40
41      curr_button_3 = button_3.value()
42      if curr_button_3 ==0:
43          print("button_3")
44          img.clear()
45          img.draw_string(50,100, "BUTTON 3", color=(255, 0, 0), scale=4)
46          lcd.display(img)
```

```
47            time.sleep(0.1)
48
49      curr_button_4 = button_4.value()
50      if curr_button_4 ==0:
51            print("button_4")
52            img.clear()
53            img.draw_string(50,100, "BUTTON 4", color=(255, 0, 0), scale=4)
54            lcd.display(img)
55            time.sleep(0.1)
```

| 코드 설명 |  |
| --- | --- |
| 18: | LCD 초기화합니다. |
| 19 | : 이미지 객체(img)를 생성합니다. |
| 20 | : 이미지를 초기화하고 화면을 지웁니다. |
| 24 | : 무한 루프를 시작합니다. |
| 25~28 | : 첫 번째 버튼(button_1)의 현재 상태를 읽어와서, 버튼이 눌렸을 때 "button_1" 메시지를 출력하고 LCD에 "BUTTON 1"을 표시합니다. |
| 33~36 | : 두 번째 버튼(button_2)의 현재 상태를 읽어와서, 버튼이 눌렸을 때 "button_2" 메시지를 출력하고 LCD에 "BUTTON 2"를 표시합니다. |
| 41~44 | : 세 번째 버튼(button_3)의 현재 상태를 읽어와서, 버튼이 눌렸을 때 "button_3" 메시지를 출력하고 LCD에 "BUTTON 3"을 표시합니다. |
| 49~52 | : 네 번째 버튼(button_4)의 현재 상태를 읽어와서, 버튼이 눌렸을 때 "button_4" 메시지를 출력하고 LCD에 "BUTTON 4"를 표시합니다. |
| 55 | : 0.1초 동안 대기합니다. (time.sleep(0.1)) |

[▶ Start] 버튼을 클릭하여 코드를 실행합니다. 버튼을 누르면 버튼의 값이 LCD에 표시됩니다.

# CHAPTER 10

# 아두이노와 연결하여 사용하기

## 10-1

# QR코드 검출하여 아두이노와 통신하기

[인공지능 카메라]에서 카메라를 이용하여 QR코드를 검출하고 검출된 결과를 [아두이노]로 전송하여 [아두이노]에서 그 값에 따라 동작하는 장치를 구현해봅니다. [인공지능 카메라]와 [아두이노]간의 통신은 시리얼통신을 사용합니다.
[인공지능 카메라]에서 진행합니다.

### QR코드를 검출하기

QR코드를 감지하고, 감지된 QR코드 주위에 사각형을 그리고 LCD에 화면을 표시하는 코드를 작성해봅니다.

**10-1-1.QR코드 검출하여 아두이노와 통신하기.py**

```python
01  import sensor, image, time, math
02  import lcd
03
04  # LCD 디스플레이 초기화
05  lcd.init()
06
07  sensor.reset()
08  sensor.set_vflip(1)
09  sensor.set_pixformat(sensor.GRAYSCALE)
10  sensor.set_framesize(sensor.QQVGA)
11  sensor.skip_frames(time =2000)
12  sensor.set_auto_gain(False)
13  sensor.set_auto_whitebal(False)
14
15
16  while(True):
17      img = sensor.snapshot()
18      for code in img.find_qrcodes():
19          img.draw_rectangle(code.rect(), color =127)
20          print(code)
21
22      lcd.display(img)
```

| 코드 설명 | |
|---|---|
| 01~02 | : 필요한 라이브러리 및 모듈을 임포트합니다. |
| 05 | : LCD 디스플레이를 초기화합니다. |
| 07 | : 센서를 재설정합니다. |
| 08 | : 화상을 수직으로 뒤집습니다. |
| 09 | : 픽셀 형식을 그레이스케일로 설정합니다. |
| 10 | : 프레임 크기를 QQVGA로 설정합니다. |
| 11 | : 초기 2000개의 프레임을 건너뜁니다. |
| 12 | : 자동 게인 조절을 비활성화합니다. |
| 13 | : 자동 화이트 밸런스 조절을 비활성화합니다. |
| 16 | : 무한 루프를 시작합니다. |
| 17 | : 현재 프레임을 캡처하여 img 객체에 저장합니다. |
| 18~20 | : 이미지에서 QR코드를 찾고, 각 QR코드 주위에 회색 사각형을 그리고, QR코드 정보를 출력합니다. |
| 22 | : LCD에 이미지를 표시합니다. |

[▶ Start] 버튼을 클릭하여 코드를 실행합니다.

QR코드를 생성하기 위해서 [Tools] -> [Machine Vision] -> [Barcode Generator]를 클릭합니다.

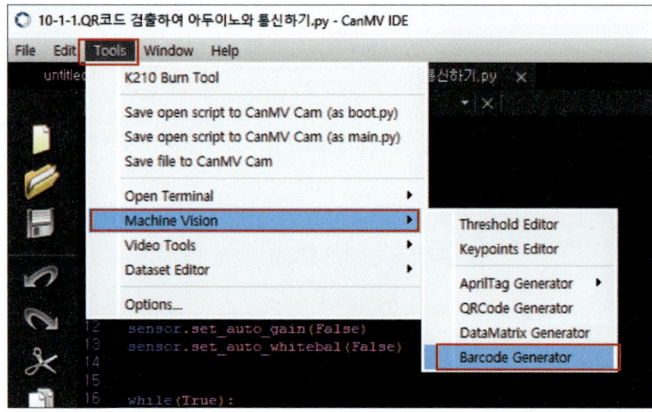

기본 브라우저를 이용하여 구글에서 검색하였습니다. QR Code 부분을 클릭하여 사이트에 접속합니다.

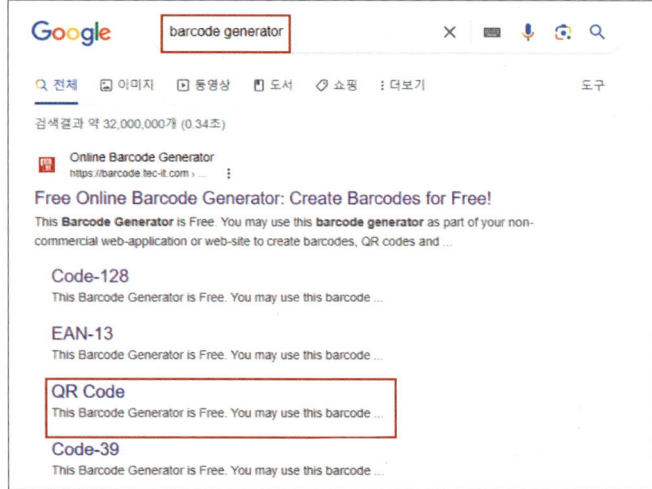

QR Code의 데이터 부분에 "hello arduino"를 입력 후 생성된 QR코드를 활용합니다.

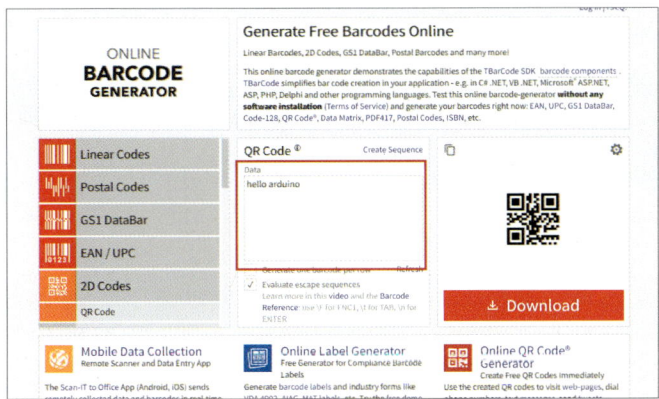

"hello arduino"에 대한 QR코드입니다.

인공지능 카메라를 이용하여 QR코드를 인식해봅니다.

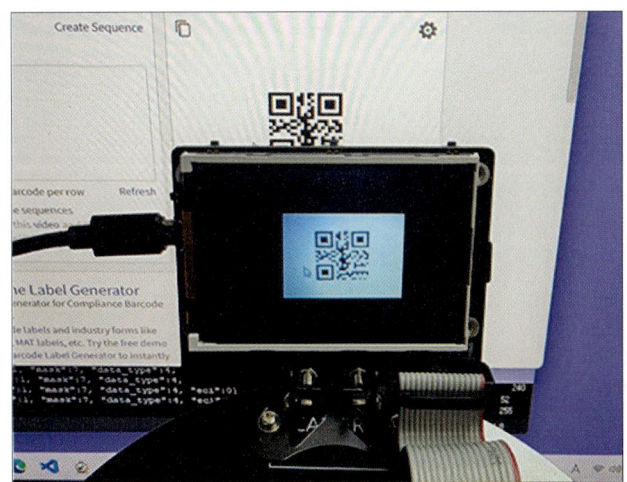

터미널에 다음과 같이 검출된 QR코드의 값이 출력됩니다.

## 결과값만 분리하기

결과값만 분리하여 출력하는 코드를 작성해봅니다.

**10-1-2.QR코드 검출하여 아두이노와 통신하기.py**

```python
01  import sensor, image, time, math
02  import lcd
03
04  # LCD 디스플레이 초기화
05  lcd.init()
06
07  sensor.reset()
08  sensor.set_vflip(1)
09  sensor.set_pixformat(sensor.GRAYSCALE)
10  sensor.set_framesize(sensor.QQVGA)
11  sensor.skip_frames(time =2000)
12  sensor.set_auto_gain(False)
13  sensor.set_auto_whitebal(False)
14
15
16  while(True):
17      img = sensor.snapshot()
18      for code in img.find_qrcodes():
19          img.draw_rectangle(code.rect(), color =127)
20          print(code[4])
21
22      lcd.display(img)
```

**코드 설명**

**18~20:** 이미지에서 QR코드를 찾고, 각 QR코드 주위에 회색 사각형을 그리고, QR코드의 내용을 출력합니다. code[4]는 QR코드의 내용을 나타냅니다.

[▶ Start] 버튼을 클릭하여 코드를 실행합니다.

payload값에 접근하여 결과값만 분리하였습니다.

# 검출된 QR코드를 시리얼통신으로 전송하기

QR코드의 내용을 시리얼 포트로 전송하는 코드를 작성해봅니다.

### 10-1-3.QR코드 검출하여 아두이노와 통신하기.py

```python
01   import sensor, image, time, math
02   import lcd
03   from machine import UART,Timer
04   from fpioa_manager import fm
05
06   # LCD 디스플레이 초기화
07   lcd.init()
08
09   sensor.reset()
10   sensor.set_vflip(1)
11   sensor.set_pixformat(sensor.GRAYSCALE)
12   sensor.set_framesize(sensor.QQVGA)
13   sensor.skip_frames(time =2000)
14   sensor.set_auto_gain(False)
15   sensor.set_auto_whitebal(False)
16
17   #시리얼통신 초기화
18   fm.register(7, fm.fpioa.UART1_RX, force=True)
19   fm.register(6, fm.fpioa.UART1_TX, force=True)
20
21   uart = UART(UART.UART1, 9600, read_buf_len=4096)
22
23   while(True):
24       img = sensor.snapshot()
25       for code in img.find_qrcodes():
26           img.draw_rectangle(code.rect(), color =127)
27           print(code[4])
28           img.draw_string(10,10, code[4], color=(0, 0, 0), scale=2)
29           lcd.display(img)
30           uart.write(code[4]+"\n")
31           time.sleep(2.0)
32
33       lcd.display(img)
```

### 코드 설명

**17~20** : 시리얼 통신을 초기화합니다. UART1의 RX와 TX 핀을 설정하고 UART 객체를 생성합니다.
**29** : QR코드의 내용을 시리얼 포트로 전송합니다.

인공지능 카메라가 전원이 켜진 후 바로 동작할 수 있도록 코드를 업로드합니다. 업로드된 코드는 인공지능 카메라가 부팅된 다음 바로 실행됩니다.

[Tools] -> [Save open script to CanMV Cam (as main.py)]를 클릭합니다.

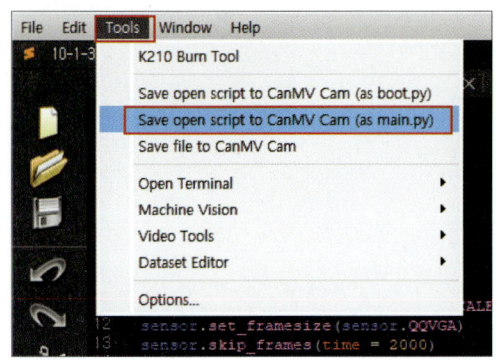

[No]를 선택합니다. 공백을 탭으로 변경하는 옵션으로 공백으로 사용하여도 무방합니다. 탭으로 변경시 업로드시 잦은 오류로 인해 변경하지 않고 사용합니다. 공백의 경우에도 가끔 업로드시 오류가 발생합니다. 오류 발생시에는 인공지능 카메라의 연결을 끊고 다시 연결한 다음 진행합니다.

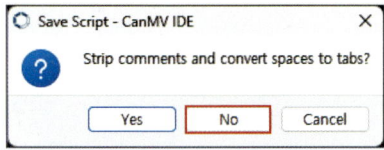

업로드가 완료되었습니다. USB케이블을 분리합니다.

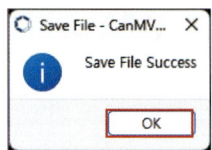

[아두이노]에서 연결한 다음 진행합니다.

## 회로 연결

[인공지능 카메라]는 아두이노를 통해 전원을 공급받으므로 USB케이블은 연결하지 않아도 됩니다. 아두이노는 USB케이블을 이용하여 PC와 연결한 다음 사용합니다.

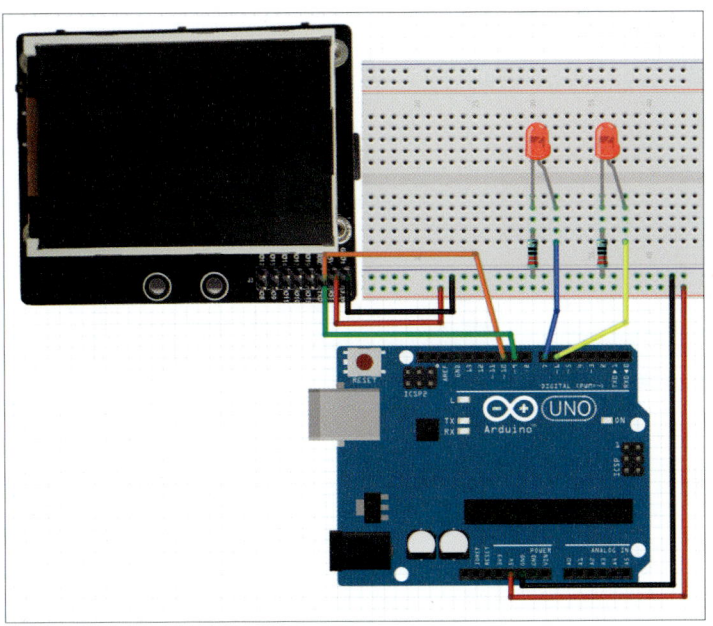

인공지능 카메라와 아두이노는 암수 점퍼케이블을 이용하여 연결합니다. LED부품은 수수점퍼케이블을 이용합니다. LED의 긴다리는 +로 아두이노의 핀과 연결하고 짧은 다리는 -로 220옴 저항을 통해 GND와 연결합니다. 아래의 표를 참고하여 회로를 연결합니다.

| 아두이노 | 부품 |
| --- | --- |
| 5V | 인공지능 카메라 5V |
| GND | 인공지능 카메라 GND |
| 10 | 인공지능 카메라 RXD |
| 9 | 인공지능 카메라 TXD |
| 7 | 왼쪽 LED 긴다리 |
| 6 | 오른쪽 LED 긴다리 |

실제 연결한 회로입니다. 인공지능 카메라의 경우 아두이노를 통해 전원을 공급받습니다.

## 아두이노에서 QR코드로 검출된 값 출력하기

아두이노의 소프트웨어 시리얼 통신을 사용하여 데이터를 받고 시리얼 모니터에 출력하는 코드를 작성해봅니다.

10_1_1.ino

```
01  #include <SoftwareSerial.h>
02
03  SoftwareSerial swSerial = SoftwareSerial(9, 10);
04
05  void setup()
06  {
07    Serial.begin(9600);
08    swSerial.begin(9600);
09  }
10
11  void loop()
12  {
13    if (swSerial.available() >0)
14    {
15      String strData = swSerial.readStringUntil('\n');
16      Serial.println(strData);
17    }
18  }
```

### 코드 설명

- **01**: SoftwareSerial 라이브러리를 포함합니다.
- **03**: SoftwareSerial을 swSerial이라는 이름으로 초기화합니다. 이 소프트웨어 시리얼은 9번 핀을 RX로, 10번 핀을 TX로 사용합니다.
- **05**: setup 함수가 시작됩니다.
- **06**: 시리얼 통신을 초기화합니다. 아두이노의 내장 시리얼 포트를 9600 보율로 초기화합니다.
- **08**: swSerial을 9600 보율로 초기화합니다.
- **11**: loop 함수가 시작됩니다. 이 함수는 계속 반복됩니다.
- **13**: swSerial에 데이터가 있는지 확인합니다.
- **15**: 만약 데이터가 있으면, swSerial로부터 '\n' (개행 문자)를 만날 때까지 데이터를 읽어 strData에 저장합니다.
- **16**: 읽은 데이터를 시리얼 모니터에 출력합니다.
- **18**: loop 함수의 끝입니다. 이제 다시 처음부터 시작합니다. 이 코드는 swSerial로부터 들어오는 데이터를 시리얼 모니터에 출력하는 간단한 루프를 실행합니다.

[🡒 업로드] 버튼을 눌러 코드를 업로드 합니다. [🔍 시리얼모니터] 버튼을 눌러 출력되는 값을 확인합니다. 인공지능 카메라를 이용하여 QR코드를 비추면 시리얼통신으로 값을 전송하고 그 값을 아두이노에서 받아서 출력하였습니다.

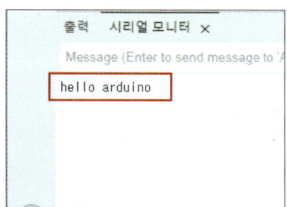

## QR코드 값이 hello arduino면 LED 깜빡이기

아두이노의 소프트웨어 시리얼 통신을 사용하여 데이터를 받고 특정 문자열("hello arduino")이 수신되면 LED를 깜박이게 하는 프로그램을 작성합니다.

10_1_2.ino

```
01  #include <SoftwareSerial.h>
02
03  #define LED1 7
04  #define LED2 6
05
06  SoftwareSerial swSerial = SoftwareSerial(9, 10);
07
08  void setup() {
09   Serial.begin(9600);
10    swSerial.begin(9600);
11    pinMode(LED1, OUTPUT);
12    pinMode(LED2, OUTPUT);
13  }
14
15  void loop() {
16    if (swSerial.available() >0) {
17      String strData = swSerial.readStringUntil('\n');
18      Serial.println(strData);
19      if (strData.indexOf("hello arduino") !=-1) {
20      for (int i =0; i <10; i++) {
21          digitalWrite(LED1, HIGH);
22          digitalWrite(LED2, LOW);
23          delay(100);
24          digitalWrite(LED1, LOW);
25          digitalWrite(LED2, HIGH);
26          delay(100);
27       }
28       digitalWrite(LED1, LOW);
29       digitalWrite(LED2, LOW);
30      }
31    }
32  }
```

### 코드 설명

**19** : 만약 strData에 "hello arduino" 문자열이 포함되어 있다면 아래 코드 블록을 실행합니다.
**20~27** : LED1을 켜고 LED2를 끄는 싸이클을 10번 반복하여 LED를 깜박이게 합니다. 각 상태는 100 밀리초 동안 유지됩니다.
**28-29** : LED1과 LED2를 모두 끕니다.

[🔼 업로드] 버튼을 눌러 코드를 업로드 합니다.

인공지능 카메라가 QR코드를 검출하면 시리얼통신으로 아두이노로 값을 보내고 아두이노 에서는 그 값을 확인합니다. hello arduino가 들어왔다면 LED 2개를 깜빡이는 장치를 완성하였습니다.

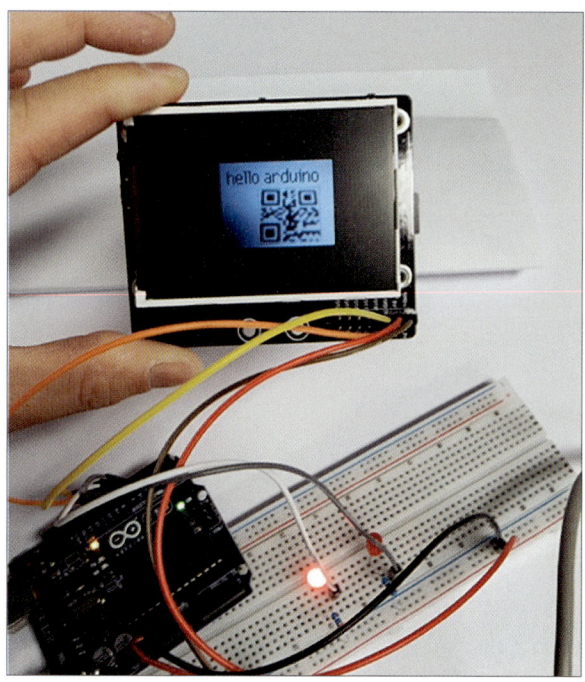

아래의 링크 주소에서 동작 영상을 확인할 수 있습니다.

https://youtube.com/shorts/1rG5iQzeXb4?si=Nh1mA_yP5M6BhsCn

## 10-2

# 객체를 검출하여 아두이노와 통신하기

[인공지능 카메라]에서 객체를 감지하여 감지된 객체의 이름을 시리얼통신으로 [아두이노]로 전송하는 방법을 알아봅니다.
[인공지능 카메라]에서 진행합니다.

### 객체를 검출하여 검출된 객체 출력하기

카메라로부터 영상을 캡처하여 객체 탐지를 수행하고 결과를 화면에 표시하는 코드를 작성해봅니다.

**10-2-1.객체를 검출하여 아두이노와 통신하기.py**

```python
import sensor, image, time, lcd
from maix import KPU
import gc
gc.collect() # 메모리 해제

lcd.init()
sensor.reset()
sensor.set_vflip(1)
sensor.set_pixformat(sensor.RGB565)
sensor.set_framesize(sensor.QVGA)
sensor.skip_frames(time =1000)
clock = time.clock()


od_img = image.Image(size=(320,256)) # 320x256 크기의 이미지 객체 초기화

# 객체 이름 및 앵커 정의
obj_name = ("aeroplane",
            "bicycle",
            "bird",
            "boat",
            "bottle",
            "bus",
```

```python
24                    "car",
25                    "cat",
26                    "chair",
27                    "cow",
28                    "diningtable",
29                    "dog","horse",
30                    "motorbike",
31                    "person",
32                    "pottedplant",
33                    "sheep","sofa",
34                    "train",
35                    "tvmonitor")
36  anchor = (1.3221, 1.73145, 3.19275, 4.00944, 5.05587, 8.09892, 9.47112, 4.84053, 11.2364, 10.0071)
37
38  # 모델 로드
39  kpu = KPU()
40  kpu.load_kmodel("/sd/model/voc20_detect.kmodel")
41
42  # YOLO2 초기화
43  kpu.init_yolo2(anchor, anchor_num=5, img_w=320, img_h=240, net_w=320 , net_h=256 ,layer_w=10 ,layer_h=8, threshold=0.5, nms_value=0.2, classes=20)
44
45  while True:
46      clock.tick() # 프레임 속도 계산 업데이트
47      img = sensor.snapshot() # 촬영하여 이미지 가져오기
48      od_img.draw_image(img, 0,0) # 이미지를 od_img 이미지의 (0,0) 위치에 그립니다.
49      od_img.pix_to_ai() # rgb565 이미지를 AI 연산에 필요한 r8g8b8 형식으로 변환
50      kpu.run_with_output(od_img) # 입력 이미지에 KPU 연산 수행
51      dect = kpu.regionlayer_yolo2() # YOLO2 후 처리
52      fps = clock.fps() # FPS 가져오기
53
54      # 박스 그리기 및 객체 클래스 표시
55      if len(dect) >0:
56          print("dect:",dect)
57          for l in dect :
58              img.draw_rectangle(l[0],l[1],l[2],l[3], color=(0, 255, 0))
59              img.draw_string(l[0],l[1], obj_name[l[4]], color=(0, 255, 0), scale=1.5)
60              print(obj_name[l[4]])
61
62      img.draw_string(0, 0, "%2.1ffps" %(fps), color=(0, 60, 128), scale=1.0)
63      lcd.display(img)
64      gc.collect()
65
66  # KPU 객체 초기화 및 모델 메모리 해제
67  kpu.deinit()
```

| 코드 설명 |
| --- |
| **50** : KPU를 사용하여 객체 탐지 연산을 수행합니다.<br>**51** : YOLO2 결과를 처리합니다.<br>**55~60** : 탐지된 객체 주위에 박스를 그리고, 객체의 클래스 이름을 표시합니다. |

[▶ Start] 버튼을 클릭하여 코드를 실행합니다.

객체를 검출하였고 검출된 객체가 터미널에 표시되었습니다.

```
Serial Terminal
person
dect: [[132, 38, 85, 154, 14, 0.7086524]]
person
dect: [[131, 48, 93, 154, 14, 0.5219622]]
person
dect: [[140, 42, 85, 168, 14, 0.5753109]]
person
dect: [[133, 38, 93, 154, 14, 0.6409064]]
person
dect: [[134, 38, 93, 154, 14, 0.5673473]]
person
```

## 검출된 객체 시리얼통신으로 전송하기

객체 탐지를 수행하고 결과를 화면에 표시하며 동시에 시리얼통신으로 객체의 클래스 이름을 전송하는 코드를 작성해봅니다.

**10-2-2.객체를 검출하여 아두이노와 통신하기.py**

```python
01  import sensor, image, time, lcd
02  from maix import KPU
03  from machine import UART,Timer
04  from fpioa_manager import fm
05  import gc
06  gc.collect() # 메모리 해제
07
08  lcd.init()
09  sensor.reset()
10  sensor.set_vflip(1)
11  sensor.set_pixformat(sensor.RGB565)
12  sensor.set_framesize(sensor.QVGA)
13  sensor.skip_frames(time =1000)
14  clock = time.clock()
15
16
17  od_img = image.Image(size=(320,256)) # 320x256 크기의 이미지 객체 초기화
18
19  # 객체 이름 및 앵커 정의
20  obj_name = ("aeroplane",
21              "bicycle",
```

```
22              "bird",
23              "boat",
24              "bottle",
25              "bus",
26              "car",
27              "cat",
28              "chair",
29              "cow",
30              "diningtable",
31              "dog","horse",
32              "motorbike",
33              "person",
34              "pottedplant",
35              "sheep","sofa",
36              "train",
37              "tvmonitor")
38  anchor = (1.3221, 1.73145, 3.19275, 4.00944, 5.05587, 8.09892, 9.47112, 4.84053, 11.2364, 10.0071)
39
40  # 모델 로드
41  kpu = KPU()
42  kpu.load_kmodel("/sd/model/voc20_detect.kmodel")
43
44  # YOLO2 초기화
45  kpu.init_yolo2(anchor, anchor_num=5, img_w=320, img_h=240, net_w=320 , net_h=256 ,layer_w=10
    ,layer_h=8, threshold=0.5, nms_value=0.2, classes=20)
46
47
48  #시리얼통신 초기화
49  fm.register(7, fm.fpioa.UART1_RX, force=True)
50  fm.register(6, fm.fpioa.UART1_TX, force=True)
51
52  uart = UART(UART.UART1, 9600, read_buf_len=4096)
53
54  while True:
55      clock.tick() # 프레임 속도 계산 업데이트
56      img = sensor.snapshot() # 촬영하여 이미지 가져오기
57      od_img.draw_image(img, 0,0) # 이미지를 od_img 이미지의 (0,0) 위치에 그립니다.
58      od_img.pix_to_ai() # rgb565 이미지를 AI 연산에 필요한 r8g8b8 형식으로 변환
59      kpu.run_with_output(od_img) # 입력 이미지에 KPU 연산 수행
60      dect = kpu.regionlayer_yolo2() # YOLO2 후 처리
61      fps = clock.fps() # FPS 가져오기
62
63      # 박스 그리기 및 객체 클래스 표시
64      if len(dect) >0:
65          print("dect:",dect)
66          for l in dect :
67              img.draw_rectangle(l[0],l[1],l[2],l[3], color=(0, 255, 0))
68              img.draw_string(l[0],l[1], obj_name[l[4]], color=(0, 255, 0), scale=1.5)
69              print(obj_name[l[4]])
70              uart.write(obj_name[l[4]]+"\n")
```

```
71
72        img.draw_string(0, 0, "%2.1ffps" %(fps), color=(0, 60, 128), scale=1.0)
73        lcd.display(img)
74        gc.collect()
75
76    # KPU 객체 초기화 및 모델 메모리 해제
77    kpu.deinit()
```

> **코드 설명**
>
> **64~69**: 탐지된 객체 주위에 박스를 그리고, 객체의 클래스 이름을 표시하며, 클래스 이름을 시리얼통신으로 전송합니다.

인공지능 카메라가 전원이 켜진 후 바로 동작할 수 있도록 코드를 업로드합니다. 업로드된 코드는 인공지능 카메라가 부팅된 다음 바로 실행됩니다.

[Tools] → [Save open script to CanMV Cam (as main.py)]를 클릭합니다.

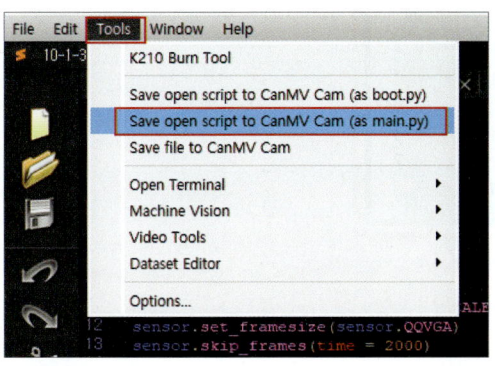

[No]를 선택합니다. 공백을 탭으로 변경하는 옵션으로 공백으로 사용하여도 무방합니다. 탭으로 변경시 업로드시 잦은 오류로 인해 변경하지 않고 사용합니다. 공백의 경우에도 가끔 업로드시 오류가 발생합니다. 오류 발생시에는 인공지능 카메라의 연결을 끊고 다시 연결한 다음 진행합니다.

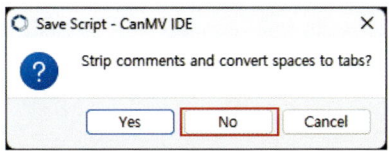

업로드가 완료되었습니다. USB케이블을 분리합니다.

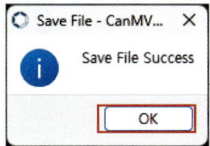

[아두이노]에서 연결한 다음 진행합니다.

## 회로 연결

[인공지능 카메라]는 아두이노를 통해 전원을 공급받으므로 USB케이블은 연결하지 않아도 됩니다. 아두이노는 USB케이블을 이용하여 PC와 연결한 다음 사용합니다.

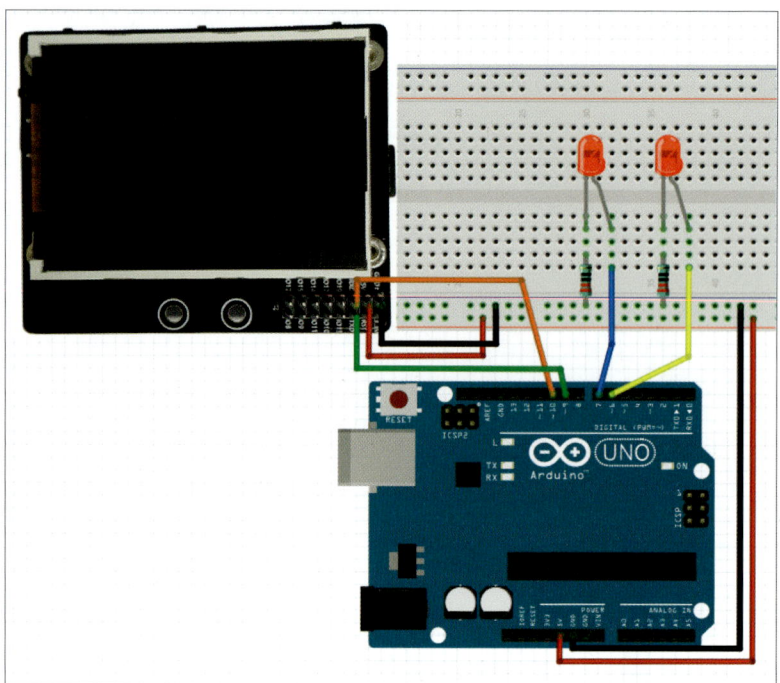

인공지능 카메라와 아두이노는 암수 점퍼케이블을 이용하여 연결합니다. LED부품은 수수점퍼케이블을 이용합니다. LED의 긴다리는 +로 아두이노의 핀과 연결하고 짧은 다리는 -로 220옴 저항을 통해 GND와 연결합니다.

아래의 표를 참고하여 회로를 연결합니다.

| 아두이노 | 부품 |
|---|---|
| 5V | 인공지능 카메라 5V |
| GND | 인공지능 카메라 GND |
| 10 | 인공지능 카메라 RXD |
| 9 | 인공지능 카메라 TXD |
| 7 | 왼쪽 LED 긴다리 |
| 6 | 오른쪽 LED 긴다리 |

## 아두이노에서 객체 검출된 값 출력하기

아두이노에서 소프트웨어 시리얼 통신을 통해 데이터를 받고 시리얼 모니터에 출력하는 프로그램을 작성해봅니다.

10_2_1.ino

```
#include <SoftwareSerial.h>

SoftwareSerial swSerial = SoftwareSerial(9, 10);

void setup()
{
 Serial.begin(9600);
 swSerial.begin(9600);
}

void loop()
{
 if (swSerial.available() >0)
 {
  String strData = swSerial.readStringUntil('\n');
  Serial.println(strData);
 }
}
```

[ 업로드] 버튼을 눌러 코드를 업로드 합니다. [ 시리얼모니터] 버튼을 눌러 출력되는 값을 확인합니다.

인공지능 카메라에서 검출된 객체를 시리얼통신으로 전송하였고 아두이노는 값을 받아 출력하였습니다.

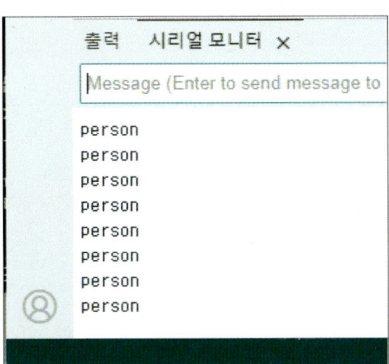

## 사람이 검출되면 LED 깜빡이기

아두이노에서 소프트웨어 시리얼 통신을 통해 데이터를 받고 특정 문자열("person")이 수신되면 LED1과 LED2를 깜박이게 하는 프로그램을 작성해봅니다.

10_2_2.ino

```
01  #include <SoftwareSerial.h>
02
03  #define LED1 7
04  #define LED2 6
05
06  SoftwareSerial swSerial = SoftwareSerial(9, 10);
07
08  void setup() {
09    Serial.begin(9600);
10    swSerial.begin(9600);
11    pinMode(LED1, OUTPUT);
12    pinMode(LED2, OUTPUT);
13  }
14
15  void loop() {
16    if (swSerial.available() >0) {
17      String strData = swSerial.readStringUntil('\n');
18      Serial.println(strData);
19      if (strData.indexOf("person") !=-1) {
20       for (int i =0; i <10; i++) {
21          digitalWrite(LED1, HIGH);
22          digitalWrite(LED2, LOW);
23          delay(100);
24          digitalWrite(LED1, LOW);
25          digitalWrite(LED2, HIGH);
26          delay(100);
27       }
28       digitalWrite(LED1, LOW);
29       digitalWrite(LED2, LOW);
30      }
31    }
32  }
```

**코드 설명**

**19** : 만약 strData에 "person" 문자열이 포함되어 있다면 아래 코드 블록을 실행합니다.
**20~27** : LED1을 켜고 LED2를 끄는 싸이클을 10번 반복하여 LED를 깜박이게 합니다. 각 상태는 100 밀리초 동안 유지됩니다.
**28~29** : LED1과 LED2를 모두 끕니다.

[🡒 업로드] 버튼을 눌러 코드를 업로드 합니다. [🔍 시리얼모니터] 버튼을 눌러 출력되는 값을 확인합니다.

인공지능 카메라에서 검출된 객체를 시리얼통신으로 전송합니다. 아두이노 에서는 person이 들어오면 2개의 LED를 번갈아가면서 깜빡입니다.

아래의 링크 주소에서 동작 영상을 확인할 수 있습니다.

https://youtube.com/shorts/2Yri14Mfuc0?si=bCK8KLUJr64YDOTg

# 10-3

# 아두이노에서 가변저항값을 측정해서 LCD에 표시하기

₩[아두이노]에서 가변저항의 전압값을 측정하여 시리얼통신으로 전송하여 [인공지능 카메라]에서 그 값을 받아 LCD에 표시하는 프로그램을 만들어봅니다. [인공지능 카메라]는 아날로그입력 기능이 없어서 [아두이노]를 활용하여 다양한 확장이 가능합니다.

[아두이노]에서 연결한 다음 진행합니다.

### 회로 연결

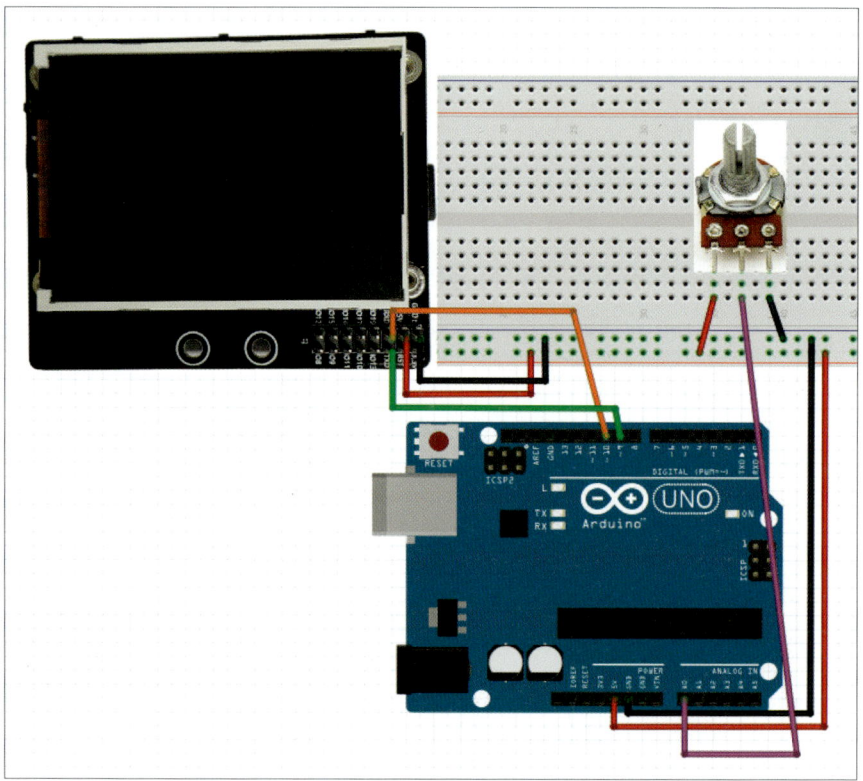

아래의 표를 참고하여 회로를 연결합니다.

| 아두이노 | 부품 |
|---|---|
| 5V | 인공지능 카메라 5V |
| GND | 인공지능 카메라 GND |
| 10 | 인공지능 카메라 RXD |
| 9 | 인공지능 카메라 TXD |
| A0 | 가변저항 가운데 핀 |

실제 연결한 회로입니다.

## 가변저항 값 받아서 시리얼통신으로 전송하기

아두이노에서 가변저항 센서로부터 값을 읽고 소프트웨어 시리얼 통신을 통해 읽은 값을 전송하는 프로그램을 작성해봅니다.

10_3_1.ino

```
01    #include <SoftwareSerial.h>
02
03    #define VR_PIN A0
04
05    SoftwareSerial swSerial = SoftwareSerial(9, 10);
06
07    void setup() {
08     Serial.begin(9600);
09     swSerial.begin(9600);
10    }
11
12    void loop() {
13     int vrValue =analogRead(VR_PIN);
14     swSerial.println(vrValue);
15     delay(1000);
16    }
```

### 코드 설명

**13:** 아날로그 센서에서 값을 읽어와 vrValue 변수에 저장합니다.
**14:** vrValue 값을 swSerial을 통해 소프트웨어 시리얼로 출력합니다.
**15:** 1초 대기합니다.
**16:** loop 함수의 끝입니다. 이제 다시 처음부터 시작합니다. 이 코드는 아날로그 센서의 값을 읽고 1초마다 swSerial을 통해 소프트웨어 시리얼로 전송하는 루프를 실행합니다.

[⊙업로드] 버튼을 눌러 코드를 업로드 합니다. 가변저항의 전압값을 읽어 시리얼통신으로 전송하는 프로그램입니다. [인공지능 카메라]에서 진행합니다.

아두이노의 USB케이블은 제거하고 [인공지능 카메라]의 USB를 연결합니다. 아두이노는 [인공지능 카메라]에 의해서 전원을 공급받습니다.

## 아두이노에서 받은 값 출력하기

아두이노로부터 시리얼통신을 사용하여 데이터를 수신하고, 수신한 데이터를 디코딩하여 출력하는 코드를 작성해봅니다.

10-3-1.아두이노에서 가변저항값을 측정해서 LCD에 표시하기.py

```python
01   import time
02   from machine import UART,Timer
03   from fpioa_manager import fm
04
05   fm.register(7, fm.fpioa.UART1_RX, force=True)
06   fm.register(6, fm.fpioa.UART1_TX, force=True)
07
08   uart = UART(UART.UART1, 9600, read_buf_len=4096)
09
10   while True:
11       try:
12           if uart.any():
13               text=uart.read()
14               in_text = text.decode('utf-8')
15               print(in_text)
16       except:
17           pass
```

### 코드 설명

**12:** UART 수신 버퍼에 데이터가 있는지 확인합니다.
**13:** 데이터를 수신하고, 이를 text 변수에 저장합니다.
**14:** text 변수에 저장된 데이터를 UTF-8 형식으로 디코딩하여 in_text 변수에 저장합니다.
**15:** 디코딩된 데이터를 출력합니다.
**16:** 예외 처리를 위한 try-except 블록을 사용하여 오류가 발생하더라도 코드가 중단되지 않도록 합니다.

[▶ Start] 버튼을 클릭하여 코드를 실행합니다.

[인공지능 카메라]는 아두이노로부터 가변저항의 값을 받아 출력하였습니다.

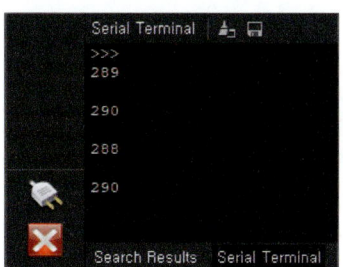

가변저항을 왼쪽, 오른쪽으로 돌려봅니다.

값이 변하는지 확인합니다.

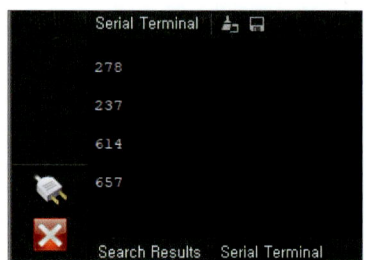

## 아두이노에서 받은 값 LCD에 표시하기

아두이노로부터 시리얼통신을 사용하여 데이터를 수신하고, 수신한 데이터를 디코딩하여 LCD에 표시하는 프로그램을 만들어봅니다.

**10-3-2.아두이노에서 가변저항값을 측정해서 LCD에 표시하기.py**

```
01   import sensor, image, time, math, lcd
02   from machine import UART,Timer
03   from fpioa_manager import fm
04
05   #시리얼통신 초기화
06   fm.register(7, fm.fpioa.UART1_RX, force=True)
07   fm.register(6, fm.fpioa.UART1_TX, force=True)
08
09   uart = UART(UART.UART1, 9600, read_buf_len=4096)
10
11   #LCD 초기화
12   lcd.init()
```

```
13      img = image.Image()
14      img.clear()
15
16      while True:
17          try:
18              if uart.any():
19                  text=uart.read()
20                  in_text = text.decode('utf-8')
21                  print(in_text)
22                  img.clear()
23                  img.draw_string(100,100, "VR:"+str(in_text), color=(0, 255, 0), scale=4)
24                  lcd.display(img)
25          except:
26              pass
```

| 코드 설명 |
| --- |
| **20** : text 변수에 저장된 데이터를 UTF-8 형식으로 디코딩하여 in_text 변수에 저장합니다.<br>**21** : 디코딩된 데이터를 출력합니다.<br>**22~24** : LCD 화면을 초기화하고, 수신한 데이터를 문자열로 변환하여 화면에 표시합니다. |

[▶ Start] 버튼을 클릭하여 코드를 실행합니다.

아두이노로부터 받은 가변저항값을 [인공지능 카메라]의 LCD 화면에 표시하였습니다.

아래의 링크 주소에서 동작 영상을 확인할 수 있습니다.

https://youtu.be/rOQYW9MoybY?si=aKkOXbDrUg_bN6ez